Recettes et astuces d'**autrefois** pour **aujourd'hui**

Beauté, santé, maison

Catherine Fructus

Recettes et astuces d'**autrefois** pour **aujourd'hui**

Beauté, santé, maison

Odile Jacob

Mises en garde, responsabilité de l'auteur

Toutes les recettes, tous les remèdes et conseils de ce manuel sont donnés au titre de la mémoire, pour ne pas oublier les usages de nos ancêtres. Ils ne peuvent en aucun cas se substituer au diagnostic et traitement d'un médecin et aux conseils d'un pharmacien.
L'auteur ne peut être tenu pour responsable des informations publiées.

15, rue Soufflot, 75005 Paris

ISBN : 978-2-7381-2454-8

www.odilejacob.fr

À mon père.
L'écriture de ce livre a débuté très peu de temps après sa disparition. Un an plus tard, il est terminé et je le lui dédie en mémoire de sa droiture et de sa bonté. Au fil des pages, j'ai compris qu'il m'avait aussi légué son souci de transmettre, sans artifices.

Sommaire

Lettre ouverte à l'auteur

Madame,

Vous m'agacez, vous m'horripilez, en un mot vous « me pompez l'air ! ». J'ai accepté avec imprudence de préfacer un livre que je n'avais pas encore lu. Je l'ai fait au nom de l'estime que je vous porte, de la caution d'un éditeur aussi réputé qu'Odile Jacob et, surtout, de ce que vous m'en aviez raconté. Depuis que j'ai lu ce livre, il m'arrive de souffrir d'insomnies à éclipses et vous en fais reproche !

Dans un éveil ensommeillé et de façon récurrente, je me surprends à essayer d'additionner le prix des divers produits nécessaires à la propreté du logis, de la vaisselle, du linge, de l'argenterie et même des W.-C. Incapable d'en faire le total, je dois me lever.

Pour me débarrasser de ces comptages obsessionnels, j'ai commencé par vérifier dans la base de données sur les marchés de produits de grande consommation que je fréquente depuis de nombreuses années, le montant des dépenses annuelles pour l'ensemble de ces produits. En tenant compte de leur fréquence d'achat respectif, j'aboutis à une moyenne d'environ 180 euros. Et il ne s'agit que d'une moyenne, dont on sait qu'elle donne une idée souvent très mensongère de la réalité. En affinant, j'ai constaté qu'une femme qui aimait la propreté dépensait près de 300 euros.

Ensuite, j'ai fait l'addition du prix des produits destinés à ces usages à la page 247. J'ai abouti à un total de 28 euros soit plus de dix fois moins…

Pour ne pas accroître mon trouble, vous aurez remarqué que j'ai sournoisement omis de faire le même compte pour les produits d'hygiène et de beauté que vous abordez dès le début de votre livre. Je vous dois toutefois la confidence suivante : une femme

« statistiquement moyenne » (appelée couramment par les chantres du marketing « ménagère de moins de 50 ans »), c'est-à-dire « extraordinairement raisonnable » (puisqu'elle n'existe que dans les livres !), dépense beaucoup d'argent dans les magasins pour les lotions, crèmes et savons que vous proposez pour presque rien.

Pendant plus de quarante ans, j'ai consacré mes neurones et mon savoir à aider industriels et distributeurs de biens de consommation à développer de nouveaux produits pour séduire. Il s'agissait alors de répondre intelligemment aux attentes de consommateurs d'une époque dans laquelle « consommer était exister ».

Au début des années 2000, quelques fêlures survinrent dans ce modèle. Nous avions alors signalé qu'elles étaient annonciatrices d'une profonde mutation et que la modernité ne se situait plus au même endroit. Elle est aujourd'hui dans la notion de durabilité qui, en raison de l'idée du futur qu'elle contient, renvoie au royaume des vieilleries le *no limit no future* du consommateur d'hier.

Les recettes, coutumes, trucs et astuces que contient votre livre ont traversé les époques et les modes en même temps qu'elles apprivoisaient, au fil de leur transmission, les évolutions techniques. Ainsi se sont-elles inscrites dans la vraie durabilité, nouvelle modernité.

Il y a beaucoup de façons de lire ce livre. Il peut apparaître au choix :

• Comme un éloge d'une beauté échappant aux modes passagères mais pas « aux petits soins » et aux « petites tyrannies » qui en augmentent la pérennité sans jamais que l'artifice soit autre que naturel.

• Comme un voyage dans le temps de l'hygiène et de la santé où, privée des formidables progrès de la chirurgie et de la médecine du dernier demi-siècle, la santé passait par le bon sens d'un savoir éprouvé. Au-delà des modes entretenues par les « faux sachants » de la médecine d'Internet, la redécouverte aujourd'hui des vertus des plantes par de « vrais praticiens » valide la sagesse d'hier.

Vous nous dites combien de petits maux quasi quotidiens sont souvent aussi bien soulagés par les « recettes et astuces d'autrefois pour aujourd'hui » qu'en aggravant le déficit de la protection sociale.

• On peut aussi lire votre livre comme une espèce de roman d'espionnage ou anthropologique selon que l'on s'intéresse à votre travail d'« intelligence économique » ou à vos anecdotes sur les coutumes et habitudes.

• Enfin, rien n'empêche tout simplement de jaunir et de parcourir les pages pour le plaisir de la petite histoire, ou celui de retrouver la solution aussi miraculeuse qu'économique à l'agacement domestique du jour.

J'allais oublier le principal : aujourd'hui, vous et moi sommes exposés à un tourbillon de soldes, promotions, prix cassés, offres gratuites (et néanmoins spéciales !) qui fait que le prix – hier on disait le « juste prix » – perd toutes ses valeurs indispensables de repère. Il devient hypocritement et sournoisement virtuel, alors que nos revenus restent quant à eux bien concrets !

Décidément très salutaire, ce manuel, bien pratique, a aussi une double vertu : il nous renvoie avec pertinence et humour au prix des choses et nous rappelle que c'est l'enracinement dans le concret qui autorise le futur.

Amicalement,

Olivier Géradon de Véra,

Chambourcy, le 24 août 2009.

Olivier Géradon de Véra *est vice-président d'IRI-France, membre de l'Académie des sciences commerciales, président d'honneur de Syntec Conseil, professeur et auteur de nombreux articles, études et ouvrages de référence sur la consommation et la distribution. Il est reconnu, à ce jour, comme un des meilleurs experts dans ce domaine. À ce titre, il a participé aux travaux du groupe Prospective du ministère de l'Agriculture (loi d'orientation agricole). Il est membre du Comité de pilotage des ateliers de la consommation initiés par la DGCCRF, membre de la Commission des comptes commerciaux de la nation et chevalier de la Légion d'honneur.*

Prolégomènes

Les savoirs et traditions populaires, longtemps assimilés à de « vagues croyances naïves », m'intriguent et me passionnent au point que, depuis plus de vingt ans, je les explore avec ravissement, entêtement et beaucoup d'étonnement. C'est le soin que nos ancêtres portaient, avec une surprenante ingéniosité, à leur beauté, à leur santé et à leur maison qui m'a le plus intriguée. « L'économie domestique », ainsi qu'on la nommait, reposait sur trois piliers : nature, simplicité, économies… Quelle modernité ! En moins de soixante ans, notre monde a changé si vite qu'on ne s'en est pas toujours rendu compte. Nouvelles technologies avec leurs lots de « virtuel », course à la productivité, évolution du rôle de la femme : on court, on court, toujours plus vite… Or à force de courir, entraînés dans ce tourbillon de vitesse et d'informations, nous avons perdu l'habitude d'écouter et de transmettre cette mémoire pourtant si riche d'enseignements et si précieuse pour tous. Dans notre société où le « zapping » est un substitut au temps qui manque, nous n'avons plus pris le temps de passer le témoin à notre tour.

Réalisant, au fil de mes lectures, de mes rencontres, de mes observations, que recevoir et transmettre, c'est aussi avoir la puissance de faire tourner le passé à l'avantage du présent, je me suis décidée à rapporter un reportage fidèle de ma passionnante visite dans les habitations d'hier. Mon indiscrétion s'est voulue dénuée de voyeurisme mais porteuse d'un regard attentif sur la pertinence et la débrouillardise de leurs occupants. Je me suis humblement mise à l'écoute des générations qui nous ont précédés pour restituer fidèlement le « best off » des préceptes, conseils, recettes et pratiques demeurés, durant des siècles, au « hit-parade » des ouvrages magistraux, écrits de vulgarisation, ou même petits cahiers familiaux gardiens de ces traditions orales.

Ce « manuel des trésors de la vie pratique » a pour seule ambition de réhabiliter le meilleur des enseignements d'hier et d'être le « conservatoire » de cet inestimable patrimoine, quelque peu galvaudé ces derniers temps. En effet, l'engouement actuel pour les « recettes de grands-mères » fait la part belle à d'innombrables « vraies-fausses-vieilles recettes », et ce, au risque de détruire à tout jamais cet héritage aussi ancien qu'inestimable.
Pour cette raison, il m'a paru urgent de proposer un trait d'union entre une histoire que l'on tue, faute de l'avoir apprise et un futur que l'on construit sans références réelles. J'ai voulu transmettre, simplement et sans fard, la culture des sages pratiques d'hier, tout en oubliant jamais les formidables progrès que la technique a apportés au monde d'aujourd'hui. L'un ne s'oppose pas à l'autre, loin s'en faut ; ils se complètent et s'enrichissent.
L'histoire n'est pas qu'une suite d'événements, c'est aussi la connaissance des coutumes et pratiques des autres, d'hier et d'ailleurs. Ce manuel, bien loin d'une nostalgie réductrice, se veut résolument moderne, voire anticipateur.
Il se veut aussi éminemment pratique, agrémenté de renseignements précis, de préceptes confirmés par l'expérience et sanctifiés par l'autorité de nos plus illustres devanciers.
Il m'est apparu complètement décalé, au XXIe siècle, de revenir sur la tradition qui voulait que lorsque l'on « se mettait en ménage » les familles offraient un livre bourré d'informations indispensables et pratiques, en matière d'hygiène de la beauté, de la santé et de la maison. Leurs auteurs en profitaient pour y introduire insidieusement des règles de savoir-vivre, voire de morale. Pour ma part, j'ai préféré ne retenir que ce qui aujourd'hui est toujours aussi utile… sans sentir la naphtaline !
J'ai cherché également à éviter un autre danger qui est cette pernicieuse crédulité érigeant en oracle tout vieux livre, en aphorisme toute vieille recette, en autorité toute anecdote centenaire.
Vous serez parfois surpris par certaines recettes qui sont d'une grande actualité, et les ingrédients toujours très naturels et économiques. Pourtant, chacune date d'avant 1940 !

Toutes ont été, il n'y a pas si longtemps encore, confrontées aux besoins les plus fréquents et aux pratiques les plus efficaces.
L'ouvrage est organisé en trois livres :

- 1. Trésors de la beauté,
- 2. De la forme et de la santé,
- 3. L'entretien de la maison,

auxquels s'ajoutent :

- un dictionnaire alphabétique des recettes,
- un glossaire,
- un tableau récapitulatif des principaux produits de base avec leur domaine d'utilisation et leur coût,
- une table générale des matières, comprenant les chapitres de chaque livre.

Enfin, pour vous faciliter encore la tâche, sont indiqués les lieux où l'on peut trouver les ingrédients mentionnés dans les recettes et des prix moyens d'achat. Pour être complète, vous trouverez également une bibliographie. Les livres ont été choisis en fonction de l'intérêt personnel que j'y ai trouvé. Ce choix est partisan, mais toujours justifiable par le sérieux ou la renommée de leurs auteurs, l'efficacité et la notoriété de leurs enseignements ou instructions. Vous verrez que rien n'a été inventé. En outre, je me suis attachée à retenir les formules qui s'inscrivent dans la durabilité des ressources de la terre et de l'enjeu que constitue la préservation de notre planète.
Parlant un peu de tout, cet ouvrage pourrait, comme autrefois, devenir rapidement l'ami de la maison, le conseiller familier qu'on interroge, que l'on consulte à toute heure, où chacun trouve réponses à ses questions... Et qui simplifie la vie en faisant faire des économies !
Mon but sera atteint si, en cherchant une recette, un remède ou un conseil, vous trouvez rapidement le conseil dont vous avez besoin, agrémenté, bien sûr, de petites histoires, légendes et anecdotes... C'est une compilation du meilleur de la sagesse d'hier à la mesure du temps d'aujourd'hui et aussi de demain ! Si vous avez, dans vos placards quelques ingrédients de base, vous

n'aurez pas besoin de grand-chose de plus pour entretenir votre beauté, votre santé, votre maison.
Le moment est venu de donner à nouveau audience aux savoirs et au bon sens de nos ancêtres, car les savoirs s'oublient au nom des urgences successives...

Il est donc urgent de faire savoir les savoir-faire d'autrefois.

Livre 1

Trésors de la beauté

« Le cabinet de toilette est l'endroit où le miroir apprend aux dames d'une manière plus particulière ce qui leur convient le mieux pour plaire. »

Aujourd'hui, le cabinet de toilette s'appelle salle de bains, les dames se nomment « femmes », les hommes en disputent l'occupation, et cette définition reste d'une grande actualité !

Pendant des siècles, méthodes faciles ou curieuses pour préparer bains, pommades, lotions, eaux de fleurs, étaient, toutes ou presque, tirées de la nature.

En 1862, l'actrice et célèbre courtisane Lola Montez (parmi ses amants, on compte Franz Liszt, Alexandre Dumas fils et surtout Louis Ier de Bavière, qui la fit comtesse) publie *L'Art de la beauté*. Elle conseille à ses contemporaines, comme nombre de ses amies célèbres, de fabriquer elles-mêmes leurs produits de beauté à la fois par mesure de sécurité et d'économie. C'est une adepte des bains de son, des eaux florales et des frictions de plantes. Les *fashion victims* seraient-elles intemporelles ?

Déjà, Montaigne écrivait : « Sous Charles IX, les femmes portaient des éclisses ; c'étaient des plaques de bois qu'elles serraient fortement sur les côtés pour avoir la taille fine et dégagée ; les parois de la poitrine en étaient si pressées que la peau durcissait au point de devenir presque aussi calleuse que la corne. Elles souffraient patiemment ce genre de torture, parce que la mode l'exigeait. »

Quant à la beauté masculine, elle s'est longtemps définie en termes de force et de vigueur. C'est seulement avec l'apparition du « dandysme » que les canons de la beauté masculine ont évolué. Délicatesse et fragilité ont de nouveau

Aveu de Cléopâtre (69-30 av. J.-C.)

La beauté de son regard était due à son « gros faible » pour le maquillage des yeux : bleu marine sur la paupière supérieure, vert profond sur la paupière inférieure.

témoigné d'un raffinement choisi. Aujourd'hui, l'homme entretient son corps, s'épile parfois, n'hésite plus à s'offrir séances de bronzage et nettoyages de peau.

Un brin d'histoire

Dans l'Antiquité, femmes et hommes n'ignoraient rien de la cosmétique dont ils faisaient grand usage. En Égypte, c'était avant tout une nécessité : protéger la peau et les yeux de l'air chaud et sec et des vents du désert. Les huiles végétales parfumées servaient à hydrater et assouplir la peau, tandis que toute une gamme de produits pour les yeux, considérés comme d'utiles collyres, les protégeait des infections, tout en les maquillant de vert, de noir ou de bleu.

Romains et Grecs des deux sexes appréciaient fort les bains parfumés et les huiles aromatiques; ils étaient aussi très attentifs aux soins des mains et des ongles et utilisaient déjà amidon et céruse pour se poudrer le corps.

Au Moyen Âge, le moralisme imposait de cacher le corps pour ne laisser voir qu'un visage impassible au teint laiteux. Le maquillage était diabolisé ; pourtant, paradoxalement, les croisés rapportèrent de nombreux cosmétiques comme les perles fines, qui, broyées et mélangées à l'amidon de blé, permettaient d'obtenir une poudre blanche et nacrée donnant un teint d'albâtre très prisé. En cette époque empreinte de mystères, voire de sorcellerie, certains nobles concoctaient aussi des onguents faits de sang d'animaux sauvages : hérissons, chauves-souris… Et tout ça sans aucune préoccupation de l'hygiène.

Comme son nom l'indique, la Renaissance est une époque de renouveau. Les

Petit secret d'Agnès Sorel (vers 1420-1450)

Surnommée la « Dame de beauté », elle appliquait tous les matins sur son visage un masque fait de cervelle de sanglier, de vers de terre et de bave d'escargot.

femmes ont enfin le droit d'être belles et attirantes. Elles se maquillent lèvres, joues et ongles de rouge et se teignent les cheveux en blond vénitien (immortalisé par *La Naissance de Vénus* de Botticelli) qu'elles obtiennent à partir d'un mélange de safran et de citron. Leur teint diaphane, obtenu avec de la céruse, des plantes pilées et des poudres, est sublimé par de somptueux bijoux.

En réaction à cette période où la beauté se veut parfaite succède la Réforme. En ce nouveau règne de pudeur, la coquetterie redevient « promise aux feux de l'enfer ».

À la cour du Roi-Soleil, c'est la démesure. Fardés de safran et autres pollens de fleurs, visages et chevelures se montraient sous des formes encore jamais imaginées. Les hommes aussi se prêtaient à ce jeu « au-delà du réel », qui se poursuivit, plus raisonnablement, sous Louis XV.

Ce n'est qu'à la fin du XVIIIe siècle que la beauté redevint plus « sage », s'accompagnant enfin d'une meilleure hygiène. C'est surtout à cette époque que l'on se rendit compte de la toxicité de certains produits entrant dans la composition des produits de beauté : plomb, céruse, mercure, zinc, arsenic furent peu à peu abandonnés. Les « maîtres parfumeurs gantiers » s'emparent alors d'un marché naissant qu'ils pressentent très lucratif : la cosmétique. Ils élaborent dans leurs laboratoires des produits qui feront la fortune de certains d'entre eux… Le règne du « Paris des parfumeurs » et celui de César Birotteau s'annonçait.

Apparu à la fin du XVIIIe siècle, le Romantisme donna naissance à une mode où la beauté se devait d'être de l'« ordre du désespoir ». Le bon ton rimait avec teint blafard. Les hommes adoptaient un *look* de muscadin, tandis que les fem-

Recette de Lucrèce Borgia (1480-1519)

Pour obtenir un teint transparent, elle utilisait un onguent fait de lait de femme et d'huile d'olive, dans lequel étaient mélangées paillettes d'argent et perles finement broyées.

mes s'ingéniaient à nouveau à blanchir leur teint, allant jusqu'à bleuir leurs cernes pour les rendre plus visibles. Le maquillage des lèvres, considéré comme de très mauvais goût, était réservé aux actrices de théâtre et aux « créatures ». Les seuls produits de beauté « autorisés » étaient le tout nouveau *cold cream* et la lanoline. Cette tendance, qui dura jusqu'au milieu du XIXe siècle, ne s'adressait pourtant pas aux « gens du peuple », trop occupés aux tâches quotidiennes harassantes de l'ère industrielle en pleine explosion. Résultat : tout le monde avait mauvaise mine, et les parfumeurs se désolaient…

L'histoire se renouvellerait-elle ?

Prenons un peu de recul… Rêve ou cauchemar ? Faut-il admirer les actuelles multinationales de la cosmétique au marketing bien huilé (c'est le cas de le dire !) capables d'imposer un rituel désormais indiscutable : d'abord un lait démaquillant, heureusement enfin débarrassé de paraben mais toujours bien gras, qui ne peut se passer de la lotion qui… enlève le gras… en asséchant la peau, et qui pour finir, oblige à s'enduire la peau d'une crème grasse… pour la nourrir ! Trois produits indissociables, avec un temps incompressible et une demi-tonne de coton.

En définitive, dans ce système, tous les produits sont nécessaires et aucun n'est suffisant !

Cette réalité onéreuse d'aujourd'hui devrait pourtant nous interpeller au regard d'une simplicité souvent plus économique et pour autant efficace.

Au-delà des codes et canons de la beauté qui évoluent très vite suivant les modes et les siècles, l'hygiène redécouverte devient

Confidence de la marquise de Pompadour (1721-1764)

Elle utilisait des masques de miel battu avec de la crème fraîche et lotionnait son visage avec de l'eau de cerfeuil tonifiante.

intemporelle et veut retrouver des procédés et produits plus simples. Les recettes et conseils qui suivent en sont l'illustration. Vous serez certainement tentés de jeter vos produits high-tech dernière génération, le jour où vous commencerez à fabriquer et utiliser avec plaisir ces incroyables cosmétiques intemporels.

Précautions d'usage

C'est parce qu'elles sont de bon sens qu'il faut les rappeler:

- conservez toujours vos produits maison au réfrigérateur et une semaine maximum les lotions de plantes qui ne contiennent pas d'alcool;
- faites toujours un test de tolérance sur la paume de la main;
- veillez à ce qu'ustensiles et contenants soient propres et désinfectés;
- les femmes enceintes ne doivent pas utiliser d'huiles essentielles;
- ne jamais laisser des huiles essentielles à la portée des enfants;
- l'usage des huiles essentielles doit se faire avec prudence, en respectant le juste dosage. Certaines sont photosensibilisantes et donc dangereuses lors d'une exposition au soleil; d'autres peuvent être allergisantes.

Les cheveux

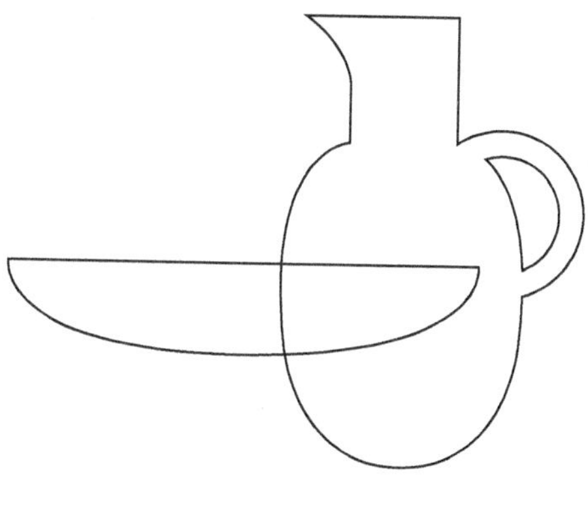

Nous sommes en 1809, et voici ce que conseille la baronne Staffe à ses contemporaines.

« Les Chinoises, dont les cheveux sont beaux, emploient un mélange de miel et de farine.

Les Anglaises ont recours à la solution suivante : une tasse à thé de sel dans un litre d'eau de pluie. On laisse macérer douze heures et on les lave en les frottant avec cette solution. On rince et on sèche avec une serviette.

Les Italiennes à la chevelure vigoureuse se nettoient cheveux et cuir chevelu à l'aide d'une décoction de racines d'orties.

Les Créoles de l'île de Cuba font une décoction de romarin qui, prétendent-elles, décrasse, fortifie et assouplit la chevelure.

Le jaune d'œuf nettoie fort bien et aide à la pousse. On frotte seulement le cuir chevelu avec le jaune d'œuf, puis on rince à l'eau tiède. »

Deux cents ans plus tard, la baronne serait sans doute très fière de voir que ses conseils n'ont pas vieilli.

En effet, la base d'une belle chevelure en reste la propreté.

Shampoings pour tous

Les publicités pour les shampoings sont si nombreuses, les ingrédients si variés et si sophistiqués, les rayons des grandes surfaces si remplis que, souvent, notre choix est aujourd'hui beaucoup plus conditionné par la couleur de l'emballage que par leurs réelles qualités (et naturalité). Il n'y a pourtant pas si longtemps encore, il était une petite plante, bien salutaire, du nom de saponaire, qui rendait de multiples services. Tombée dans l'oubli au XVIIIe siècle, ressuscitée au début du XXe mais de nouveau oubliée, il serait bien utile et bien naturel de la réintroduire sur les rebords de notre baignoire !

Shampoing maison

***Vous devez disposer de** : saponaire ou bois de Panama, eau de source, œuf (éventuellement).*

Faites bouillir, pendant 5 minutes, 50 g de saponaire (en herboristerie) dans 1 litre d'eau de source. Couvrez et laissez complètement refroidir. Filtrez et mettez en bouteille. Utilisez comme votre shampoing actuel.

Et si, comme Carmen ou la belle Otero, vous avez les cheveux bruns ou foncés, vous pouvez suivre cette autre recette issue des cahiers de notre précieuse baronne : remplacez la saponaire par du bois de panama (proportions et recette identiques à la précédente). En procédant ainsi, vos cheveux garderont jusqu'au prochain shampoing souplesse, vitalité et brillance. Et n'oubliez pas de « frotter en prenant soin de ne pas tordre les cheveux ».

Une autre formule, très en vogue dans le Paris du début du XIXe siècle, consiste à déposer, juste avant le shampoing, 1 jaune d'œuf dans un bol, d'y ajouter 1 verre à vin d'infusion de saponaire, de mélanger, et de procéder ensuite au lavage. Cette recette est excellente pour l'entretien de la couleur et de l'éclat.

Petit conseil de déesse
Pour plus d'efficacité, ne pas oublier le geste pratiqué, selon la légende, par Ariane et sa rivale Vénus (Dionysos ne fut-il pas conquis par sa sublime chevelure?) : pour conserver de beaux cheveux, contribuer à resserrer les pores, refermer les écailles et leur donner une belle brillance, à chaque shampoing un rinçage à l'eau froide... Certes cela demande, surtout en plein hiver, un peu de courage, mais ne dit-on pas que pour être belle il faut savoir souffrir?

Shampoing sec

***Vous devez disposer de :** farine d'avoine ou talc.*

Si vous êtes pressé, versez l'équivalent de 1 cuillerée à soupe de farine d'avoine dans le creux de la main et massez délicatement le cuir chevelu. Secouez fortement la tête et brossez jusqu'à totale disparition de traces de farine. L'avoine aura absorbé le sébum qui rendait vos cheveux ternes.

Astuce de Jeanne Comtat (ma grand-mère à moi!)
Vous pouvez remplacer l'avoine par un peu de talc (non parfumé).

Rinçage et brillance

L'envie de cheveux brillants, forts, lumineux est une préoccupation qui ne date pas d'aujourd'hui, comme en témoigne le papyrus d'Ebers, daté de 1550 av. J.-C. et précieusement conservé à Leipzig. Pour une chevelure en parfaite santé, voici quelques petites recettes bien agréables et bien utiles.

Vinaigre de rinçage

***Vous devez disposer de** : lavande, romarin, thym, citron, vinaigre de vin rouge, un bocal, une bouteille, un morceau de tissu de coton blanc, de la ficelle.*

Non, non, le vinaigre ne sert pas qu'à assaisonner la salade ! Est-ce grâce à lui que Samson (qui a sans doute subrepticement chipé la recette à sa femme) tenait sa force colossale de son abondante chevelure ? Mélangé à du riz dans la Chine ancienne ou à du miel à Carthage, ses vertus indiscutées depuis la plus haute Antiquité donnent souplesse et brillance aux cheveux tout en luttant efficacement contre les pellicules, les pointes abîmées, l'apparition des cheveux blancs ou la chute des cheveux. Ce soin facile et économique répare aussi les cheveux ternes, cassants ou fatigués. Déposez 15 g de lavande, 20 g de romarin, 15 g de thym et 1 citron coupé en quatre dans un tissu de coton blanc. Fermez avec une ficelle (cela évite de filtrer) et mettez le sachet dans un bocal contenant 1 litre de vinaigre de vin rouge. Bouchez, laissez macérer neuf jours en agitant régulièrement le bocal. Enlevez et jetez le sac de plantes, transvasez dans une bouteille en verre et conservez bien bouché, à l'abri de la lumière. Votre vinaigre est prêt à l'emploi : mettez-en 2 cuillerées à soupe dans 1 litre d'eau et versez-en la totalité sur vos cheveux en dernière eau de rinçage.

Serrez les dents
Attention : efficacité optimale assurée seulement au prix d'un dernier rinçage à l'eau froide !

Pour les impatients

***Vous devez disposer de** : vinaigre de vin rouge.*

Utilisez simplement le mélange suivant : 2 cuillerées à soupe de vinaigre de vin rouge dans 1 litre d'eau froide ou tiède.

Attention
Le vinaigre de rinçage ne s'utilise jamais pur. Il doit toujours être dilué dans de l'eau.

Rinçage et brillance des cheveux secs

***Vous devez disposer de** : eau de source, sucre.*

Si vos cheveux sont desséchés par l'eau de mer ou la pollution, rincez-les de temps en temps à l'eau sucrée : 2 morceaux de sucre à dissoudre dans 1 litre d'eau de source (utilisez la totalité de la bouteille en dernière eau de rinçage).

Rinçage et brillance des cheveux bruns

***Vous devez disposer de** : thé noir.*

Réservez le dernier bol de votre thé noir du matin en ultime eau de rinçage. Vous éliminerez ainsi, à peu de frais, les résidus de shampoing qui, au fil du temps, rendent les cheveux ternes.

Rumeur
Vous pouvez aussi faire cuire, à couvert, 3 poireaux très frais dans 1 litre d'eau. (Ne pas saler !) Retirez-les du feu (vous les mangerez avec une bonne vinaigrette à l'huile d'olive ; en plus, c'est diurétique). Surtout ne jetez pas l'eau de cuisson, laissez-la refroidir et utilisez ce « bouillon » en dernier rinçage.

Rinçage et brillance des cheveux châtains

Vous devez disposer de : *thé vert, citron.*

Pour de beaux reflets cuivrés, faites infuser 20 g de thé vert dans 1 litre d'eau bouillante. Lorsque l'infusion est froide, filtrez et ajoutez le jus d'un demi-citron. Utilisez en dernière eau de rinçage.

Rinçage et brillance des cheveux blonds

Vous devez disposer de : *fleurs séchées de camomille.*

Dans les pays scandinaves, on avait jadis pour habitude de procéder à des rinçages à la camomille pour de beaux reflets dorés… Pourtant, l'une de mes grands-mères, blonde bien qu'originaire du Piémont, déposait, elle aussi, une petite poignée (environ 12 fleurs) de camomille « romaine » (!) dans 1 litre d'eau bouillante. Elle couvrait, laissait cuire à feu doux 3 minutes, puis laissait refroidir avant de filtrer et d'utiliser cette tisane en dernière eau de rinçage.

Petit secret

Les cheveux, c'est comme les chats ! Ils détestent rester mouillés et humides. Essorez-les au plus vite et séchez-les, sans les tordre, avec le plus grand soin.

Lotions

Lors de mon reportage dans le cabinet de toilette de nos ancêtres, j'ai fait un « arrêt sur images » très instructif et un bilan sans appel sur les produits « propres à conserver une belle et vigoureuse chevelure ». Force est de constater qu'ils étaient eux aussi nettement moins nombreux (ce qui est un délicat euphémisme!) et largement moins coûteux qu'aujourd'hui. La seule concurrence venait des ingrédients, tous issus de la nature, toujours bien choisis, bien dosés, et en nombre suffisant pour un entretien efficace! Nos grands-mères affectionnaient particulièrement les lotions simples, et on pourrait presque dire « multifonctions », comme la plupart de leurs produits, d'ailleurs.

Lotion pour la croissance

***Vous devez disposer de** : jus de cresson, jus de persil, huile essentielle de romarin, huile essentielle de thym, alcool fort.*

Versez 25 g de jus de cresson, 25 g de jus de persil, 6 gouttes d'huile essentielle de romarin et 6 gouttes d'huile essentielle de thym dans une bouteille. Mélangez à 50 cl d'un alcool fort (eau-de-vie, rhum blanc ou vodka). Une fois par semaine, frictionnez vos cheveux avec un peu de lotion, laissez poser minimum 5 minutes puis faites un shampoing. Conservez la bouteille à l'abri de la lumière et bien bouchée; agitez avant chaque utilisation.

Précepte

« Prenez du jus de cresson, frottez-en vos cheveux; ce remède les rend plus forts et plus nombreux. » Voilà ce que prescrivait la fameuse école de médecine de Salernes au Moyen Âge.

Variante

Vous devez disposer de : sel, romarin, huile de ricin, rhum blanc, huile essentielle de cannelle.

Cette technique était vivement conseillée par Mme Celnart en 1833 : faites fondre 20 g de sel de cuisine dans une forte infusion de romarin (1 poignée pour 50 cl d'eau bouillante). Ajoutez 1 cuillerée à soupe d'huile de ricin, 5 cuillerées à soupe de rhum blanc et 5 gouttes d'huile essentielle de cannelle. Mélangez le tout à l'aide d'un fouet. Mettez en bouteille. Appliquez cette solution le soir en massant légèrement. Gardez toute la nuit si possible, sinon, minimum 10 minutes avant de faire votre shampoing.

Lotion tonifiante

Vous devez disposer de : thym séché.

Faites bouillir 1 petite poignée de thym (environ 20 g) dans 50 cl d'eau froide, jusqu'à évaporation de la moitié de l'eau. Couvrez et laissez refroidir. Filtrez et conservez au réfrigérateur, dans une bouteille bien bouchée. Utilisez chaque matin, sans rincer, en massant délicatement le cuir chevelu (quelques gouttes suffisent).

Recommandation astucieuse
Pour un entretien quotidien, versez votre lotion maison dans un vaporisateur. Frictionnez, chaque matin, sans rincer, cheveux et cuir chevelu.

Masques

Les Égyptiennes ne savaient pas que l'on perdait une cinquantaine de cheveux par jour (et sans doute s'en fichaient-elles bien!) mais elles savaient comment entretenir cet important symbole de séduction...

Masque fortifiant et nourrissant

***Vous devez disposer de :** rhum blanc, huile d'olive, œuf.*

Mélangez à parts égales 2 cuillerées à soupe de rhum blanc et 2 cuillerées à soupe d'huile d'olive. Ajoutez 1 jaune d'œuf et remuez énergiquement. Appliquez et massez bien les racines. Gardez 15 minutes. Rincez abondamment puis procédez à votre lavage habituel.

Masque pour cheveux secs

***Vous devez disposer de :** œuf, yogourt nature.*

Battez, à la fourchette, 1 œuf entier et 4 cuillerées à soupe de yogourt nature. Appliquez avant votre shampoing en massant doucement ; insistez sur les pointes. Gardez 10 minutes, rincez et faites votre shampoing.

Masque-friction pour cheveux gras

***Vous devez disposer de :** citron.*

Une des méthodes les plus anciennes consiste en une friction aussi économique qu'efficace : pressez un citron et frictionnez vigoureusement votre cuir chevelu avec le jus obtenu. (Une fois par semaine pendant un mois ; quatre cures par an.)

Variante

Vous devez disposer de : sel de mer.

Ajoutez 2 cuillerées à soupe de sel de mer à votre shampoing. Utilisez le produit obtenu en alternance avec votre shampoing normal (pour éviter d'assécher vos cheveux) pour laver les racines.

Masque pour cheveux ternes, mous, fatigués, cassants

Vous devez disposer de : miel, œufs, citron.

Pas de panique ! Foncez dans la cuisine et… battez 2 œufs avec le jus de 1 citron et 2 cuillerées à café de miel. Appliquez en massant et en insistant sur les pointes. Laissez agir 5 à 10 minutes puis rincez abondement à l'eau fraîche (pour un effet tonique sur le cuir chevelu).

Variante

Vous devez disposer de : sauge, romarin.

Une autre recette ancienne consiste à faire une forte infusion avec 2 cuillerées à soupe de romarin et 2 cuillerées à soupe de sauge pour 20 cl d'eau. Utilisez ce mélange en dernière eau de rinçage, à chaque shampoing, en cure de trois mois minimum.

Teintures maison

Venons-en maintenant aux teintures qui font aujourd'hui plus appel à la chimie qu'à la nature. Rassurons-nous, la mode du blond vénitien n'est pas récente ! À la Renaissance, nous l'avons vu, il était de bon ton d'apparaître en public coloré de la sorte. Safran, citron et plantes du jardin entraient dans la composition de ces « colorations maison ». C'étaient les Italiennes, bien sûr, qui excellaient alors dans l'art de la beauté. Elles troquaient ou échangeaient les secrets de leurs formules et compositions et fabriquaient aussi elles-mêmes onguents, pommades et lotions.

Aux XVIIIe et XIXe siècles, mille teintures ont été vantées et testées. Nombre d'entre elles, très dangereuses, ont dû être abandonnées, laissant place à des produits moins agressifs, puis de plus en plus sophistiqués. Rappelons que nous avons pris le parti de ne retenir que les plus naturels, tous inoffensifs, même s'ils sont peu tenaces.

En Chine, pendant longtemps, c'est l'encre du même nom, mélangée à de l'eau de rose qui fit fureur. En Occident étaient privilégiés des végétaux riches en tanin : écorces de saule, de noyer ou de grenade, feuilles d'artichaut, de mûrier ou de figuier, brou de noix... En 2009, il semblerait que les industriels redécouvrent tous les avantages des plantes pour « colorer » les cheveux... Gageons que cela ne soit pas une nouvelle mode très passagère !

Méthodes de fabrication d'antan

Vous devez disposer de : vin rouge et, au choix, feuilles de saule, noyer, artichaut, brou de noix, figuier ou mûrier.

Faites cuire les ingrédients choisis dans du vin rouge (50 g pour 50 cl) jusqu'à diminution de moitié. Laissez infuser jusqu'à refroidissement complet avant de répartir, à plusieurs reprises, sur l'ensemble de la chevelure. « Ça finit par teinter les cheveux », disait-on. Cependant, n'oublions pas ce que disait le docteur Marmonier en 1896 : « Il n'y a pas de roses sans épines ni de teintures sans inconvénients. »

Important

Ces « recettes » historiques de teintures doivent relever des précautions les plus élémentaires. La méthode « expérimentale » est déterminante ! Si vous décidez de vous essayer aux teintures maison, faites un essai sur quelques cheveux bien « cachés » pour vous assurer que ce que vous avez concocté correspond bien à ce que vous espériez !

Noircir les cheveux

Vous devez disposer de : noix de galle, huile d'olive, sel, cire blanche, clou de girofle, alun, un pot en verre.

Gruling vante cette formule composée de 30 g de noix de galle (en herboristerie) et 25 cl d'huile d'olive qu'on fait cuire jusqu'à ce que les noix crèvent. Ajoutez du sel de cuisine et de la cire blanche à hauteur de 5 g chacun, 1 clou de girofle et 1 pincée d'alun. Faites chauffer en remuant, ôtez du feu et laissez refroidir. Faites de nouveau chauffer, filtrez à chaud et conservez dans un vase de verre placé à l'ombre.
Au début des années 1900, noir de fumée, charbon de liège ou cônes de cyprès mis à cuire dans du vin rouge sont privilégiés pour foncer les cheveux bruns.

Ingrédients en tout genre

Si l'on en croit P. Villaret : « Il y a encore une longue liste d'autres substances qui peuvent noircir les cheveux telles que la fiente d'hirondelle, le fiel de taureau, la feuille de bouillon-blanc brûlée et mise dans du vinaigre, etc. »

Pour conserver ou accentuer le blond

***Vous devez disposer de :** vin blanc, rhubarbe ou camomille.*

Le docteur Monin (1886) était un adepte d'une macération de 100 g de rhubarbe dans 50 cl de vin blanc. On faisait bouillir le mélange jusqu'à diminution de moitié, puis on en imbibait les cheveux avant de les faire sécher à l'air libre.
Les connaissances actuelles ne démentent pas non plus, bien au contraire, l'efficacité de la fameuse décoction de camomille pour accentuer les reflets blonds.

« Passer du roux au blond »

***Vous devez disposer de :** vinaigre de vin rouge, écorces de noix vertes.*

Faire cuire, jusqu'à évaporation des deux tiers, 80 g d'écorces de noix vertes dans 50 cl de bon vinaigre de vin rouge. Laisser refroidir, filtrer et mettre en bouteille. « On trempe le peigne et on imbibe les cheveux. »

Conseil de Périgourdin

Traditionnellement, les noix se cueillent à la Saint-Jean et, bonne nouvelle, on en trouve à nouveau sur les marchés. Vous pourrez ainsi faire votre préparation pour toute l'année (comptez 1 à 2 litres en fonction de votre longueur de cheveux).

Affections du cuir chevelu

Impossible de refermer ce chapitre sans évoquer quelques formules qui aidaient à lutter contre certains maux.

Chute des cheveux, calvitie

***Vous devez disposer de** : thym, buis, romarin, lavande, tilleul, rhum blanc, vinaigre de vin rouge.*

Les premiers traitements remonteraient à quatre mille ans avant notre ère (c'est vraiment une préoccupation qui ne date pas d'aujourd'hui !). Le premier remède consigné sur papyrus serait (mythe ou réalité ?) celui que la mère d'un pharaon conseillait à son entourage. Il consistait à faire des applications locales d'une pâte faite de dattes, pattes de chien, sabots d'âne, plantes, broyés et cuits dans de l'huile. Évidemment il n'est pas aisé, à notre époque, de trouver pattes et autres sabots d'âne !
Suivons plutôt les conseils du *Manuel des dames* (1833) pour fabriquer cette friction : portez à ébullition 50 cl d'eau et ajoutez 2 cuillerées à soupe de thym, 2 cuillerées à soupe de buis, 3 cuillerées à soupe de romarin, 1 cuillerée à soupe de lavande et 1 cuillerée à soupe de tilleul. Faites cuire à feu doux et à couvert 20 minutes. Laissez refroidir puis ajoutez 1 verre à vin de rhum blanc et un demi-verre de vinaigre de vin rouge. Filtrez et mettez en bouteille. Utilisez sur le cuir chevelu, matin et soir (se conserve très longtemps).

Rumeur d'astrologue
On disait qu'il fallait faire ces frictions à la lune montante…

Pommade contre la chute des cheveux

*V**ous devez disposer de** : huile d'amande douce, moelle de bœuf, rhum blanc, un pot en verre.*

Faites fondre à feu très doux 50 g de moelle de bœuf (demandez un gros os à moelle à votre boucher) dans 5 cuillerées à soupe d'huile d'amande douce. Hors du feu, ajoutez peu à peu 30 cl de rhum blanc en mêlant constamment jusqu'à refroidissement complet. Mettez en pot.
S'applique en massages légers sur le cuir chevelu ; à garder toute la nuit si possible, sinon, minimum une heure.

Et si ça marchait...
« Pour limiter et arrêter la chute des cheveux, frottez les ongles d'une main sur les ongles de l'autre main, avec un mouvement rapide pendant 5 minutes au moins, trois fois par jour. La chute de cheveux ne s'arrêtera pas immédiatement mais après quelques semaines, leur chute aura diminué et devrait cesser complètement quelques semaines plus tard » (*Hygiène de la chevelure*, 1896).

Onguent antichute

*V**ous devez disposer de** : axonge (saindoux), bardane, bourgeons de noyer, rhum blanc.*

Faites cuire 20 minutes, à feu doux, 50 g de saindoux (axonge), 30 g de racine de bardane et 20 g de bourgeons de noyer. Retirez du feu, filtrez immédiatement et mettez en pot. Frictionnez plusieurs soirs de suite le cuir chevelu.

« Eau pour fortifier la racine des cheveux »

*V**ous devez disposer de** : noyer, quinquina, petite centaurée, rhum blanc.*

Faites bouillir 20 g de feuilles de noyer, 15 g de quinquina, 15 g de petite centaurée dans 20 cl d'eau. Couvrez et laissez refroidir. Passez, puis ajoutez 15 cl de rhum blanc. Mélangez bien et conservez en bouteille bien bouchée. À appliquer sur les racines deux fois par semaine.

Pour empêcher les cheveux de tomber

Vous devez disposer de : *graines de persil.*

« Mettez en poudre de la graine de persil, poudrez-vous-en la tête pendant trois soirs différents, vous recommencerez chaque année et vos cheveux ne tomberont plus » (école de Salernes).

Pour « faire venir promptement » les cheveux

Vous devez disposer de : *feuilles d'orties ou jus d'orties.*

« Exprimez le suc des orties, trempez-y chaque matin les dents de votre peigne, et vous peignez à rebours ; les cheveux ne tarderont pas à croître. »

Pellicules

Vous devez disposer de : *bois de Panama ou borax (en droguerie ou pharmacie).*

Selon M. Lehamau, le « meilleur moyen de se débarrasser des pellicules est de se laver la tête une fois par semaine avec une décoction de bois de panama, puis de la rincer à grandes eaux et de sécher les cheveux avec une serviette en frictionnant fortement ». Et il ajoute : « Pour les personnes qui n'aiment pas les ablutions à grandes eaux, elles remplaceront la décoction de panama par une solution de borax avec laquelle elles feront des frictions à la racine des cheveux. Elles devront également s'essuyer la tête jusqu'à complète dessiccation. »

Variante 1

***Vous devez disposer de** : racines de bardane ou violette.*

Les racines fraîches de bardane et la violette étaient conseillées pour empêcher leur apparition ou les faire promptement disparaître. Faites une décoction de 30 g de chaque plante dans 30 cl d'eau et procédez à des frictions journalières pendant dix jours.

Variante 2

***Vous devez disposer de** : rhum, clous de girofle, huile essentielle de romarin, huile essentielle de lavande, de bardane, d'ortie.*

Cette recette a aussi fait ses preuves : versez 20 cl de rhum dans une bouteille. Ajoutez 12 clous de girofle, et laissez macérer neuf jours. Enlevez les clous et ajoutez 8 gouttes d'huile essentielle de romarin, 5 gouttes d'huile essentielle de lavande, 8 gouttes d'essence de bardane et 6 gouttes d'essence d'ortie. Mettez en bouteille et conservez à l'abri de la lumière. Frictionnez le cuir chevelu le soir avec quelques gouttes de cette lotion et dormez avec un foulard (à renouveler autant que nécessaire).

Petit secret des années 1930

L'acide acétylsalicylique contenu dans l'aspirine constitue l'ingrédient actif de la plupart des shampoings antipelliculaires. Comme à cette époque, si vous ne souhaitez pas changer de shampoing ou si vous vous êtes décidé à faire votre shampoing maison, il suffit d'y dissoudre une aspirine (non effervescente) écrasée.

Poux, lentes

***Vous devez disposer de** : alcool camphré, vinaigre de vin rouge, lavande, romarin, tabac, menthe poivrée, un bocal.*

Les poux peuvent provoquer des maladies du cuir chevelu (eczéma, impétigo). On doit donc passer à l'attaque sans tarder. Seulement voilà ! C'est de plus en plus difficile. Les poux

se seraient-ils habitués à nos produits chimiques ? Qu'à cela ne tienne ! Nous allons les piéger avec la formule du *Dorvault* de 1868 : dans un bocal, versez 10 cl d'alcool camphré et 20 cl de bon vinaigre de vin rouge. Ajoutez 10 g de fleurs de lavande, 15 g de romarin, 5 g de feuilles de tabac et 15 g de menthe poivrée. Laissez macérer sept jours en secouant chaque jour. Filtrez et conservez à l'abri de la lumière. Passez quelques gouttes de ce « produit miracle » trois fois par semaine sur la chevelure avec un peigne fin, massez le cuir chevelu et conservez toute la nuit. Le matin, à nouveau le peigne fin puis un bon shampoing à la saponaire suivi d'un dernier rinçage au vinaigre de toilette !
Ouf ! Nous en voilà apparemment débarrassés... Mais restent encore certainement les œufs, nommés lentes. Pour les éradiquer, imprégnez les cheveux de vinaigre de vin chaud, puis peignez au peigne fin également trempé dans du vinaigre chaud.

Cheveux blancs

***Vous devez disposer de :** thé noir.*

Encore une préoccupation qui remonte à loin puisque le fameux papyrus d'Ebers donnait déjà des conseils pour s'en prémunir. Selon Eusèbe de Salles (1825), on doit déposer 2 cuillerées à café de thé noir dans un bol d'eau bouillante, couvrir, laisser complètement refroidir, filtrer et mouiller les cheveux matin et soir.

Soins à donner à la barbe

Jusqu'à une époque récente, la barbe était très à la mode chez les jeunes hommes. Le docteur H. Fournier (XIXe siècle) prescrit ce soin : « Comme les cheveux, elle sera enduite de temps en temps d'une substance grasse (huile parfumée) qui conservera aux poils leur aspect brillant et leur souplesse, surtout après les ablutions de la face qui, à la longue, gonflent le poil et le rendent friable et cassant. »

À découvrir ou à redécouvrir

Brillantine

***Vous devez disposer de** : alcool fort, glycérine, huile essentielle de citron.*

Suivant les époques et les modes, on s'enduisait les cheveux d'une solution gélatineuse faite à partir de lanoline, d'huiles parfumées ou autres ingrédients. C'est seulement au XIXe siècle qu'un produit va révolutionner la mode masculine… Si je vous dis brillantine, ça ne vous rappelle rien ? Son succès ne s'est pas démenti pendant des décennies. On dit même que les dandys l'avaient élue « meilleur produit » (!) pour faire briller les cheveux en leur donnant un aspect mouillé. Pourtant, dans les années 1960, ce produit si longtemps en vogue devient « totalement ringard », trop attaché pour certains à Elvis Presley. Il semblerait qu'il soit en train de reprendre du service. Alors, pourquoi ne pas l'élaborer à nouveau ?

Versez, dans un flacon, 5 cuillerées à soupe d'un alcool fort (eau-de-vie, rhum blanc ou vodka). Ajoutez 1 cuillerée à soupe de glycérine et 6 gouttes d'huile essentielle de citron. Bouchez, mélangez et laissez reposer quatre ou cinq jours avant d'utiliser votre ancestral gel de coiffage « fait maison ».Vous verrez, il vous rendra les mêmes services que bien d'autres, plus chers et nettement moins naturels.

Important

Ne pas oublier de secouer la bouteille avant chaque application.

Laque minute

Vous devez disposer de : *eau de source, bière.*

Vous êtes invité à dîner, vous n'avez plus de laque et vous pensez que c'est la catastrophe ? Eh bien pas du tout, puisque nos grands-mères se sont occupées de tout et nous offrent une très belle recette : mélangez deux tiers de bière et un tiers d'eau de source dans un vaporisateur (si vous souhaitez une fixation plus importante, remplissez votre vaporisateur seulement de bière). C'est fait ? Vous venez d'obtenir, en un temps record, la plus ancienne et la plus naturelle des laques. Et non seulement elle n'abîme pas les cheveux, mais en plus elle les fortifie et les fait briller.

Détail important
L'odeur disparaît au bout de quelques minutes...

Cheveux « lustrés »

L'usage voulait et voudrait encore que l'on se brosse longuement les cheveux, à l'aide d'une brosse douce, le soir, avant d'aller se coucher. Ce geste simple (et délassant) « enlève la poussière et détermine une excitation douce et favorable au développement de la chevelure » (*De la chevelure*, 1827).

Secret de perruquier du XIXe siècle
Pour se coiffer le matin, « il faut rejeter le peigne fin pour user du démêloir à dents écartées ».

Massage bienfaisant

L'école de médecine de Salernes nous enseigne la chose suivante : « Il faut signaler les bons effets du massage du cuir chevelu, qui agit mécaniquement en vidant les glandes sébacées et en excitant la vitalité de la papille. Il est prouvé que les lotions et pommades agissent plus activement si on les applique par massage du cuir chevelu plutôt que par friction. »

Poudre blanche

Ne soyez pas inquiets, c'était son nom ! Elle a fait son apparition dans les années 1590. Autrefois si appréciée à la cour, cette « poudre à poudrer » complètement passée de mode a été remise au goût du jour il y a peu par un couturier aussi célèbre que son catogan. En voici une formule, en vous précisant cependant que « son application n'est pas des plus faciles, et [qu']il est préférable de la faire poser par un perruquier ». Sa composition en revanche est des plus simples : amidon réduit en poudre très fine dans un mortier de marbre. Passez ensuite au tamis de soie et ajoutez « telle odeur qu'on juge à propos » (ambre, racine d'iris de Florence). S'applique avec une houppe.

Pétrole Hahn

Il ne m'a pas fallu longtemps chercher pour trouver un des plus emblématiques produits de mémoire. Son histoire autant que sa longévité valent que l'on s'y arrête quelques instants… Pharmaciens, médecins et herboristes inventent, dans les années 1880, des lotions qui « luttent contre les pellicules et la chute des cheveux ». Les plus renommées sont celles de Vibert, pharmacien à Lyon, et de Charles Hahn, pharmacien à Genève. D'associations en successions, Robert-Laurent, fils adoptif de Vibert, en homme d'affaires visionnaire, modernise l'entreprise dès 1912. La lotion Pétrole Hahn® fait aujourd'hui partie de notre patrimoine. Ce vrai *Made in France* devrait être porteur d'avenir, contrairement aux produits étiquetés « bons vieux produits français », mais qui sont fabriqués très loin de chez nous par des multinationales plus attachées aux bénéfices qu'à l'authenticité…

« Rumeur à buzzer »

Si ce produit à l'odeur caractéristique a peu à peu été associé à la chevelure masculine, c'est sans nul doute parce que la « mise en plis bien serrée » des femmes du siècle dernier en empêchait toute utilisation, au risque de « la faire tomber et de devoir inévitablement retourner chez le coiffeur ». Certes, mais à l'époque du « brush décoiffé », les femmes pourraient avantageusement piquer cette lotion aux garçons car, si elle n'était pas efficace, ça se saurait depuis le temps !

Urgence cheveux propres et brillants

***Vous devez disposer de :** bas ou collant.*

Vous n'avez pas le temps de les laver et vous avez un rendez-vous important ? Pas de panique ! Enfilez un bas ou un collant de nylon sur une brosse à cheveux et brossez dans tous les sens.

Chevelure des enfants

Pour aider les enfants à acquérir de beaux cheveux, on en coupait un à deux centimètres à chaque vieille lune et, surtout, le jour de la fête de Marie Madeleine (22 juillet), célèbre pour sa belle chevelure…

Entretien des peignes et brosses

***Vous devez disposer de :** vinaigre.*

Il est très important de procéder à un nettoyage hebdomadaire. Laissez tremper vos accessoires 10 minutes dans une eau très vinaigrée (alcool ou vin rouge). Rincez et laissez sécher. Une fois par mois, remplacez le vinaigre par 1 cuillerée à soupe d'eau de Javel dans une bassine d'eau tiède.

Le visage

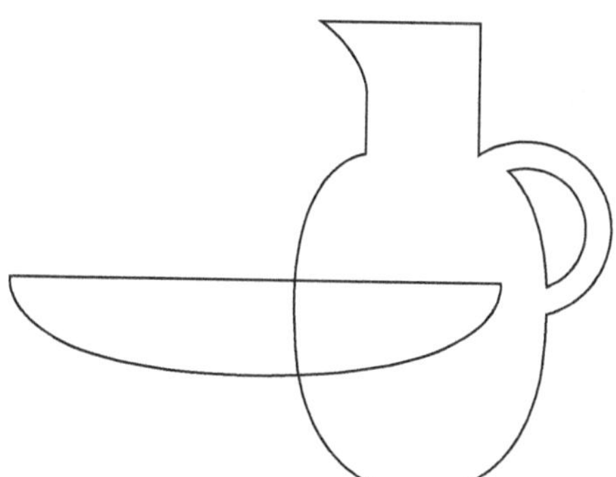

« Avoir un joli teint,
ça vient de l'intérieur
et d'une bonne hygiène. »

Qui n'a jamais entendu cette phrase… Et pourtant ! Souvent le teint « barbouillé » provient d'un mauvais fonctionnement de l'appareil digestif.

Dans les temps légendaires, Hygie, déesse grecque de l'hygiène, en avait déjà édicté les préceptes.

Beaucoup plus tard, en 1791, Mecenigo, héros du charmant ouvrage *Abdeker ou l'Art de conserver sa beauté*, insiste sur la nécessité d'« aiguillonner la lenteur des digestions, de diviser les humeurs qui croupissent dans les vaisseaux, sans négliger la sérénité qui garde au visage l'harmonie et le coloris ». On conseille alors lotions, onguents, pommades, pâte d'amandes, romarin…

Enfin, « si l'on veut faire attention que la beauté du teint est l'effet de l'équilibre parfait des humeurs, on avouera que c'est bien moins du côté de la peau qu'il faut tourner ses vues que vers le mécanisme intérieur », enseigne le docteur Monin en 1868 : formules, tisanes, conseils et méthodes créatrices d'un teint éblouissant, l'« arsenal » est indéfiniment inépuisable (et inépuisé !).

Le « débarbouillage »

Précision de Mme Ulliac Trémadure (1860) : « Un visage qui n'est pas entretenu en état méticuleux de propreté risque de voir bientôt se ternir le poli tendre et velouté du teint. » Alors, mousse lavante ou démaquillant ? C'est à vous de choisir !

Tisanes « bonne mine »

Vous devez disposer de : *sauge officinale, ortie, mauve, pensée sauvage, bourdaine, bouleau, artichaut, rhubarbe (au choix).*

Puisque l'éclat du visage dépend, d'abord et avant tout, d'une bonne santé, commençons par quelques indispensables tisanes. Celles qui nous intéressent ici contribuent à rendre le teint frais et lumineux. Les anciens conseillaient de prendre une tisane le matin à jeun et le soir au coucher, en lune descendante, par cure de sept jours. Variez les plantes et ne prolongez pas les cures.

Attention

Les mélanges de plus en plus nombreux et fantaisistes que l'on trouve aujourd'hui sur Internet doivent être considérés avec les plus élémentaires des précautions. Certains dosages et associations de plantes peuvent être dangereux. Demander conseil à un spécialiste reste nécessaire.

Mousse lavante

Vous devez disposer de : *saponaire, eau de rose ou de fleurs d'oranger.*

Cette préparation ancestrale est idéale pour tous les types de peaux, y compris les plus sensibles. Versez 50 cl d'eau dans une casserole. Ajoutez 50 g de racines de saponaire (voir ses autres utilisations p. 94 et p. 326) coupées menu. Portez à ébullition et laissez cuire 5 minutes à feu doux et à couvert. Laissez refroidir puis filtrez et mettez en bouteille. Utilisez comme un savon puis rincez à l'eau claire. Pour obtenir une odeur agréable, ajoutez, au moment de la mise en bouteille, 3 ou 4 cuillerées à soupe d'eau de rose ou de fleurs d'oranger.

Démaquillant maison

***Vous devez disposer de** : lait ou beurre.*

Nous le savons bien : ne jamais se coucher sans se démaquiller. Mais imaginez cette scène horrible : vous êtes fatiguée, il est tard, vous prenez machinalement un bout de coton, la bouteille de démaquillant, vous pressez… rien ! Bouteille vide ! Faites comme autrefois : foncez dans la cuisine, ouvrez la porte du réfrigérateur, sortez la bouteille de lait, remplissez-en une tasse à café, retournez (avec le sourire !) dans la salle de bains et démaquillez-vous tranquillement. Alors ? Magique, non ? Votre peau est nettoyée et satinée. Pensez à rincer à l'eau claire.
Allons bon ! Plus de lait non plus ? Le beurre frais possède lui aussi des propriétés nettoyantes. Étalez-en un peu sur votre visage, massez délicatement, rincez à l'eau tiède. Votre peau sera fraîche et lisse.

Variante « anticipation de la rupture de stock »

***Vous devez disposer de** : menthe officinale, lait cru.*

Nos grands-mères se sont aussi occupées des partisans de la « zenitude », préférant anticiper la rupture de stock en préparant à l'avance une bouteille d'un bienfaisant démaquillant maison, 100 % naturel et particulièrement économique : faites infuser 15 minutes, et à couvert, 30 g de menthe officinale dans un bol d'eau bouillante (environ 20 cl). Laissez refroidir. Filtrez, ajoutez un bol de lait cru (environ 20 cl) et versez le tout dans une bouteille en verre. Conservez au frais. Secouez bien avant chaque emploi. À utiliser comme votre démaquillant actuel.

Savon au miel

Vous devez disposer de *: savon de Marseille, miel, benjoin, storax.*

On disait qu'il était très doux pour la peau. Dans un mortier de marbre ou un gros bol de porcelaine, versez, dans l'ordre et sans cesser de remuer : 50 g de savon de Marseille en copeaux (le vrai !), 50 g de miel, 10 g de benjoin en poudre (en herboristerie ou pharmacie) et 5 g de storax en poudre (en droguerie). Quand le mélange est bien homogène, versez dans un moule et laissez sécher au soleil une semaine environ.

Petit secret

Vous pouvez ajouter la fragrance que vous aimez, sous la forme de 5 gouttes en tout d'huiles essentielles de votre choix (à ajouter après avoir déjà commencé à mélanger).

Les lotions ou de la propreté à l'éclat

Autrefois nommées « cosmétiques propres à embellir la peau », les formules en étaient nombreuses. Fleurs, légumes, plantes, les ingrédients variaient en fonction des effets attendus. Leur mode d'élaboration était en revanche immuable : infusion de plantes dans de l'eau de source. Seuls changeaient les ingrédients. L'utilisation est identique à celle des lotions actuelles. Nous n'avons volontairement retenu que les « essentielles », car il est inutile d'encombrer ses placards avec des produits trop souvent superflus. À vous de choisir celle qui convient le mieux à votre type de peau ou à vos envies.

Eau de romarin

***Vous devez disposer de :** romarin.*

Élément important de la fameuse « Eau de la reine de Hongrie », lotion favorite de Mme de Sévigné qui l'appelait son « thé de beauté », l'eau de romarin est un excellent raffermissant et rajeunissant du visage. Elle contribue également à « condenser les épidermes relâchés » – délicat euphémisme pour parler des rides !

Mettez 10 minutes à feu doux 1 bonne poignée (20 à 30 g) de romarin (sec ou frais) dans 30 cl d'eau. Filtrez, mettez en bouteille et conservez au réfrigérateur. Appliquez sur un coton, matin et soir, sur visage propre.

Eau de sauge

***Vous devez disposer de** : sauge.*

Sa mission : purifier, rééquilibrer, tonifier et assainir. Même recette et mêmes proportions que la recette précédente.

Eau de rose

***Vous devez disposer de** : pétales de rose.*

Incontournable et éternelle, l'eau de rose est un véritable trésor de la nature. Ses propriétés sont nombreuses : elle tonifie, rafraîchit, hydrate, rééquilibre, apaise et adoucit. Elle convient à tous les types de peaux, y compris les plus sèches et les plus sensibles. Elle est aussi purifiante, nettoyante, astringente, raffermissante, très appréciée des peaux grasses. Bien sûr, elle aide aussi à « réparer des ans l'irréparable outrage ».
Déposez 10 g de pétales de rose séchés dans 20 cl d'eau bouillante. Faites bouillir à feu très doux 3 minutes. Couvrez et laissez refroidir. Filtrez, mettez en bouteille, conservez au frais. S'utilise sur un coton, le soir après le démaquillage et le matin pour enlever les impuretés de la nuit. La recette n'a pas changé depuis que les femmes romaines en vantaient tous les bienfaits !

Rumeur persistante

Si vous l'utilisez bien fraîche (conservée au réfrigérateur), elle sera vivifiante... Vous pouvez même en faire des glaçons à appliquer en SOS bonne mine !

Formule de 1871

***Vous devez disposer de** : roses, acide citrique.*

Cette formule et la suivante sont un peu plus élaborées. « Remplissez un vase de terre vernissée de pétales de rose fraîchement cueillis. Versez une fort petite quantité d'eau très légèrement acidulée avec de l'acide citrique (en droguerie). Laissez macérer pendant 24 heures et au bout de ce temps filtrez sans expression à travers un linge. Vous recueillerez une liqueur d'un bon rose très aromatique et parfaitement limpide. »

Recette de la signora Cortese, MDCIII (1603).

***Vous devez disposer de** : sucre, roses… et soleil (!).*

« Prenez un bocal, remplissez-le de sucre en poudre et de pétales de rose frais en mettant alternativement une couche de pétales et une couche de sucre ; pour une partie de pétales de rose, il faudra employer environ trois parties de sucre. Bouchez bien. Placez le tout au soleil pendant trois ou quatre jours au bout desquels le sucre sera bien fondu. S'il ne l'était pas, il faudrait attendre encore un peu. Quand le sucre bien fondu a été tenu en macération, vous versez le tout sur un tamis fin et vous laissez s'écouler sans presser le sirop de sucre que vous conservez ensuite dans une bouteille bien bouchée. »

Lotion de Gawland

***Vous devez disposer de** : amandes amères, amandes douces, eau de source, eau-de-vie.*

Pour environ 20 cl de lotion, prenez amandes amères mondées 30 g, amandes douces également mondées 20 g. Pilez-les dans un mortier et formez-en une pâte en mouillant avec 50 cl d'eau de source. Ajoutez 1 cuillerée à soupe d'eau-de-vie. Après sept jours de macération, filtrez dans un linge, en extrayant bien le liquide. Cette préparation était recommandée pour adoucir la peau et faire disparaître les traces d'éruptions cutanées. « On s'en lotionne la peau au moyen d'un coin de serviette, ou même, des doigts trempés dans la solution, puis on essuie doucement avec une serviette bien propre. »

Important

Toutes les eaux de fleurs doivent être conservées au réfrigérateur et jamais plus d'une semaine.

Conserver une belle peau

« Si la nature n'avait fait que des ouvrages accomplis, si nous vivions encore dans ces temps heureux où la terre était un jardin des délices, où les hommes étaient presque des créatures célestes, où les femmes étaient assez parées de leurs grâces natives, nous n'aurions besoin ni de coiffeurs, ni de parfumeurs, ni de modistes, ni d'étoffes précieuses, ni de bijoux artistement travaillés ; mais le malheureux siècle de fer a tout perdu... Que serait la plus belle nymphe, si l'art ne venait au secours de ses appas ? » (abbé Salgues). On le voit, l'entretien nécessite un peu de patience. Alors, puisque vous avez décidé de prendre un moment pour vous occuper de votre visage, commencez donc par une bonne fumigation.

Fumigation

***Vous devez disposer de** : citron, thym, romarin, camomille, tilleul, lavande, mélisse, bourrache, herbes de Provence (au choix), huile d'olive.*

Aujourd'hui appelé sauna facial, ce soin est idéal pour ouvrir les pores, nettoyer la peau en profondeur et la préparer à un masque bienfaisant. Il est aussi excellent pour aider à l'élimination des petits boutons. Le principe en est des plus simples : deux fois par mois environ, faites bouillir 50 cl d'eau, versez 1 petite poignée des plantes de votre choix, attendez que l'eau bout à nouveau. Posez alors immédiatement le récipient (mais sans précipitation pour ne pas vous brûler) sur une surface plane et votre visage (bien propre) au-dessus de la casserole ; couvrez la tête d'une serviette de toilette pour ne pas faire échapper la vapeur. Gardez cette position 5 minutes puis essuyez votre visage.

Pour purifier : citron, thym, romarin ; pour adoucir : camomille, tilleul ; pour relaxer : lavande, mélisse ; pour tonifier : citron, bourrache. Il est bien sûr possible d'associer plusieurs plantes.

Astuces

Si vous n'avez pas le temps d'aller acheter des plantes, faites simplement votre fumigation avec... des herbes de Provence, certainement disponibles dans votre placard de la cuisine. Bienfaits garantis ! Si vous êtes pressé, passez un peu de lotion de votre choix puis quelques gouttes d'huile d'olive ou de bourrache pour finir ce soin bienfaisant. S'il vous reste un peu de temps, passez au soin qui suit.

Gommage douceur

***Vous devez disposer de** : amandes douces, miel, huile d'olive, citron.*

Appelé maintenant peeling (plus cher et plus « in »), il éliminera en douceur les cellules mortes. Point n'est besoin de se ruiner pour avoir une jolie peau ! Dans un bol, mélangez 1 cuillerée à café d'amandes douces en poudre, 1 cuillerée à café de miel, 2 cuillerées à soupe d'huile d'olive, 2 cuillerées à café de jus de citron. Appliquez sur le visage et le cou (en évitant le contour des yeux) en insistant sur front, nez et menton. Massez, comme pour un peeling, en mouvements circulaires ; rincez et terminez par une application de lotion maison.

Autre gommage délicat

***Vous devez disposer de** : bicarbonate de sodium.*

Après vous être lavé le visage, appliquez une pâte faite de 3 volumes de bicarbonate de sodium et de 1 volume d'eau. Massez délicatement, sans trop appuyer, en petits mouvements circulaires. Rincez abondamment puis appliquez un masque douceur. Si vous êtes pressé, terminez votre soin avec quelques gouttes d'huile d'olive ou un peu de crème maison de votre choix.

Astuce à redécouvrir

Pas de temps pour un gommage, mais il y a urgence à avoir bonne mine et un visage apaisé ? Alors, détendez vos muscles faciaux à l'aide de cette méthode largement éprouvée par nos grands-mères. Appliquez une serviette mouillée bien chaude sur le visage et allongez-vous 5 minutes. Votre visage sera entièrement reposé.

Masques

Douceur, tonique, hydratant, coup d'éclat, bonne mine, revitalisant, désincrustant, joli teint, peau irritée, peau terne, pores dilatés... les masques se conjuguent à l'infini, depuis toujours. En 1929, par exemple, il s'est vendu pour 550 milliards de francs de l'époque de produits de beauté (même en euros, cela doit faire beaucoup).
Pour conserver la fraîcheur de leur teint, les Vénitiennes se servaient d'un masque à base d'onces de fleurs de farine de froment et de quelques blancs d'œufs ; cette pâte à garder toute la nuit s'enlevait facilement le lendemain avec un peu d'eau tiède, disait-on. Il paraît même qu'Henri III en employait un de cette sorte !
De notre périple dans le temps, nous avons rapporté des méthodes simples, naturelles et économiques pour conserver vos biens les plus précieux : jeunesse, beauté, santé. Facile ! La liste est abondante, il vous appartient de choisir ceux qui vous conviennent le mieux.

Masque peaux irritées

Vous devez disposer de : *farine d'avoine, lait.*

Mélangez 1 cuillerée à soupe de farine d'avoine à du lait entier jusqu'à obtenir une pâte moelleuse. Appliquez sur visage et cou, gardez environ 15 minutes ; rincez à l'eau tiède.

Masque peau terne

Vous devez disposer de : *levure de bière, lavande, lait.*

Je vous aurais bien proposé le masque de beauté que s'appliquait au XVe siècle chaque matin Agnès Sorel, la « Dame de beauté ».

Il était composé, entre autres, de cervelle de sanglier, de vers de terre et de bave d'escargot... La difficulté de se procurer aisément ces ingrédients de nos jours m'amène à vous proposer plus simplement la recette recommandée par J.-A. Goulin (XIXe siècle). Diluez, dans une tasse, 1 cuillerée à soupe de levure de bière et 1 cuillerée à café de lavande pulvérisée (en poudre) dans un peu de lait cru. Couvrez et laissez reposer environ 10 minutes. Avec un pinceau, ou avec les doigts, appliquez ce masque sur un visage propre. Laissez reposer 15 à 20 minutes. Rincez à l'eau tiède. À renouveler une fois par semaine.

Masque pour pores dilatés

***Vous devez disposer de** : œuf, citron.*

Appliquez sur visage et cou (en évitant le contour des yeux) 1 blanc d'œuf très frais et bien battu auquel vous aurez ajouté le jus d'un demi-citron. Gardez 20 minutes puis rincez à l'eau tiède.

Variante « 7 minutes tout compris »

***Vous devez disposer de** : huile d'olive, orange.*

Mélangez 1 jaune d'œuf à 1 cuillerée à café d'huile d'olive et 1 cuillerée à soupe de jus d'orange. Battez énergiquement et appliquez sur visage et cou (bien nettoyés) en massant très légèrement. Laissez agir 5 minutes puis rincez à l'eau tiède.

Masque tonique

***Vous devez disposer de** : miel, crème fraîche ou yoghourt.*

Au XVIIIe siècle, avant de rafraîchir son visage à l'eau de romarin, de cerfeuil ou de thym, la marquise de Pompadour embellissait son teint avec des masques à base de miel et de crème fraîche. Si vous voulez l'imiter, faites chauffer au bain-marie 2 cuillerées à soupe de miel. Ajoutez 1 cuillerée à soupe de crème fraîche (entière) ou de yoghourt (le vrai, le basique, celui qui est aujourd'hui caché en fond de rayon) et appliquez, tiède, sur le visage et le cou. Gardez 10 minutes puis rincez à l'eau fraîche.

Yoghourt de beauté
Au début du XXIe siècle, le marketing voulait que le yoghourt nouvelle génération ne soit plus appliqué en masque mais ingéré chaque matin. Il s'appelait « spécial beauté ». À en croire les publicitaires, il devait remplacer tous les produits de beauté... Pourtant, la rumeur ne l'a pas confirmé, et en France le produit a été retiré de la vente (sans publicité !). Les bonnes vieilles recettes reprennent du service...

Masque coup d'éclat

Vous devez disposer de *: aspirine, lait.*

Au début du XXe siècle, la rumeur court qu'on peut détourner l'aspirine, qui venait d'être découverte, de son usage analgésique pour en faire des produits de beauté. L'expérience confirme le bien-fondé de cette rumeur. Délayez 5 cachets d'aspirine (non effervescents) dans 1 cuillerée à soupe de lait entier. Appliquez, au pinceau, ou avec les doigts, sur visage et cou. Conservez 5 minutes, pas plus. Rincez à l'eau tiède.

Masque désincrustant

Vous devez disposer de *: argile verte, citron.*

Depuis toujours, il nettoie et éclaircit la peau. Faites une pâte avec, dans l'ordre : 1 cuillerée à soupe d'argile verte, 2 cuillerées à soupe d'eau et 1 cuillerée à soupe de jus de citron. La pâte doit être épaisse mais souple. Appliquez sur un visage bien nettoyé. Après 10 à 15 minutes, rincez à l'eau tiède.

Masque « bon à tout »

Vous devez disposer de : argile verte.

En prenant l'habitude d'avoir toujours un paquet d'argile verte dans votre « cabinet de toilette », vous ne serez jamais pris de court ! Diluez-en 1 cuillerée à soupe (souvenez-vous, toujours avec une cuillère en bois !) avec un peu d'eau froide jusqu'à obtenir une pâte de la consistance d'une pâte à beignets. Appliquez-en une bonne couche sur votre visage propre, laissez reposer 10 minutes, rincez à l'eau tiède, puis appliquez une lotion au choix. Vous retrouverez un joli teint, une peau aérée et un visage détendu.

Masque douceur

Vous devez disposer de : miel, orange.

Déposez d'abord une couche de miel (comme une crème) sur votre visage, massez longuement puis répartissez des rondelles d'orange. Gardez le tout 20 minutes environ puis rincez à l'eau fraîche.

Rides

C'est une préoccupation sans âge! Certains conseils varient en fonction des modes, d'autres n'ont pas changé depuis les temps les plus anciens, en témoigne ce qui suit : « Prenez noix de galle encore vertes, faites-les bouillir dans du vin avec quelques clous de girofle, trempez-y un linge et appliquez » (1794). Quant à notre amie, la baronne Staffe, elle nous donne ce conseil d'une simplicité merveilleuse : « Les ablutions à l'eau froide sont les seuls moyens pour raffermir les chairs et obtenir le poli du marbre de la peau. »

Lutter contre les rides

Vous devez disposer de : *citron, romarin, lavande.*

Les taches de la peau et les rides céderaient « au frottement léger du jus de citron ». La présente recette a depuis toujours la réputation d'en retarder l'apparition : faites bouillir pendant 2 minutes 3 pincées de sommités fleuries de romarin et 2 bonnes pincées de fleurs de lavande dans la valeur d'un bol d'eau. Coupez le feu, couvrez et laissez refroidir. Filtrez et mettez en flacon. Utilisez en abondance, matin et soir, sur visage et cou.

Petit secret

La pulpe d'une orange appliquée et conservée 10 minutes sur le visage la nourrit de vitamines, entretient sa fraîcheur, repose les traits et retarde l'apparition des rides.

Crèmes, pommades et onguents

Safran, cire d'abeille, huiles, axonge, pollens, minéraux, résines, les « artifices » de beauté, parfois très compliqués, étaient pourtant faits maison. Onguent, crème, pommade, huile de beauté ou cérat, ingrédients de base, proportions et modes de fabrication étaient toujours les mêmes. Seules changeaient les essences, choisies en fonction des effets recherchés. En la matière, l'une des bases les plus anciennes et les plus vantées au fil du temps est la lanoline. Le docteur Monin nous en rappelle les bienfaits en 1865 : « Elle reproduit et nourrit les peaux sèches. » En 1893, le docteur Boëns confirme : « La lanoline est encore un vieux-neuf. »
Il avait raison puisque Ovide nous raconte que l'« œsipe », cosmétique cher aux dames romaines, empruntait à la graisse de la laine de brebis ses onctueuses propriétés. Elle servait à fabriquer les pommades pour lisser la peau, faire disparaître taches de rousseur ou petits boutons, ainsi que des crèmes antirides.
Boëns ajoute que les femmes russes, dans leurs promenades en traîneaux, « ont plutôt recours à la glycérine pour préserver leur teint contre les extrêmes rigueurs du climat hivernal » (elle ne gèle qu'à – 26 °C et ne s'évapore pas à l'air).
Aujourd'hui, la lanoline fait partie des très rares produits d'origine animale autorisés dans la fabrication des produits de beauté ayant le label bio.

Crème nourrissante

Vous devez disposer de : lanoline, huile d'amande douce, huile essentielle de romarin, eau de source, un pot en verre.

Faites fondre 20 g de lanoline (en pharmacie) au bain-marie. Ajoutez goutte à goutte 10 cl d'huile d'amande douce et 10 cl (quelques gouttes en plus si nécessaire) d'eau de source, sans cesser de mélanger. Enlevez du feu, parfumez avec 10 gouttes d'huile essentielle de romarin tout en battant longuement jusqu'à obtenir une crème bien blanche (aspect d'une mayonnaise). Mettez en pot.
S'utilise plutôt le soir, sur un visage nettoyé. Vous pouvez garder toute la nuit ou laisser agir un bon moment. Ôtez l'excédent avec un papier absorbant.

Crème antirides

Vous devez disposer de : lanoline, huile d'amande douce, huile essentielle de romarin, huile essentielle de rose, eau de source, un pot en verre.

Ajoutez à votre crème nourrissante (recette précédente) 6 gouttes d'huile essentielle de rose que vous incorporez en même temps que l'huile essentielle de romarin.

Cérat de Galien

Vous devez disposer de : cire blanche ou jaune, huile d'amande douce, eau de rose.

Galien (Ier siècle apr. J.-C.) a laissé une œuvre considérable de quatre cents traités de médecine, philosophie et pharmacie. Il a entre autres inventé le célèbre « cérat » qui, dix-huit siècles plus tard, porte toujours son nom. Très nourrissant, il aide à lutter contre sécheresse, vieillissement de la peau, vergetures, escarres et nombreux petits problèmes de peau. Il a aussi la réputation d'aider à « réparer les épidermes délicats ».

Selon Dorvault (1866), pour le préparer, faites chauffer au bain-marie, dans l'ordre, 10 g de cire blanche (en pharmacie), 40 cl d'huile d'amande douce et 15 cl d'eau de rose jusqu'à liquéfaction de la cire. Coulez dans un mortier de marbre préalablement chauffé (avec de l'eau bouillante) et remuez en permanence. Lorsqu'il est presque froid, incorporez, peu à peu, 15 g d'eau de rose supplémentaires en battant vivement. Le même codex nous informe qu'on peut aussi « mettre les trois substances ensemble sur le feu, verser dans le mortier et battre immédiatement, ce qui évite le chauffage préalable du mortier ». Puis d'ajouter : « M. Magnes-Latents établit que Galien préparait son cérat en faisant fondre de la cire jaune dans de l'huile rosat. Dans les hôpitaux, on remplace la cire blanche par la jaune ; on obtient ainsi un cérat jaune, qui, dit-on, possède des qualités supérieures au blanc. » Il nous fournit aussi cette importante information : on ne doit ajouter aucun produit dans cette crème au risque de lui faire perdre ses propriétés adoucissantes.
Elle a la vertu de nourrir, hydrater, éclaircir et même de retarder l'apparition des rides.

Important

Se méfier des contrefaçons ! On peut lire des quantités de recettes du cérat de Galien sur Internet ou dans certains ouvrages mal documentés. Certaines sont des plus fantaisistes et peuvent se révéler dangereuses. À ce titre, la plus grande prudence est de mise.

Pommade bonne mine pour peaux sèches et mixtes

***Vous devez disposer de** : huile d'amande douce, pétales de rose, cire d'abeille, un pot en verre.*

Elle se compose de 15 cl d'huile d'amande douce, 4 cuillerées à soupe de pétales de rose, 1 cuillerée à soupe de cire d'abeille, 2 à 3 cuillerées à soupe d'eau de source. Faites tiédir l'huile au bain-marie puis versez-la dans un bocal. Tassez bien les pétales dans

l'huile, bouchez et laissez macérer neuf jours. Filtrez en pressant bien pour extraire le plus de liquide possible.
Au bout de ce temps, chauffez la cire au bain-marie, puis mélangez-la à l'huile parfumée et remuez jusqu'à complet refroidissement. Incorporez enfin peu à peu l'eau de source, sans cesser de battre, jusqu'à la consistance d'une crème onctueuse. Conservez bien bouché et au frais. Protectrice et réparatrice, cette pommade donne bonne mine ; elle aussi est « multifonction ».

Cold cream

Vous devez disposer de *: cire blanche, huile d'amande douce, glycérine, un pot en verre.*

Cet anglicisme se justifie parce que ce produit était fabriqué par des parfumeurs anglais. Le *cold cream* est hydratant, antirides et antivieillissement.
À l'origine, le blanc de baleine entrait dans sa composition, mais il a été peu à peu remplacé. Pour réussir un bon *cold cream*, vous devez respecter l'ordre de mise en œuvre des ingrédients : d'abord 10 g de cire blanche, puis 60 g d'huile d'amande douce et enfin 25 g de glycérine. Chauffez au bain-marie puis versez dans un mortier de marbre rincé à l'eau bouillante. Remuez jusqu'à ce que le mélange soit parfaitement homogène et mettez en pot.

Cold cream « extrafin »

À la recette de base (ci-dessus), ajoutez les essences suivantes : 5 gouttes de géranium rosat, 5 gouttes de girofle, 3 gouttes de bergamote.

Onguent douceur

Vous devez disposer de *: cire blanche, huile d'amande douce, lanoline, eau de rose, amidon, huile essentielle de rose, un pot en verre.*

Chauffez au bain-marie, et dans l'ordre, 10 g de cire blanche, 60 g d'huile d'amande douce, 25 g de lanoline, 20 g d'eau de rose, 2 g d'amidon, 5 gouttes d'huile essentielle de rose. Versez dans un mortier de marbre rincé à l'eau bouillante. Remuez jusqu'à ce que le mélange soit parfaitement homogène. S'applique le soir.

Crème « peau rugueuse »

« La peau pourra être frictionnée avec avantage à l'aide de fine huile d'olive parfumée (20 cl) à l'essence de thym (20 gouttes). On appliquera ensuite un cérat ou de l'huile de lavande. »

Huiles de beauté

Quatre d'entre elles ont traversé les siècles
au hit-parade des produits propres
à régénérer et à rajeunir.
Les formules et préparations de ces véritables
« huiles jeunesse » sont très simples.

Huile de lys

Vous devez disposer de *: oignons de lys, huile d'olive.*

Râpez 3 oignons (bulbes) de lys bien nettoyés. Faites-les chauffer dans 30 cl d'huile d'olive. Dès que l'huile frémit, ôtez du feu, couvrez et laissez refroidir une nuit. Le lendemain, cuisez à feu doux jusqu'à réduction de moitié. Laissez refroidir, filtrez en extrayant bien le liquide et mettez en bouteille. Utilisez matin et soir sur une peau parfaitement nettoyée.

Huile de bourrache

Vous devez disposer de *: fleurs de bourrache, huile d'olive ou d'amande douce.*

Laissez macérer quatorze jours au soleil 50 g de fleurs de bourrache fraîches dans 30 cl d'huile d'olive ou d'amande douce. Filtrez, conservez en bouteille bien bouchée. Appliquez en massage, le soir. Laissez agir un bon moment puis enlevez le surplus à l'aide d'un papier absorbant.

Huile de lavande

Vous devez disposer de *: fleurs de lavande ou de lavandin, huile d'olive ou d'amande douce.*

Remplacez les fleurs de bourrache par 40 g de fleurs de lavande séchées ou 50 g de fleurs fraîches (le lavandin convient aussi très bien). L'usage est identique.

Huile de beauté éclaircissante

Vous devez disposer de *: fenugrec, huile d'olive.*

Le fenugrec compte parmi les plus anciennes plantes médicinales. Son huile éclaircit, nourrit et lutte contre les tâches. Laissez macérer pendant quatorze jours 50 g de graines dans 25 cl d'huile d'olive. Filtrez en exprimant bien le jus et conservez en bouteille.

Rien que pour vous, messieurs

Une fois n'est pas coutume ! Sous l'Ancien Régime, tout ce qui était de l'« exercice de la main sur le corps de l'homme » relevait de la compétence de la chirurgie (étymologie même du mot) ; l'art de raser et de faire le poil n'en était pas exclu. Mais à mesure que les chirurgiens réalisaient des opérations plus importantes, ils abandonnaient à leurs élèves toutes celles qui n'exigeaient que des méthodes d'usage et de routine. C'est cette classe de « chirurgiens subalternes » qui fut désignée sous le nom de barbier, celui qui a le droit de tenir boutique pour raser et a pour enseigne des bassins blancs avec cette inscription : « Céans on fait le poil proprement et l'on tient bains et étuves. »

Savon à barbe

***Vous devez disposer de** : savon de Marseille ou d'Alep, alcool fort, huile essentielle de citron, huile essentielle de thym, huile essentielle de bourrache, eau de source, une boîte en fer.*

Râpez 50 g de savon de Marseille ou d'Alep (une râpe à fromage fait très bien l'affaire). Faites fondre au bain-marie dans 50 g d'eau de source en remuant à l'aide d'une cuillère en bois jusqu'à ce qu'il soit complètement fondu. Ajoutez 1 cuillerée à café d'eau-de-vie ou de rhum blanc, 3 gouttes d'huile essentielle de citron, 3 gouttes d'huile essentielle de thym et 5 gouttes d'huile essentielle de bourrache. Tournez jusqu'à refroidissement. Conservez dans une boîte en fer. S'utilise avec un blaireau.

Pour les paresseux

*V**ous devez disposer de** : savon de Marseille ou savon d'Alep.*

Doux et émollient, le savon de Marseille (inutile de le préciser : le vrai !), conseillé pour les peaux délicates et fragiles, était le savon à barbe préféré des barbiers les plus réputés... Et ça n'est pas tout ! Le savon d'Alep (le vrai là aussi, bien sûr) est toujours plébiscité en Syrie. Il contient de l'huile d'olive, hydratante et adoucissante, et de l'huile de laurier, aux vertus antiseptiques et cicatrisantes. Quoi de mieux pour apaiser le feu du rasoir ? Alors messieurs, vite, à vos blaireaux pour des sensations retrouvées : humectez bien votre peau, mouillez votre blaireau, passez-le directement sur le savon et appliquez sur la peau en faisant bien mousser. Recommencez plusieurs fois en cours de rasage.

Huile de rasage

*V**ous devez disposer de** : huile d'olive, glycérine, huile essentielle de romarin, huile essentielle de menthe.*

Très économique, elle est certainement d'un grand confort puisque les « ténors » des produits masculins la fabriquent de nouveau (encore un « vieux-neuf » !). En outre, elle passera aisément toutes les douanes, contrairement aux bombes à raser !
Versez 20 cl d'huile d'olive dans un flacon de verre. Ajoutez 1 cuillerée à café de glycérine, 10 gouttes d'huile essentielle de romarin et 5 gouttes d'huile essentielle de menthe. Bouchez et patientez quelques jours avant le premier emploi. Secouez vigoureusement la bouteille avant chaque utilisation. Bien humidifier la peau avant d'appliquer l'huile de rasage. Les inconditionnels de cette méthode assurent que rinçage et après-rasage sont inutiles.

Lotion après-rasage

*V**ous devez disposer de** : romarin, lavande, clous de girofle, glycérine.*

Déposez 3 pincées de romarin, 1 cuillerée à soupe de fleurs de lavande et 5 clous de girofle dans 20 cl d'eau bouillante. Remuez, éteignez le feu, couvrez et laissez reposer une nuit. Filtrez en exprimant bien tout le liquide. Versez dans un flacon puis ajoutez 1 cuillerée à café de glycérine. Bouchez. Secouez vigoureusement avant chaque utilisation.

Secret de barbier

Les hommes des siècles passés faisaient grand usage de l'eau de rose et de l'eau de lavande en lotion après rasage (feu du rasoir).

Feu du rasoir

***Vous devez disposer de** : pierre d'alun ou bicarbonate de sodium.*

Les textes sont formels : la pierre d'alun adoucit et apaise. On l'humecte, on la passe aux endroits irrités et on laisse sécher. On rince la pierre et on la range. Attention, si on redécouvre depuis peu les bienfaits de ce produit offert par la nature, à l'œil nu, l'expert le plus averti ne peut confirmer si elle est naturelle ou de synthèse. Avant de l'acheter, lisez l'étiquette. La mention « Ammonium Alun » dans la composition indique une pierre synthétique ; la mention « Potassium Alun » vous donne l'assurance que la pierre est naturelle… Si elle est vendue sans emballage, à éviter !

Secret remarquable

Si votre peau est fragile et que vous n'avez plus de pierre d'alun, déposez 1 cuillerée à café de bicarbonate de sodium dans un bol d'eau, remuez et humectez plusieurs fois votre peau avant et après le rasage.

Soins

Soin fermeté

Vous devez disposer de : pommes.

Dans la Rome antique, la pomme était répertoriée comme un produit de beauté à part entière. Utilisez-la fraîchement pressée. Effets fermeté et bonne mine garantis. N'hésitez pas non plus à abuser de masques à la pulpe de pomme : déposez des tranches épaisses sur le visage et le cou, laissez poser 5 minutes, rincez et appliquez du jus de pommes en guise de lotion.

Petit secret

À renouveler deux fois par semaine pendant la pleine saison des pommes.

Éclaircir le teint

Vous devez disposer de : farine, œuf.

« Il y a des personnes qui enlèvent le hâle en appliquant sur leur visage, le soir en se couchant, un masque fait avec la fleur de farine et le blanc d'œuf, dont elles font une pâte qui sèche pendant la nuit et qu'elles enlèvent le lendemain matin avec de l'eau de cerfeuil. » En rupture d'eau de cerfeuil ? L'eau de rose ou de lavande conviendra très bien.

Les taches brunes

Vous devez disposer de : citron.

L'impératrice Joséphine abusait de fards, notamment du rouge, dont elle se couvrait les joues. Peut-être était-ce pour cacher les taches qui assombrissaient son visage ? Elle ignorait certainement que « ces vilaines imperfections cèdent souvent au frottement léger du jus de citron ».

Points noirs

Vous devez disposer de *: savon noir, citron, romarin, pomme de terre (au choix).*

En 1889, un chimiste recommandait des frictions au savon noir : en déposer une couche légère sur les points noirs. « L'opération doit avoir lieu le soir, en se mettant au lit. Le matin, on rince et on applique de l'eau de romarin. » Vous pouvez aussi imbiber un Coton-Tige de jus de citron et appliquer sur le point noir, ou encore couper une pomme de terre (non traitée si possible) en rondelles et frotter doucement et délicatement sur une peau très propre. Recommencez l'opération matin et soir.

Peau irritée

Vous devez disposer de *: tilleul, camomille romaine.*

Appliquez régulièrement des compresses imbibées d'infusion tiédie faite de 12 fleurs de tilleul et de 6 fleurs de camomille romaine pour un bol d'eau.

Rougeur du nez

Vous devez disposer de *: borax, eau de rose, eau de fleurs d'oranger.*

Faites dissoudre 2 g de borax (en droguerie) dans 15 g d'eau de rose et autant d'eau de fleurs d'oranger. Trois fois par jour, au moins, vous vous humecterez le nez avec cette eau rafraîchissante. Vous n'essuierez pas.

SOS urgence beauté

Lisser la peau avant une soirée

***Vous devez disposer de** : orange, eau de rose.*

Nos grands-mères savaient faire ! Appliquez sur le visage et le cou un jus d'orange additionné du tiers de son volume d'eau de rose. Gardez 10 minutes puis rincez.

Variante

***Vous devez disposer de** : œuf, citron.*

Battez un blanc d'œuf très frais auquel vous aurez ajouté le jus d'un demi-citron. Gardez 10 bonnes minutes et rincez à l'eau tiède.

Décongestionner le visage en 5 minutes chrono

***Vous devez disposer de** : concombre, œuf.*

Prenez 1 petit concombre bien frais. Écrasez-le au pilon ou au mixeur pour en extraire le jus que vous mélangez à 1 blanc d'œuf. Battez vivement le tout et appliquez sur le visage et le cou. Gardez environ 5 minutes puis rincez à l'eau fraîche.

Visage tendu, fatigué

***Vous devez disposer de** : lait de rose (recette p. 76).*

Déposez du lait de rose sur des morceaux de coton que vous disposez sur votre visage. Allongez-vous et détendez-vous 10 minutes. Retirez les cotons. Votre visage sera entièrement détendu !

Joli teint

__Vous devez disposer de__ : oignon.

Au Moyen Âge, l'école de médecine de Salernes prescrivait déjà les oignons pour avoir le « teint vermeil ». Coupez 1 oignon en rondelles, appliquez sur visage et cou ; gardez 5 minutes. Rincez à l'eau fraîche.

Lait de rose

__Vous devez disposer de__ : eau de rose, teinture de benjoin.

Communément appelé « lait virginal » en raison de son aspect, il était déjà recommandé par Hippocrate pour la beauté et la santé. Utilisé en tonique, il laissera un voile soyeux sur votre visage. Il est rafraîchissant, purifiant et relaxant. Il aiderait aussi à soulager les petites affections de la peau (acné, eczéma, herpès...). Versez 25 cl d'eau de rose dans une bouteille. Ajoutez 2 ml de teinture de benjoin (en pharmacie). Bouchez et secouez énergiquement. Attention : peut assécher la peau.

Miel rosat

__Vous devez disposer de__ : miel, roses rouges.

On le prépare en faisant infuser ensemble 60 g de miel, 20 g de pétales de rose rouge, 60 cl d'eau après avoir bien mélangé. Considéré comme astringent faible, il était conseillé en gargarisme (1 cuillerée à soupe dans un verre d'eau) dans les affections légères du pharynx et du larynx.

Il était aussi employé, compte tenu de ses vertus astringentes, en masque sur le visage : étalez une bonne couche, massez légèrement et laissez reposer 5 minutes, puis rincez.

Pour le plaisir et dans le désordre

Autobronzant maison

***Vous devez disposer de** : thé noir.*

Voici la plus ancienne recette d'autobronzant 100 % naturel, 100 % maison, 100 % économique et 100 % meilleur effet ! Faites infuser 3 cuillerées à soupe de thé noir (en feuilles, pas en sachet) dans 25 cl d'eau bouillante. Lorsque l'infusion est froide, filtrez en exprimant bien et conservez en flacon bien bouché. Laissez reposer 48 heures. Imbibez un coton d'autobronzant et appliquez-le sur les parties que vous voulez hâler (visage ou corps). Effet bonne mine garanti (s'enlève simplement à l'eau). Renouvelez l'opération une ou deux fois par semaine si vous souhaitez conserver un joli hâle. Conservez cet autobronzant au réfrigérateur, mais pas plus d'une semaine (il n'y a pas de conservateur). Attention : il ne dispense pas des crèmes protectrices contre le soleil.

Souvenir de guerre
Privées de bas de soie, les citadines teignaient leurs jambes de cette façon pour donner l'illusion qu'elles avaient toujours cette « arme de séduction ».

Pour éclaircir les taches de rousseur

***Vous devez disposer de** : alun, citron, eau de fleurs d'oranger.*

« Si elles peuvent difficilement être éliminées complètement, on peut les éclaircir », disait-on des taches de rousseur.

Mélangez 1 cuillerée à thé d'alun, 1 cuillerée à soupe de jus de citron et 2 cuillerées à soupe d'eau de fleurs d'oranger. Appliquez sur le visage et laissez agir 20 minutes. Rincez à l'eau chaude.

Variante 1

Vous devez disposer de *: persil.*

Faites bouillir 30 cl d'eau avec 1 gros bouquet de persil. Baissez le feu, couvrez et laissez cuire à feu doux pendant 10 minutes. Filtrez en pressant bien pour exprimer tout le jus, laissez refroidir et mettez en bouteille. Conservez au réfrigérateur. Utilisez en lotion sur une peau nettoyée.

Variante 2

Vous devez disposer de *: axonge (saindoux), borax, huile essentielle de menthe, un pot en verre.*

Mêlez bien 30 g d'axonge (saindoux), 5 g de borax en poudre, 2 gouttes d'huile essentielle de menthe. Conservez dans un pot bien bouché. Frictionnez deux fois par jour, 3 à 5 minutes.

Vinaigre rosat

Vous devez disposer de *: vinaigre de vin rouge, pétales de rose séchés, un bocal.*

Si l'on veut que notre petit espionnage du cabinet de toilette de nos ancêtres soit complet, il nous est impossible de passer sous silence cet incontournable produit d'hygiène et de beauté. Versez 50 cl de vinaigre de vin rouge sur 50 g de pétales de rose rouge séchés. Laissez macérer quinze jours au soleil dans un bocal fermé en ayant soin de l'agiter régulièrement. Filtrez. Humectez un coton d'eau, ajoutez quelques gouttes de vinaigre et tapotez doucement l'épiderme. S'utilise en cas de gerçures, de petits boutons, de peau trop grasse, de couperose ; il éclaircit l'épiderme et favorise la cicatrisation des plaies.

Cou

Le cou ne demande qu'une chose : ne jamais être oublié quand on fait un soin du visage. L'exercice que voici, un peu curieux, était fréquemment pratiqué pour lui conserver sa fermeté : bouche fermée, serrez les dents aussi fort que possible. Comptez lentement jusqu'à trois, puis relâchez et ouvrez bien grande la bouche. Répétez dix fois. Ensuite, tournez la langue à l'envers trois fois puis appuyez-la fortement contre votre palais. Comptez jusqu'à cinq, relâchez et recommencez cinq fois. Enfin, prononcez, à voix haute : *a, e, i, o, u* en exagérant le plus possible.

Blanchir la peau du cou

Vous devez disposer de : *concombre.*

Appliquez de minces rondelles de concombre sur un linge et gardez-le toute la nuit autour du cou. Au matin, lavez à l'eau savonneuse tiède, rincez à l'eau froide et mettez une légère couche de crème de beauté. Votre peau gardera ainsi toute sa pureté.

Yeux

Notre désormais incontournable baronne Staffe enseigne : « Je sais que l'expression des yeux fait la plus grande partie de leur beauté, encore faut-il qu'ils ne soient ni rougis, ni enflammés, ni fatigués, ni dépourvus de cils pour garder toute leur fascination séductrice… Ne vous frottez jamais les yeux. Cette habitude se paie par la rougeur des paupières. Même quand un petit corps étranger s'est introduit dans l'œil, n'irritez pas celui-ci en essayant de faire sortir l'intrus par les moyens violents. Fermez doucement les yeux et restez ainsi patiemment pendant un quart d'heure, s'il le faut. Les larmes que l'œil répand naturellement expulseront l'indiscret. Si c'est le vent qui vous a rougi les paupières, lavez-les à l'eau tiède un peu salée. »

Soins quotidiens

Vous devez disposer de : *eau de rose, pomme.*

On recommande de laver les yeux avec de l'eau fraîche matin et soir, puis avec de l'eau de rose ou de bleuet. S'ils sont collés le matin, appliquez des cataplasmes de pomme râpée. En 1859, la comtesse de Lansfeldt nous apprend « jusqu'où va la coquetterie des Espagnoles qui, pour augmenter la vivacité de l'œil, s'y introduisent du jus d'orange. L'opération est un peu douloureuse, mais il n'est pas douteux qu'elle ne les éclaircisse et ne leur donne un brillant remarquable ».

Secret bien gardé

Vous ne pouvez pas vous empêcher de cligner des yeux en vous maquillant? Saviez-vous ce que faisaient nos grands-mères? Elles ouvraient la bouche… tout simplement! Faites comme elles, vous ne clignerez plus des yeux et pourrez poser sans bavures votre eye-liner ou votre mascara !

Ridules

Vous devez disposer de : *huile de ricin.*

L'usage était d'appliquer quelques gouttes d'huile de ricin (en pharmacie ou herboristerie) autour des yeux avant le coucher.

Sourcils

« Si vous tenez à les noircir, sachez qu'une simple solution d'encre de chine dans de l'eau de rose suffit » (2 gouttes d'encre pour 1 goutte d'eau de rose), nous enseigne le *Manuel des dames*. Ou bien : « Il faut qu'une dame ait de la cire pour noircir ses sourcils, surtout lorsqu'ils commencent à blanchir ou qu'ils sont de différentes couleurs. Avec de la cire, on peut leur donner une couleur uniforme ; et même si la personne n'a point le cheveu gris et qu'elle ait peu de sourcils, par ce moyen, on les fait paraître plus nourris. »

Sourcils en broussaille

Vous devez disposer de : *bière.*

Rien ne déforme plus l'équilibre et l'harmonie du visage que des sourcils tout de travers. Si les vôtres sont plutôt rebelles, vaporisez légèrement votre brosse à sourcils de bière ; vous garderez une ligne de sourcils impeccable pour de nombreuses heures.

Picotements

Vous devez disposer de : *sureau.*

Un vieux docteur conseillait l'eau de sureau : infusion de 1 pincée de feuilles dans un bol d'eau bouillante. À utiliser en compresses froides sur un coton.

Cils

Cette habitude remportait l'approbation de toutes les femmes :
• pour en augmenter la pousse, en couper quelques millimètres la veille de la pleine lune, deux fois par an ;
• pour renforcer leur vitalité, des soins réguliers à l'huile de ricin.

Cernes

***Vous devez disposer de** : fleurs de guimauve.*

Les infusions de fleurs de guimauve (en pharmacie ou herboristerie) en compresse sont excellentes.

Petit secret

Un glaçon fabriqué avec cette infusion est radical ! Si vous n'avez sous la main ni glaçons ni infusion, trempez un gant de toilette dans de l'eau très froide, essorez et posez-le sur vos yeux (faites de même pour un visage fatigué).

Urgence yeux irrités ou fatigués

***Vous devez disposer de** : camomille romaine, cerfeuil, laitue (au choix).*

Nos grands-mères appréciaient fort l'eau de camomille romaine (infusion de 6 fleurs pour un bol d'eau bouillante) pour atténuer les cernes, apaiser une inflammation des paupières, des yeux rouges ou fatigués. Celle-ci peut être utilisée sans aucun inconvénient chez les adultes ou les enfants qui ont les yeux collés au réveil – tout comme les compresses d'eau de cerfeuil ou de laitue.

Bonne vue

Montaigne conseille d'appliquer un verre incolore sur la page qu'on lit. « On retarde ainsi assez longtemps l'emploi des lunettes pour la lecture... » Résultat non garanti, mieux vaut mettre des lunettes quand le besoin s'en fait sentir !

Crème contour des yeux

***Vous devez disposer de** : huile de ricin, cérat de Galien (p. 64), huile essentielle de rose.*

On disait que le meilleur produit était l'huile de ricin dont on appliquait chaque soir quelques gouttes en massages très légers. Le cérat de Galien (le basique), auquel on ajoutait 3 gouttes d'huile essentielle de rose, était aussi très prisé. On alternait huile de ricin et cérat.

Paupières gonflées

***Vous devez disposer de** : fleurs de bleuet.*

Si vous vous réveillez avec les paupières gonflées ou si vous avez eu un gros chagrin, appliquez une compresse d'eau de bleuet. Faites bouillir la valeur d'un bol d'eau, ajoutez une petite poignée de fleurs de bleuet, remuez, éteignez le feu, couvrez et laissez bien refroidir avant de filtrer et de mettre en bouteille.

Rafraîchissante, décongestionnante et adoucissante, cette eau est tout à fait indiquée pour apaiser les irritations des paupières et le contour fragile des yeux. Très douce, elle soulage les yeux fatigués, irrités et rougis.

Bouche

Bouche en cul-de-poule, saint Jean bouche d'or, à bouche que veux-tu, le vin long en bouche, une bouche faite pour le baiser, c'est qu'une bouche (tournure du Sud !), toutes ces expressions témoignent de son importance. Dans toutes les mythologies et religions, la bouche communique le souffle de la vie. Ronsard notait même l'« odoreuse haleine » de sa bien-aimée...

Pommade pour les lèvres

***Vous devez disposer de** : cire blanche, huile d'amande douce, un pot en verre.*

Faites fondre au bain-marie 1 cuillerée à soupe de cire blanche et 4 cuillerées à soupe d'huile d'amande douce. Déposez dans un bol et remuez jusqu'à complet refroidissement. Conservez en pot bien bouché.

Baume lèvres gercées

***Vous devez disposer de** : cire d'abeille, huile d'olive, un pot en verre.*

Faites fondre au bain-marie 1 cuillerée à soupe de cire d'abeille dans 3 cuillerées à soupe d'huile d'olive. Hors du feu, ajoutez 1 cuillerée à café d'eau. Battez bien jusqu'à ce que le mélange devienne blanc (si nécessaire, ajoutez quelques gouttes d'eau). Conservez dans un petit pot en verre.

Baume lèvres sèches

***Vous devez disposer de** : huile d'amande douce, orange, un pot.*

Mélangez 1 cuillerée à café de miel, une demi-cuillerée à café d'huile d'amande douce et une demi-cuillerée à café de jus d'orange. Conservez en pot et massez matin et soir vos lèvres qui redeviendront vite très douces…

Baume express

***Vous devez disposer de** : miel.*

Pour vous prémunir des attaques de l'hiver, déposez simplement du miel sur vos lèvres en massant pour faire pénétrer. À utiliser à volonté !

Pommade rouge pour les lèvres

***Vous devez disposer de** : cire d'abeille, huile d'olive, orcanette, huile essentielle de rose, un pot en verre.*

C'est l'ancêtre des rouges à lèvres ! Faites fondre au bain-marie, ensemble, 30 g de cire, 10 g d'huile d'olive et 5 g de racine d'orcanette. Versez dans un mortier de marbre (ou un bol) et ajoutez 3 gouttes d'essence de rose. Battez énergiquement jusqu'à complet refroidissement et mettez dans un pot.

Confidence

Dans certains pays du bassin méditerranéen, on fabrique encore cette pommade rouge hydratante pour les lèvres en remplaçant l'orcanette par des fleurs de coquelicot broyées (mêmes proportions).

En Indonésie, la plupart des femmes utilisent encore aujourd'hui un rouge à lèvres gratuit : elles frottent une feuille de teck entre le pouce et l'index, et appliquent sur les lèvres le suc rouge carmin que la feuille a rendu.

Dents

Les bizarreries de la mode ne sont pas récentes,
et elles étaient parfois fort cruelles.
Par coquetterie, les Péruviennes se faisaient
arracher une incisive.
À Java, les femmes se faisaient limer les dents
jusqu'à la racine et les hommes les taillaient en pointe.
En Afrique, les femmes se croyaient fort laides
si elles ne s'arrachaient pas les quatre incisives.
Plus tard, les signes de richesse les plus visibles
étaient d'avoir des dents en or
et parfois en diamants.

Bain de bouche antiseptique

***Vous devez disposer de** : thym, alcool fort, un bocal.*

Déposez 1 petite poignée de thym dans un bocal à couvercle. Ajoutez 20 cl d'alcool fort (rhum blanc, eau-de-vie, vodka). Fermez et agitez énergiquement. Laissez macérer neuf jours à température ambiante en secouant régulièrement. Filtrez, mettez en bouteille. Versez 2 cuillerées à café de votre préparation dans un verre d'eau tiède et faites des bains de bouche régulièrement. Ne pas avaler.

Dentifrice

***Vous devez disposer de** : bicarbonate de sodium.*

Le bicarbonate de sodium est un excellent dentifrice, bon marché et efficace, à raison de 2 pincées sur une brosse à dents humide. Il blanchit les dents et les fortifie.

Dentifrice... plus élaboré

Vous devez disposer de : sauge, thym, bicarbonate de sodium, argile verte, un petit pot.

Prenez 3 pincées de feuilles séchées de sauge et 2 pincées de thym ; pulvérisez le plus finement possible dans un bol ; ajoutez 2 cuillerées à soupe de bicarbonate de sodium et 1 cuillerée à café d'argile verte. Mélangez et mettez en pot bien bouché. « On se sert de cette poudre pour nettoyer les dents et fortifier les gencives » (sur une brosse humide).

Dentifrice... plus inhabituel

Vous devez disposer de : savon de Marseille.

Humidifiez votre brosse à dents et frottez-la sur un savon de Marseille jusqu'à ce qu'elle soit couverte d'une couche assez épaisse de savon. Ce dentifrice « original » lave parfaitement les dents et c'est, en plus, un excellent moyen de combattre les infections.

Petit secret

Pour blanchir les dents, pensez au citron, une fois par semaine, sur la brosse à dents.

Liqueur de dentifrice de M. Richard

Vous devez disposer de : romarin, sauge, citron, cannelle, eau-de-vie.

« Pour soulager les maux de dents et les conserver » mettez à macérer 15 g de romarin, 15 g de sauge, 1 citron coupé en tranches et 4 g de cannelle pulvérisée dans 20 cl de bonne eau-de-vie pendant un mois. Filtrez, conservez en flacon bien bouché. Pour nettoyer les dents, passez la brosse à dents sous l'eau, puis déposez-y 3 ou 4 gouttes de liqueur.

Lotion désinfectante

***Vous devez disposer de** : anis vert, cannelle, huile essentielle de menthe, alcool fort, un bocal.*

Largement prescrite au XIXe siècle, elle avait la réputation d'être antiseptique, antibactérienne et de renforcer les gencives. Déposez 30 g d'anis vert, 10 g de cannelle, 10 gouttes d'huile essentielle de menthe dans un bocal. Ajoutez 20 cl de rhum blanc, de vodka ou d'eau-de-vie. Bouchez et laissez macérer huit jours à chaleur ambiante. Filtrez en exprimant bien, mettez en bouteille. Versez 1 cuillerée à café dans un verre d'eau. Attention de ne pas avaler.

Petit rappel bien pratique
Pour éviter la filtration, déposez les plantes dans un petit carré de coton blanc, fermez avec une ficelle et déposez ce baluchon dans l'alcool.

Lotion hygiénique

***Vous devez disposer de** : citron, clous de girofle, alun, alcool fort.*

Prenez 1 citron, piquez dedans une trentaine de clous de girofle, placez-le dans un bocal, ajoutez 1 g d'alun en poudre et versez dessus 30 cl d'eau-de-vie. Laissez infuser trois semaines. Filtrez et conservez en flacon bien bouché. Verser 1 cuillerée à café dans un demi-verre d'eau et se laver la bouche. Désinfecte et assainit. Ne pas avaler.

Haleine

***Vous devez disposer de** : café ou clou de girofle.*

Elle dépend des dents, mais aussi de l'estomac. Croquer un grain de café (même chose pour enlever l'odeur de l'ail), ou un clou de girofle (moins agréable mais très efficace !).

Tartre

***Vous devez disposer de** : sel ou bicarbonate de sodium.*

Pour en retarder la formation, appliquer du sel ou un peu de bicarbonate de sodium sur les dents et masser avec l'index. « Ce procédé blanchit les dents, raffermit les gencives et prévient la formation de tartre si on le fait régulièrement. »

Sourire de star

***Vous devez disposer de** : miel, charbon de bois.*

Nos grands-mères avaient aussi un truc pour ça ! Lavez-vous les dents une fois par semaine avec un mélange de miel liquide et de charbon de bois finement broyé, aux proportions de trois quarts de miel pour un quart de charbon.

Le corps

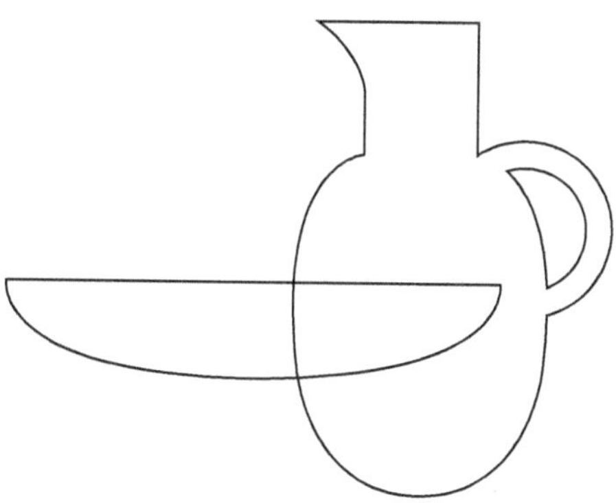

Mes « informateurs », tant érudits qu'écrivains populaires, considéraient l'hygiène comme le « moyen de conserver la santé ». S'occuper de son corps remonte à la nuit des temps, en témoigne le bref aperçu des siècles passés que voici. Dans l'Antiquité, l'hygiène est d'abord symbole de santé : fréquentation assidue des bains publics, recours aux cosmétiques pour protéger peau et yeux des agressions extérieures (on ne parlait pas encore de pollution !). Quant aux huiles végétales parfumées, d'un usage quotidien, elles servent à hydrater et à assouplir la peau. Tout au long du Moyen Âge (soit pendant quelque dix siècles) les bains publics deviennent progressivement des lieux mal fréquentés, voire infréquentables. À la fin du XIXe siècle, en revanche, toilettes et salles de bains commencent à faire timidement leur apparition dans les maisons.

Et aujourd'hui, entretenir son corps est une préoccupation quasi obsédante !

Tout pour l'hygiène et le bain

Les premiers bains remontent à plus de deux mille ans avant notre ère. Nulle part les bains ne furent plus à l'honneur que chez les Romains ; nulle part on ne leur consacra des bâtiments plus somptueux ; nulle part la vie sociale y fut plus intense. On se rendait aux thermes pour « l'hygiène corporelle ». Vapeur, ablutions d'eau froide, bains chauds, gommages, massages, les soins y étaient du plus grand raffinement. On s'y lavait, on s'y détendait, on y conversait.
Au Japon, il est fait mention de la pratique du bain dès le VIIIe siècle et, contrairement à Rome, on y faisait silence ! En Inde, le culte de l'eau apparaît dès la plus haute Antiquité, et les bains y sont encore aujourd'hui pratiqués dans fleuves et ruisseaux. Les Indiens d'Amérique utilisaient les bains de vapeur pour purifier le corps et l'esprit. En Russie, le bain de vapeur, ou banya, ressemblait aux huttes de bois des Mayas dans lesquels on faisait chauffer des pierres (ancêtre du sauna).
Même Montaigne s'en mêle dans ses *Essais*, en affirmant que « les bains sont salubres à la santé ».

Savon pour le corps

Vous devez disposer de : *amandes douces, poudre d'iris de Florence, savon de Marseille, eau de rose, huile essentielle de romarin.*

Il est préférable de faire du bain un vrai moment de détente. Se laver avant de plonger dans la baignoire, c'est encore mieux ! Et

n'oubliez pas qu'un bain trop chaud n'est bon ni pour la peau ni pour le cœur.
Broyez 250 g d'amandes douces au mortier (ou, plus simple, achetez des amandes en poudre). Ajoutez 25 g de poudre d'iris de Florence (en herboristerie), 25 g de savon de Marseille râpé, 3 cuillerées à soupe d'eau de rose et 3 gouttes d'huile essentielle de romarin. Malaxez longuement (en ajoutant si nécessaire quelques gouttes d'eau de rose) pour rendre le mélange bien homogène. Conservez dans un bocal en verre. Cette « pâte de savon » lave et adoucit la peau.

Gel douche

***Vous devez disposer de** : saponaire, thym, lavande, glycérine, huile essentielle de rose.*

Aujourd'hui, la quasi-totalité des produits de douche se veulent protecteurs et respectueux de l'environnement. Puissent ces affirmations ne pas être en contradiction avec la liste des composants et les lieux de fabrication ! La simplicité de la recette suivante, en tout cas, en garantit l'authenticité et le naturel : dans 20 cl de savon à la saponaire (p. 49) ajoutez 10 cl d'une forte infusion de thym et de lavande (3 cuillerées à soupe de chaque plante), 1 cuillerée à soupe de glycérine et 5 gouttes d'huile essentielle de rose. Secouez bien le flacon avant chaque utilisation, et c'est tout !

Bain de lait

***Vous devez disposer de** : lait entier (ou en poudre), huile essentielle (au choix).*

Sans doute un des produits les plus simples et les plus agréables. Il a résisté au temps et aux modes car il rend la peau vraiment très douce.
Diluez 30 gouttes de l'huile essentielle de votre choix dans 50 cl de lait entier et versez le tout dans l'eau du bain.

Pour ceux qui sont pressés
Remplacez le lait cru par du lait en poudre : versez 30 gouttes de l'huile essentielle de votre choix dans l'eau du bain, saupoudrez de lait en poudre, mélangez.

Bain relaxant

Vous devez disposer de : *miel, huile essentielle (au choix).*

C'est le best-seller d'époques très anciennes ! Prenez 50 g de miel liquide, ajoutez 30 gouttes de l'huile essentielle de votre choix (vous pouvez aussi mélanger plusieurs huiles). Remuez bien pour homogénéiser le tout. Fermez, laissez reposer deux-trois jours. Deux cuillerées à soupe de cette onctueuse préparation suffisent à parfumer et à délasser.

Bain de jouvence

Vous devez disposer de : *bicarbonate de sodium.*

Nul besoin de produits onéreux et pas toujours très naturels. Ce bain-là, c'est certain, vous ravira ! Versez un bol de bicarbonate de sodium dans la baignoire, juste avant d'y entrer pour un moment de détente.

Secret bien gardé
Vous avez la peau très sèche ? Ajoutez 1 tasse de vinaigre de vin ou, mieux, de vinaigre rosat (p. 78).

Bain de son

Vous devez disposer de : *son, gant de toilette.*

Déposez 3 grosses poignées de son dans un gant de toilette. Fermez-le avec un élastique ou une ficelle et accrochez-le au robinet. Faites couler de l'eau très chaude dessus, puis mettez-le dans l'eau. Votre eau va vite devenir laiteuse. Avant de sortir du bain, massez tout votre corps avec le gant en pressant pour extraire le jus de son. Ce soin émollient et rafraîchissant rendra votre peau incroyablement douce et reposée.

Bain pour peaux sèches

***Vous devez disposer de** : vinaigre de toilette (p. 27) ou vinaigre de cidre.*

Le vinaigre de toilette est très utile contre le calcaire de l'eau qui assèche souvent la peau. Versez-en un verre dans l'eau. Si vous n'en avez plus, remplacez-le par un verre de vinaigre de cidre.

Bain tonique et fortifiant

***Vous devez disposer de** : feuilles de noyer, gros sel.*

Faites bouillir pendant 5 minutes 2 grosses poignées de feuilles de noyer dans 2 litres d'eau. Couvrez, laissez refroidir, filtrez. Au moment de prendre votre bain, jetez dans la baignoire 1 kg de gros sel et votre décoction de noyer.

Bain apaisant

***Vous devez disposer de** : aspérule odorante.*

Problème de sommeil ? La nature s'est occupée de nous bien avant la mode du sommeil « en petits comprimés ». Avez-vous déjà senti de l'aspérule odorante séchée ? Son parfum rappelle celui de la vanille. Vous bénéficierez de ses bienfaits en ajoutant à l'eau du bain une forte infusion de cette plante bienfaisante (1 bonne poignée pour 1 litre d'eau).

Secret de botaniste

L'aspérule fraîche n'a pas d'odeur. En revanche, lors d'une promenade, cueillez-en un gros bouquet et faites-le sécher la tête en bas. Vous profiterez ainsi de son parfum tout au long de l'hiver.

Variante

Vous devez disposer de : lavande, tilleul.

Plus connu, ce bain apaise et délasse. Faites une forte infusion de 20 g de lavande et 10 g de tilleul dans 1 litre d'eau. Filtrez, pressez bien les plantes pour en extraire tout le « jus » et versez dans l'eau du bain.

Petite astuce

Vous pouvez remplacer l'infusion par 10 gouttes d'huile essentielle de lavande et 8 gouttes d'huile essentielle de tilleul (toujours diluées dans un peu de lait).

Bain de gélatine

Vous devez disposer de : gélatine.

Il était jadis très apprécié pour assouplir la peau. Faites tremper, jusqu'à entière dissolution, 150 g de feuilles de gélatine dans 2 litres d'eau chaude puis versez dans l'eau du bain.

Bain à l'amidon

Vous devez disposer de : amidon de riz ou de blé.

C'était presque un remède. On s'y plongeait en cas de démangeaisons (comme Marat, le jour de son assassinat ?), irritations et petits problèmes de peau. Il rendait aussi de nombreux services dans les cas de maladies inflammatoires. Mais nul besoin d'avoir des problèmes de peau pour s'offrir ce bain.
Faites cuire 500 g de riz ou de blé dans 2 litres d'eau. Égouttez en conservant précieusement l'eau de cuisson qui contient plein d'amidon. Vous préparerez le riz ou le blé avec une bonne sauce à la tomate… et ajouterez la précieuse eau de cuisson à l'eau du bain. Autrefois, on en rajoutait régulièrement 1 petite pincée dans le bain des enfants.

Plus rapide : vous trouverez de l'amidon dans toutes les bonnes drogueries (ou en grande surface). Il vous suffira d'en jeter une petite poignée dans la baignoire.

Important
N'ajoutez rien d'autre à ce bain, ne vous savonnez pas et ne rincez pas.

Bain au lait d'amandes

Vous devez disposer de *: amandes, orge perlé, huile essentielle d'orange.*

« Prenez amandes en poudre 500 g. Faites une émulsion en mouillant cette poudre de 1,5 à 2 litres de décoction légère d'orge perlé bien filtrée ou passée à travers un linge. Ajoutez 20 gouttes d'huile essentielle d'orange. Agitez pour opérer parfaite incorporation et mêlez à l'eau du bain. »

Bains de santé, bains curatifs

Reportez-vous au Livre 2, « De la forme et de la santé », p. 135.

Huile de bain

Vous devez disposer de *: rose séchée, lavande, immortelle, huile d'olive, un bocal.*

Déposez 20 g de rose séchée, 15 g de lavande et 10 g d'immortelle dans un bocal; ajoutez 50 cl d'huile d'olive. Laissez macérer quatorze jours au soleil en agitant régulièrement le bocal. Filtrez et mettez en bouteille. Versez 1 cuillerée à soupe dans l'eau du bain.

Petit secret
Vous pouvez remplacer les fleurs par 30 gouttes d'huile essentielle de rose et 10 gouttes d'huile essentielle de géranium rosat.

Sels de bain

***Vous devez disposer de** : gros sel, huile d'amande douce, bicarbonate de sodium, huile essentielle au choix, un bocal.*

Simples à préparer, ils se conservent longtemps et sont des alliés de choc pour la peau. Verser 500 g de gros sel non raffiné dans un bocal muni d'un couvercle. Ajoutez 2 cuillerées à soupe d'huile d'amande douce. Bouchez, remuez énergiquement. Ajoutez ensuite 3 cuillerées à soupe de bicarbonate de sodium, remuez à nouveau avant d'ajouter 30 gouttes d'huile essentielle de votre choix. Refermez, secouez longuement et laissez reposer une dizaine de jours en agitant fréquemment. Utilisez à raison de 3 ou 4 cuillerées à soupe par bain.

Gommage et frictions

Chez les Romains, après le bain, les pratiques en usage étaient dignes du luxe des thermes : frictions pour nettoyer et sécher la peau, massages pour assouplir et délasser muscles et articulations. On se faisait frotter, racler et enlever les peaux mortes avec le strigile (objet en bronze et plus tard en cuivre), essuyer, oindre d'huiles simples dans les premiers temps, agrémentées ensuite d'odeurs suaves et ambrosiaques (l'ambroisie, bue en tisane, rendait les dieux immortels...). De source sûre (!), on sait qu'Aphrodite utilisait la fameuse « courge éponge » (voir p. 250), aussi nommée luffa, pour conserver la douceur de sa peau. La baronne Staffe, pour sa part, suggère la lanière : « Elle augmente la force, la vigueur, améliore la santé et, par conséquent, est très favorable à la beauté. Après le bain ou la douche, frictionnez-vous vigoureusement. »

Gommage douceur

***Vous devez disposer de** : courge éponge (luffa), sels de bain maison (p. 99).*

Décidément, nul besoin de se ruiner ! Prenez une « courge éponge », un gant de crin ou une lanière. Si vous n'êtes toujours pas convaincu qu'il s'agit du meilleur des gommages, attaquez les peaux mortes de la façon suivante : prélevez un peu de vos sels de bain maison. Frottez-en tout votre corps préalablement mouillé. Massez longuement en insistant sur coudes et genoux. Rincez à l'eau tiède. Séchez. Lotion ou lait sont inutiles.

Bienêtrerie® et huiles de massage

Il existe bien des parfumeries, des pharmacies, des librairies ! Pourquoi pas une « bienêtrerie » ? Entrons donc dans la bienêtrerie® de nos ancêtres pour dénicher d'autres produits et formules aussi simples que raffinés, en faisant la part belle aux huiles de massage.

Celles-ci tenaient en effet un rang important, en témoigne la réponse de ce vieux soldat à qui l'empereur Auguste demandait par quels moyens il était resté en si bonne santé : *Intus mulso, extus oleo.* « Au-dedans le vin doux, au-dehors les onctions ! »

Longtemps laissées aux oubliettes, elles sont pourtant faciles à fabriquer et sentent bon les fleurs, les épices ou les fruits. Elles aident à hydrater et assouplir épiderme et muscles. Sans vouloir remonter à Hygie ou à Nostradamus (astrologue, certes, mais aussi docteur à la faculté de Montpellier), force est de constater que la beauté a de tout temps rimé avec santé et bien-être.

Fatigue musculaire

***Vous devez disposer de** : basilic (frais), genévrier, romarin, lavande, laurier, eucalyptus, citron, camphre, huile d'olive.*

Employée après la douche ou le bain, cette composition aide à soulager crampes, courbatures, muscles fatigués, torticolis, rhumatismes. Faites macérer pendant dix jours 1 pincée de basilic (frais), de genévrier et de romarin, 2 pincées de lavande, 6 feuilles de laurier, 3 feuilles d'eucalyptus, un demi-citron coupé en quartiers et

1 cuillerée à café de camphre en poudre dans 30 cl d'huile d'olive. Secouez le bocal chaque jour. Filtrez, mettez en bouteille. Utilisez en massage sur les zones douloureuses.

Huile après soleil

Vous devez disposer de : *huile d'olive, huiles essentielles de lavande, de rose, de géranium, de millepertuis.*

Versez 20 cl d'huile d'olive dans une bouteille. Ajoutez 10 gouttes d'huile essentielle de lavande, 5 gouttes d'huile essentielle de rose, 3 gouttes d'huile essentielle de géranium, 6 gouttes d'huile essentielle de millepertuis. Idéale pour apaiser de légers coups de soleil et hydrater. Appliquez délicatement, en effleurant.
Attention : avant une exposition au soleil, n'utilisez pas de produit contenant des huiles essentielles ; vous risqueriez brûlures et taches indélébiles.

Secret de tante Madeleine
Une huile excellente aussi pour lutter contre la couperose.

Massage « sensuel »

Vous devez disposer de : *huile d'amande douce, huiles essentielles d'ylang-ylang, romarin, basilic, citron, menthe poivrée, cannelle, clous de girofle.*

Huîtres, truffes, asperges, oignons, cannelle ou menthe, la liste est longue… si longue, qu'on n'a toujours pas réussi à élucider le secret de Circée dont la connaissance des plantes aphrodisiaques faisait pâlir d'envie ses contemporaines !
Il a bien fallu retenir une formule parmi les plus prisées. La voici, rapportée d'ouvrages populaires. Versez dans un flacon de verre les huiles essentielles suivantes : 10 gouttes d'ylang-ylang, 10 gouttes de romarin, 10 gouttes de basilic, 3 gouttes de citron, 20 gouttes de menthe poivrée, 15 gouttes de cannelle, 5 gouttes de clous de girofle. Ajoutez 20 cl d'huile d'amande douce.

Fermez et laissez macérer un mois avant utilisation (que voulez-vous, ça se mérite !).

Secret de botaniste

Notre époque semble découvrir l'ylang-ylang, son odeur, ses vertus. Pourtant, en 1892, il faisait déjà l'objet d'importantes études scientifiques.

Massage apaisant

Vous devez disposer de : *huile d'olive, huiles essentielles de lavande, d'orange, de bigaradier, de verveine, de tilleul.*

Pour anticiper la crise d'angoisse ou de stress, mélangez les huiles essentielles suivantes : 8 gouttes de lavande, 6 gouttes d'orange, 4 gouttes de bigaradier, 8 gouttes de verveine, 5 gouttes de tilleul, le tout versé dans 20 cl d'huile d'olive. Mélangez et laissez reposer une semaine avant de commencer à l'utiliser en massage du plexus solaire, le soir avant d'aller se coucher.

Crème pour le corps

Vous devez disposer de : *cire d'abeille, huile d'amande douce, d'olive ou de tournesol, citron, teinture de benjoin (en pharmacie), huile essentielle de géranium rosat.*

Faites fondre au bain-marie 10 g de cire d'abeille dans 20 cl d'huile d'amande douce. Hors du feu, ajoutez 2 cuillerées à café de jus de citron, 2 g de teinture de benjoin et 3 gouttes d'huile essentielle de géranium rosat. Remuez énergiquement jusqu'à refroidissement. Conservez en pot bien bouché. Hydrate la peau en douceur.

Lait minceur

Vous devez disposer de : *amandes douces, amandes amères.*

Le produit le plus économique ? L'amande est depuis toujours plébiscitée pour son huile aux propriétés nourrissantes et adoucissantes. En revanche, on a oublié que nos ancêtres adoraient cette lotion aux propriétés hydratantes, raffermissantes et affinantes. Pour retrouver douceur et fermeté en un seul geste, faites bouillir 100 g d'amandes douces en poudre et 50 g d'amandes amères en poudre (ou mixées) dans 30 cl d'eau. Laissez cuire à feu doux 20 minutes. Filtrez en exprimant tout le jus. Conservez au réfrigérateur dans une bouteille bien bouchée. Utilisez en friction sur peau humide.

Rien ne se perd

Ne jetez pas les amandes. Utilisez-les encore humides en gommage sur le corps et le visage.

Lotion tonique

Vous devez disposer de *: lait, huiles essentielles de lavande, de romarin, de citron, de menthe.*

En sortant de la douche ou du bain, massez votre corps encore humide (toujours du bas vers le haut, et en commençant par le côté gauche) avec le mélange suivant d'huiles essentielles : 6 gouttes de lavande, 4 gouttes de romarin, 4 gouttes de citron, 6 gouttes de menthe diluées dans 20 cl de lait cru. Agitez avant chaque emploi. (Se conserve au réfrigérateur dix jours au plus.)

Déodorant

Vous devez disposer de *: pierre d'alun ou talc.*

« Transpirer, c'est bon pour la santé ! » Attention cependant aux déodorants industriels qui stoppent la transpiration naturelle et dont de récentes études ont montré les graves dangers. La solution est pourtant des plus simples : la pierre d'alun (la vraie). Passez-la sous l'eau, frottez sur les aisselles, puis rincez-la.

Petit secret

Si vous êtes à court, utilisez, comme au bon vieux temps, un peu de talc. Efficace et non polluant.

Traitement préventif de la cellulite

Vous devez disposer de : lierre grimpant.

S'il est impossible de faire disparaître la cellulite, tout comme les vergetures, on peut tenter de la prévenir car guérir relève de l'exploit… D'ailleurs, si on vous certifie qu'un produit est capable de la faire disparaître, c'est un gros mensonge… sauf à subir des interventions plus lourdes. En la matière, les feuilles de lierre sont incontournables (à cueillir délicatement, feuille par feuille). Dès les premiers « symptômes », faites cuire pendant 10 minutes 20 feuilles de lierre grimpant dans 50 cl d'eau. Appliquez-les encore chaudes (mais pas brûlantes) en compresses directement sur les endroits « à traiter ».
Pensez à associer compresses de lierre et tisanes de fleurs et feuilles de pissenlits aux beaux jours, et compresses de lierre et tisanes de reine-des-prés en hiver. Ces deux petites plantes qui ne payent pas de mine sont très bénéfiques.

Confidence de Marie-Rose Patout (1864)
Ne jetez pas l'eau de cuisson du lierre ! Mettez-la en bouteille et appliquez-la, chaque soir, en massages sur la cellulite.

Variante

Vous devez disposer de : café, citron.

La caféine a aussi la réputation d'aider à raffermir l'épiderme. Faites 20 cl d'un café très fort. Versez-le dans une bouteille. Ajoutez le jus de 1 citron, fermez la bouteille, remuez et laissez reposer 24 heures avant d'appliquer le produit obtenu en massages journaliers.

Huile de massage anticellulite

Vous devez disposer de : huile d'olive, huiles essentielles de cyprès, de genévrier, de pamplemousse, de citron.

Versez 20 cl d'huile d'olive dans une bouteille. Ajoutez 12 gouttes d'huile essentielle de cyprès, 10 gouttes d'huile essentielle de genévrier, 6 gouttes d'huile essentielle de pamplemousse et 5 gouttes d'huile essentielle de citron. Remuez avant chaque emploi.

Bain anticellulite

***Vous devez disposer de** : vinaigre de vin, lierre grimpant.*

Versez 50 cl de vinaigre de vin bouillant sur 100 g de feuilles fraîches de lierre grimpant. Laissez infuser pendant 6 heures, filtrez et versez dans l'eau du bain.

Vergetures

***Vous devez disposer de** : rhum blanc et alun, ou camomille romaine et cerfeuil, ou glycérine.*

Trois recettes, fruits de l'expérience de nos grands-mères, aident à atténuer les vergetures. À vous de choisir celle qui vous inspire le plus.

1. Ablutions de rhum blanc dans lequel on a mis à fondre de l'alun : 20 cl d'eau-de-vie et 5 cuillerées à soupe de pierre d'alun mise en poudre.
2. Décoction de 20 fleurs de camomille romaine et 6 cuillerées à soupe de cerfeuil séché. Passez le mélange sur les vergetures (p. 106).
3. Dès le premier mois de grossesse, appliquez matin et soir quelques gouttes de glycérine, et massez poitrine, fesses, ventre et cuisses. Efficacité garantie par des générations de jeunes mères.

Buste

Symbole d'abondance, mère nourricière,
la poitrine a toujours magnifié la femme.
Laissons de côté cette figure hybride
qu'est le Sphinx à tête d'homme ou de femme,
aux seins de femme et au corps de lion,
et revenons au deuxième symbole
de la poitrine qui est érotique.
Elle témoigne de la féminité, objet de la sexualité.
Chez l'homme, les pectoraux étaient symboles
de force et de virilité.

Soins fermeté des seins

« Les ablutions sont indispensables à la conservation d'une belle poitrine. Alternez douche chaude et douche froide, en mouvements circulaires », conseillait-on autrefois.

Soin quotidien

***Vous devez disposer de :** yoghourt, citron.*

Mélangez 4 cuillerées à soupe de yogourt, si possible au lait cru (vous savez, celui qu'on ne pense plus à acheter tant il est simple, et pourtant, c'est un vrai produit de beauté…) et le jus d'un demi-citron. Appliquez sur poitrine et buste. Gardez environ 10 minutes puis rincez à l'eau froide. À renouveler une fois par semaine, sur une longue période (!).

Petit rappel

Ne jetez pas le citron avant d'y avoir enfoncé les ongles pour les embellir et les blanchir !

Huile de massage « seins flétris »

Vous devez disposer de : huile végétale, serpolet, romarin, géranium rosat, lavande, citron, un morceau de coton blanc, un bocal.

Je vous assure que cette huile s'appelait comme ça ! Déposez 20 g de serpolet, 15 g de romarin, 15 g de géranium rosat, 5 g de lavande et un demi-citron (coupé en quatre) dans un tissu de coton blanc. Formez un sac que vous fermez avec une ficelle (cette « bourse » évite la filtration). Mettez-le dans un bocal à large goulot et ajoutez 30 cl d'huile végétale (amande douce, olive, colza ou tournesol). Fermez, laissez macérer quatorze jours, à chaleur ambiante en secouant régulièrement le bocal. Sortez et jetez le sachet de plantes après en avoir bien exprimé tout le liquide, mettez en bouteille. Conservez à l'abri de la lumière. Utilisez pour masser régulièrement, délicatement et en mouvements circulaires.

Huile de massage aux huiles essentielles

Vous devez disposer de : huile végétale, huiles essentielles de serpolet, de romarin, de géranium, de lavande, de citron.

Dans 30 cl d'huile végétale, diluez 10 gouttes d'huile essentielle de serpolet, 8 gouttes d'huile essentielle de romarin, 10 gouttes d'huile essentielle de géranium, 5 gouttes d'huile essentielle de lavande et 6 gouttes d'huile essentielle de citron. Bouchez et remuez énergiquement. Laissez reposer au minimum dix jours.

Confidence essentielle

Pour une meilleure pénétration des huiles de massage, nos grands-mères avaient pour habitude de les appliquer sur une peau légèrement humide.

Pour le plaisir, et dans le désordre

Eau de lavande

Vous devez disposer de : *fleurs de lavande fraîches, alcool.*

M. Cerbelaud, auteur de référence sur les parfums, conseillait cette formule simple pour le plus grand plaisir des amateurs de cette fragrance qui fleure bon la Provence. « Faites macérer pendant un mois, au soleil, 2 onces (30 g) de fleurs fraîches de lavande dans 1 litre d'alcool à 52 % vol. Au bout du mois, filtrez. Les fleurs sèches donnent un moins bon produit. Cette eau de toilette s'emploie dans la toilette. Présentée sous le nez dans les petits malaises, elle contribue à ranimer. »

Eau de Cologne

Vous devez disposer de : *alcool neutre, teinture de benjoin, musc, essence de bergamote, de cédrat, de citron, de lavande, de romarin, de néroli.*

Elle était aussi très employée comme base de nombreux remèdes familiaux, associée à d'autres ingrédients. Sa formule, datant de 1827, est fort simple à réaliser : « Prenez essence de bergamote et de cédrat de chaque 12 gouttes ; essence de citron 15 gouttes ; essence de lavande et de romarin de chaque 6 gouttes ; teinture de benjoin 8 gouttes ; essence de néroli 4 gouttes ; alcool à 36 % vol. 30 cl. Mêlez bien et ajoutez 30 gouttes de musc. Mettre en bouteille bien bouchée et attendre un mois avant d'utiliser à volonté. »

Coudes et genoux rugueux

***Vous devez disposer de** : sel ou sucre, citron.*

Ils sont rugueux et ça vous énerve ? Pas de panique ! Figurez-vous qu'une bonne friction sur une peau humide avec du sel ou du sucre en poudre et quelques gouttes de citron les rendra doux et lisses… À faire une fois par semaine.

Enveloppement détoxiquant

***Vous devez disposer de** : argile verte, miel, lavande, thym.*

Certes, vous allez peut-être un peu salir la salle de bains, mais, croyez-moi, le jeu en vaut la chandelle. Après ce soin miracle, votre peau sera entièrement détoxiquée et prête pour un bain bienfaisant (ou une bonne douche). Mélangez, en remuant bien pour éviter les grumeaux, 50 cl d'une forte infusion de fleurs de lavande et de thym (20 g de chaque) et un bol d'argile verte. Ajoutez 1 cuillerée à soupe de miel. Mélangez à nouveau pour rendre le mélange bien homogène. Massez tout votre corps avec cette préparation ; conservez minimum 10 minutes et rincez.

Épilation

***Vous devez disposer de** : sucre.*

Les formules étaient aussi nombreuses que dangereuses par leurs composants. L'unique recette complètement naturelle, à base de sucre, est cependant assez difficile à réussir. La voici, juste pour mémoire. Déposez 12 morceaux de sucre dans une casserole. Laissez fondre, sans remuer, au bain-marie et à feu très doux. Dès l'apparition de petites bulles, prélevez une goutte de ce sirop et posez-la sur une assiette. Si la goutte se fige et reste collante, c'est prêt. Sinon, laissez encore quelques secondes. Dès que votre épilatoire est chaud mais plus brûlant, prélevez-en une petite quantité, formez une boule en « travaillant » la pâte avec les doigts puis tapotez sur les poils du haut vers le bas. Retirez d'un coup sec du bas vers le haut.

« Ambre solaire »

***Vous devez disposer de** : huile d'olive, carottes, citron.*

Elle voit le jour dans les années 1930. Eugène Schueller, chimiste alsacien et fondateur d'une société devenue aujourd'hui « entreprise mondiale », travaille à l'élaboration de produits pour les cheveux. Passionné de voile, il passe ses vacances sur son bateau. Oui mais voilà ! Sa peau est souvent brûlée par le soleil. Il teste huile de coco, d'olive, mais rien n'y fait. Il décide donc d'inventer LE produit de marque qui permettra enfin de bronzer sans brûlures. Eurêka ! En 1935, le produit est testé sur la côte d'Azur et son succès sera au rendez-vous pendant des décennies. Avant lui, et au début de la mode du bronzage, on utilisait des formules maison similaires dont voici la plus employée : mélangez 15 cl d'huile d'olive à 5 cl de jus de carotte et 5 cl de jus de citron. Mettez en bouteille, bouchez, remuez bien avant chaque utilisation.

Attention

Pensez à protéger votre peau efficacement car on sait aujourd'hui les ravages du soleil sur la peau.

Massage tonique après la douche ou le bain

***Vous devez disposer de** : oranges.*

Vous vous souvenez des bienfaits de la pelure d'orange sur le visage ? Eh bien, il en est du corps comme du visage ! En vous massant tout simplement le corps avec des pelures d'orange au sortir du bain ou de la douche, vous hydraterez et tonifierez votre peau, qui sera toute douce.

Les mains et les ongles

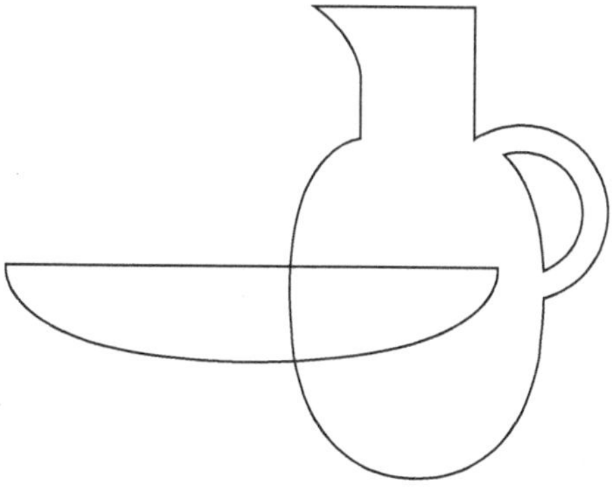

À chaque instant de la journée, nos mains subissent de véritables agressions. Froid, pollution, travaux ménagers, bricolage, nous les épargnons guère.
Les traiter avec un minimum d'égards, les nourrir et les protéger, elles n'en demandent pourtant pas davantage.

Nos grands-mères le savaient bien, elles qui avaient quelques recettes et astuces aussi simples qu'économiques – à utiliser sans aucune modération – pour conserver des mains douces et des ongles en pleine santé.

Mains

Soins de base

Vous devez disposer de : citron.

Les premières vraies descriptions de l'usage du citron en cosmétique remontent aux œuvres de Théophraste, élève d'Aristote considéré comme le fondateur de la phytothérapie. La meilleure façon d'entretenir les mains est de toujours disposer d'un demi-citron au bord de l'évier. Frottez-vous les mains avec la pulpe (enfoncez-y aussi vos ongles pour qu'ils restent bien blancs et vigoureux). Essayez, vous ne pourrez plus vous en passer !

Autre secret de Jeanne Comtat
Signe du temps qui passe, les taches brunes apparaissent insidieusement à partir de la quarantaine. S'il est impossible de les faire disparaître, il est en revanche possible de retarder leur apparition et de les estomper en abusant du citron qui possède aussi d'importantes propriétés dépigmentantes…

Gommage douceur

Vous devez disposer de : sucre en poudre, citron.

Encore utilisé aujourd'hui au Chili par les Indiennes Mapuché, cet exfolient élimine les peaux mortes en douceur. Déposez la valeur de 1 cuillerée à soupe rase de sucre en poudre dans le creux de la main. Ajoutez quelques gouttes de jus de citron et frottez-vous les mains 2 minutes, doucement, comme si vous les laviez. Rincez et terminez votre soin par un massage à l'huile d'olive (quelques gouttes suffisent). Mains de satin assurées après ce « soin miracle » à renouveler tous les dix jours environ.

Variante

***Vous devez disposer de** : bicarbonate de sodium.*

Une autre solution pour conserver des mains soyeuses consiste à diluer 5 cuillerées à soupe de bicarbonate de sodium dans un gros bol d'eau tiède et d'y immerger les mains pendant 10 minutes. Hydratez ensuite avec votre « crème nourrissante ».

Soin douceur

***Vous devez disposer de** : pommes de terre.*

Plutôt que de vous ruiner en crèmes, stockez plutôt des pommes de terre de bonne qualité, bien blanches et farineuses. Vos mains adoreront les restes de purée (à condition qu'elle ne soit pas en flocons, bien sûr !). Massez-les avec ce produit miracle et elles seront d'une douceur surprenante.

Petit secret

Si vos mains sont gercées, utilisez la purée comme un masque. Étalez-en une bonne couche sur vos mains, gardez 15 minutes puis rincez. Renouvelez chaque jour jusqu'à complète guérison.

Soin hebdomadaire, 10 minutes chrono

***Vous devez disposer de** : gros sel, sucre, pomme de terre, lait.*

Une fois par semaine, offrez à vos mains un bain d'eau tiède salée à raison de 3 cuillerées à soupe de gros sel pour un gros bol d'eau tiède. Laissez tremper 5 minutes puis procédez à un bain d'eau tiède sucrée (dans les mêmes proportions). Essuyez et appliquez une pomme de terre (eh oui, toujours elle !) bien cuite, pelée, écrasée à la fourchette et délayée avec un peu de lait. Gardez 5 minutes et rincez.

Soin nourrissant

Vous ***devez disposer de*** *: glycérine, huiles essentielles de citron, de lavande, de géranium rosat.*

À elle seule, cette crème vous permettra de lutter contre les agressions extérieures (mains gercées, sèches, rouges, crevasses...). Remplissez un flacon avec 10 cl de glycérine. Ajoutez 5 gouttes d'huile essentielle de citron, 4 gouttes d'huile essentielle de lavande et 4 gouttes d'huile essentielle de géranium rosat. Mélangez bien avant chaque usage. Massez pour faire pénétrer.

Mains sèches

Massez très régulièrement ongles et mains avec un peu de glycérine pure (quelques gouttes suffisent); vos mains ne seront plus jamais desséchées.

Odeurs tenaces

Il suffit de les frotter délicatement avec du citron (toujours lui !), quelques gouttes de vinaigre ou une tranche de tomate très mûre, puis de les laver au savon de Marseille (et pas l'inverse).

Rougeurs

Que les rougeurs soient dues au froid ou à des travaux d'entretien, le remède est aussi simple qu'efficace. Trempez vos mains pendant 5 minutes dans une infusion de fleurs de lavande : diluez 1 cuillerée à soupe de lavande pour 1 bol d'eau avec 2 cuillerées à soupe de gros sel. Essuyez-les avant de procéder à un massage avec votre nouveau soin nourrissant.

Mains moites

Lavez-vous les mains exclusivement avec du savon de Marseille, frictionnez à l'alcool camphré, puis laissez sécher et saupoudrez de talc.

Ongles

Il n'est de belles mains sans ongles soignés. Les Chinoises, qui les laissaient pousser de façon démesurée pour pouvoir pincer le traditionnel théorbe (instrument à cordes), utilisaient peut-être les recettes qui suivent.

Lotion fortifiante

***Vous devez disposer de** : borax, eau de rose, sel, citron, un flacon.*

Mélangez vigoureusement, avec une cuillerée en bois et dans l'ordre suivant, 10 g de borax, 15 cl d'eau de rose, 15 g de sel et 1 citron pressé. Versez dans un flacon. Fermez et conservez à l'abri de la lumière. Patientez deux jours avant utilisation quotidienne en massage sur les ongles.

Crème protectrice

***Vous devez disposer de** : cire d'abeille, huile d'olive, huiles essentielles de citron, de romarin, de menthe, un pot en verre.*

Idéale pour ongles fragiles, cassants, abîmés, striés. Faites fondre 2 cuillerées à café de cire d'abeille au bain-marie puis ajoutez, sans cesser de tourner, 3 cuillerées à soupe d'huile d'olive, 5 gouttes d'huile essentielle de citron, 3 gouttes d'huile essentielle de romarin et 3 gouttes d'huile essentielle de menthe. Enlevez du feu, continuez à tourner jusqu'à complet refroidissement. Mettez en pot. Massez vos ongles régulièrement.

Ongles fragiles

***Vous devez disposer de** : huile d'olive, sel, ail (facultatif).*

S'ils sont très fragilisés, alternez un bain d'huile d'olive légèrement tiède de 5 minutes avec un bain d'eau tiède fortement salée de 5 minutes également.

Petit secret

L'ail est également un excellent fortifiant. Pensez à en frotter vos ongles le plus souvent possible (on finit par s'habituer à l'odeur... pas de soucis pour les Provençaux !).

Ongles cassants

Vous devez disposer de : *feuilles d'olivier, huile d'olive.*

Faites infuser 3 pincées de feuilles d'olivier dans une tasse à café d'huile d'olive que vous aurez préalablement chauffée (ne pas faire bouillir). Laissez tiédir, ajoutez le jus d'un demi-citron, plongez vos ongles 5 minutes dans cette préparation, massez soigneusement et essuyez. Ils seront assouplis par le bain et renforcés par les massages.

Cure santé

Vous devez disposer de : *huile d'olive.*

Deux ou trois fois par an, sept jours de suite, laissez-les tremper, pendant 10 minutes, dans de l'huile d'olive tiède.

Secret d'économe

Pas de dépenses inutiles : vous pouvez réutiliser l'huile pendant toute la durée de la cure. Vous verrez, les résultats sont surprenants.

Cure brillance

Vous devez disposer de : *citron.*

Ah, toujours lui ! Plongez vos ongles chaque jour dans un jus de citron (matin et soir pendant 5 minutes). Faites une cure sur une durée de dix à quinze jours et vous constaterez qu'ils retrouveront peu à peu brillance et résistance.

Crème multifonction ongles et mains

Vous devez disposer de : cire d'abeille, huile d'amande douce, huiles essentielles de rose, de lavande, de romarin, un pot en verre.

Elle est aussi facile à réaliser que ce qu'elle est agréable à utiliser. L'essayer c'est l'adopter ! Faites fondre 1 cuillerée à soupe de cire d'abeille au bain-marie. Ajoutez, sans cesser de tourner, 5 cuillerées à soupe d'huile d'amande douce, 2 gouttes d'huile essentielle de rose, 2 gouttes d'huile essentielle de lavande et 1 goutte d'huile essentielle de romarin. Enlevez du feu, continuez à tourner jusqu'à obtenir une crème très onctueuse. Mettez en pot.

Judicieux conseils sans âge

Ne limez jamais vos ongles lorsqu'ils sont humides. Si vous attendez qu'ils soient bien secs ils ne se dédoubleront plus.

Si vous dénoyautez des fruits rouges, vos doigts seront difficiles à nettoyer : trempez-les quelques instants dans de l'eau vinaigrée puis lavez-vous les mains (pas l'inverse : cela fixerait la couleur !).

Lorsque vous devez entreprendre des travaux qui risquent de les abîmer (bricolage, jardinage…), « griffez » vos ongles, avant de commencer, avec un savon de Marseille bien sec. Gardez le savon sous les ongles. Vous n'aurez plus qu'à les brosser une fois vos travaux terminés. Le savon les aura entièrement protégés.

La plus ancienne manière de se laver les mains est tout simplement de les mouiller, de prendre une pincée de cendres de bois, de frotter puis rincer. Ce « savon » est radical contre le cambouis et toutes les salissures.

Après des occupations qui les ont noircis (épluchage d'artichauts, aubergines…), trempez un Coton-Tige dans un peu d'eau oxygénée et passez-le sous vos ongles.

Difficile de cesser de se ronger les ongles ? Autrefois, on enfonçait fort les ongles dans du savon de Marseille… Le goût était si désagréable que, parfois, ça suffisait à enlever l'envie !

Les pieds et les jambes

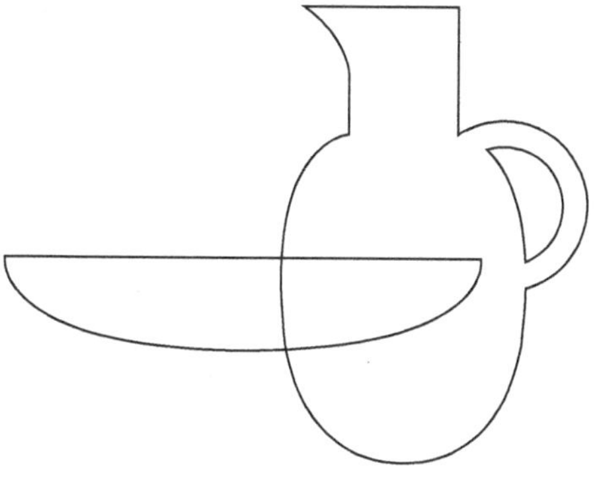

Quand nos ancêtres de la préhistoire ont décidé de se « mettre debout », ils n'avaient certainement pas anticipé les désagréments que cette nouvelle posture pourrait créer aux générations futures ! Jambes lourdes, varices, transpiration excessive, cors, crevasses... Nos pieds et nos jambes sont, tout au long de la vie, soumis à souffrances et brimades. Ils supportent tout le poids du corps, sont comprimés dans les chaussures, subissent le froid et le chaud, les longues stations debout. Il est donc important de s'en occuper régulièrement et méthodiquement.

Soins des pieds

Entretien

Vous devez disposer de *: bicarbonate de sodium, gros sel, huile d'amande douce.*

Faites le plus souvent possible des bains de pieds. Ils délassent et régénèrent. Pour bien faire, déposez, dans une bassine remplie d'eau tiède, 500 g de gros sel et 8 cuillerées à soupe de bicarbonate de sodium. Trempez pieds et chevilles pendant minimum 10 minutes. Séchez et allongez-vous, les jambes le plus relevées possible en les appuyant contre un mur (au moins 5 minutes)… à moins que vous ne vouliez en profiter pour vous muscler le ventre !

Chaque jour, après la douche ou le bain, été comme hiver, prenez 3 minutes pour masser vos pieds à l'huile d'amande douce. C'est un vrai gage de confort et, en plus, ça améliore la circulation.

Petit rappel

Commencez toujours un massage par le pied gauche et remontez jusqu'aux genoux (attention : pas d'aller-retour).

Exfolient maison

Vous devez disposer de *: bicarbonate de sodium ou gros sel, citron.*

Pour retrouver ou conserver des pieds de satin, favoriser la suppression des cellules mortes et rendre la peau plus souple, déposez un peu de bicarbonate de sodium dans le creux de la main. Ajoutez quelques gouttes de jus de citron puis frottez doucement, en mouvements circulaires. Insistez sur la plante. Rincez, puis hydratez avec crème ou huile.

Petit secret
Vous pouvez remplacer le bicarbonate par du gros sel marin.

Corne aux pieds (callosités)

Utilisez une pierre ponce dans votre bain ou avant de sortir de la douche (lorsque la corne est ramollie) puis massez avec votre friction maison.

Spécial détente

Jambes lourdes

***Vous devez disposer de** : romarin frais.*

La sensation de jambes lourdes en fin de journée est fréquente, surtout par temps chaud. Pour y remédier, faites infuser dans de l'eau bouillante une poignée de romarin pendant 30 minutes. Filtrez et versez dans une bassine. Ajoutez de l'eau froide pour tiédir l'infusion. Trempez-y vos pieds une demi-heure, de préférence le matin.

Tisane jambes lourdes

***Vous devez disposer de** : feuilles d'olivier.*

Il est important de boire beaucoup d'eau et de tisanes. C'est l'olivier qui était autrefois le plus utilisé. Faites infuser 10 minutes, et à couvert, 2 cuillerées à soupe de ses feuilles dans 1 litre d'eau bouillante. Filtrez et buvez au cours de la journée. Cure d'une semaine par mois.

Ouï-dire persistant

Relever les pieds du lit de 5 à 10 cm et prendre des douches froides, en partant des pieds pour arriver aux genoux, facilite la circulation.

Friction antijambes lourdes

***Vous devez disposer de** : huile d'olive, menthe fraîche, lavande, romarin.*

Certains auteurs auraient pu raconter que le soldat qui vint annoncer la victoire de Marathon à son chef Miltiade mourut parce qu'il avait omis d'oindre ses jambes d'un mélange d'huile et de plantes ! Pour éviter cette « catastrophe », mélangez 1 petite poignée de menthe fraîche, 3 pincées de lavande et 2 pincées de romarin à 20 cl d'huile d'olive. Laissez macérer quatorze jours au soleil en secouant souvent le bocal. Filtrez et conservez dans un flacon propre et bien bouché. Vos jambes retrouveront vite leur légèreté.

Jambes très enflées

***Vous devez disposer de** : cyprès, genévrier, romarin, citron, essence de térébenthine.*

Massez vos jambes en partant des chevilles pour remonter aux genoux avec la solution suivante : cyprès (2 pincées), genévrier (2 pincées), romarin (1 pincée). À faire infuser une heure dans 10 cl d'eau bouillante. Filtrez, versez dans une bouteille, ajoutez le jus de 1 citron et 1 cuillerée à café d'essence de térébenthine. Bouchez, remuer.

Confidence de bâtisseurs

Autrefois, terrassiers et maçons glissaient toujours dans leur ceinturon de flanelle quelques feuilles de menthe fraîche. Cela rendait leur effort plus facile, disaient-ils.

Pieds et chevilles enflés

***Vous devez disposer de** : billes ou petits cailloux, menthe poivrée, bicarbonate (facultatif).*

L'expression populaire « il a les chevilles qui enflent » n'aurait peut-être pas existé si Œdipe avait pris soin de se soulager ainsi : remplissez une bassine d'eau bouillante, ajoutez une infusion très forte de menthe poivrée à raison de 1 poignée pour 50 cl d'eau. Au fond de la bassine, déposez des petits cailloux ou des billes. Lorsque l'eau devient tiède, installez-vous confortablement et trempez pieds et chevilles dans la bassine en faisant délicatement rouler les billes sous la plante des pieds. Dix minutes plus tard, vos pieds seront détendus, vos jambes légères, et toute la fatigue accumulée dans la journée aura disparue.

Petit rappel

Ajoutées à l'eau tiède de ce bain, 5 cuillerées à soupe de bicarbonate de sodium vous procureront une très agréable sensation de bien-être.

Petites astuces pour petits désagréments

Transpiration

***Vous devez disposer de** : vinaigre de vin rouge, thé noir.*

On n'ose pas trop en parler, pourtant, quoi de plus désagréable que de « transpirer des pieds ». Pour y remédier, prendre un bain de pieds dans de l'eau tiède additionnée de 1 cuillerée à soupe de vinaigre de vin rouge. Répétez cette opération cinq ou six jours de suite en alternance avec un bain composé d'une forte infusion de thé noir : 3 cuillerées à soupe rases pour 2 litres d'eau. Laissez refroidir puis laissez tremper vos pieds pendant 15 à 30 minutes. Séchez ensuite soigneusement.
Cet autre « remède pour guérir la sueur des pieds » était également très prisé : « S'essuyer d'abord les pieds en sortant du lit avec un linge très sec, puis passer une éponge imbibée d'eau-de-vie ; ce remède n'expose à aucun accident. »

Huile de massage antitranspiration

***Vous devez disposer de** : huile d'olive, camphre, huiles essentielles de lavande, de menthe poivrée.*

Versez 20 cl d'huile d'olive dans une bouteille. Ajoutez 15 gouttes d'huile essentielle de menthe poivrée, 12 gouttes d'huile essentielle de lavande et 1 cuillerée à café de camphre. Bouchez, remuez et laissez reposer trois jours à l'abri de la lumière. Massez régulièrement.

Les remèdes antifroid

Vous devez disposer de : *papier journal, carton ou poudre de moutarde.*

En Russie, il y a quelques années encore, on avait pour habitude de découper une paire de semelles dans du carton en cas de grand froid. On les enfilait dans la chaussure. Dans les campagnes, on prenait une feuille de papier journal, on la pliait en quatre, on s'en enveloppait bien les pieds et, pour finir, on enfilait ses chaussures… pieds chauds garantis ! Un autre remède consiste à déposer de la poudre de moutarde (en herboristerie) au fond de ses chaussures.

Désodorisant pour les chaussures

Vous devez disposer de : *bicarbonate ou poudre d'alun.*

Non seulement le bicarbonate de sodium combat les odeurs, mais il contribue à assainir les chaussures. Saupoudrez-en l'intérieur. Laissez agir toute la nuit. Retirez-le et recommencez l'opération plusieurs soirs de suite.

Secret de cordonnier

Vous pouvez remplacer le bicarbonate par de la poudre d'alun.

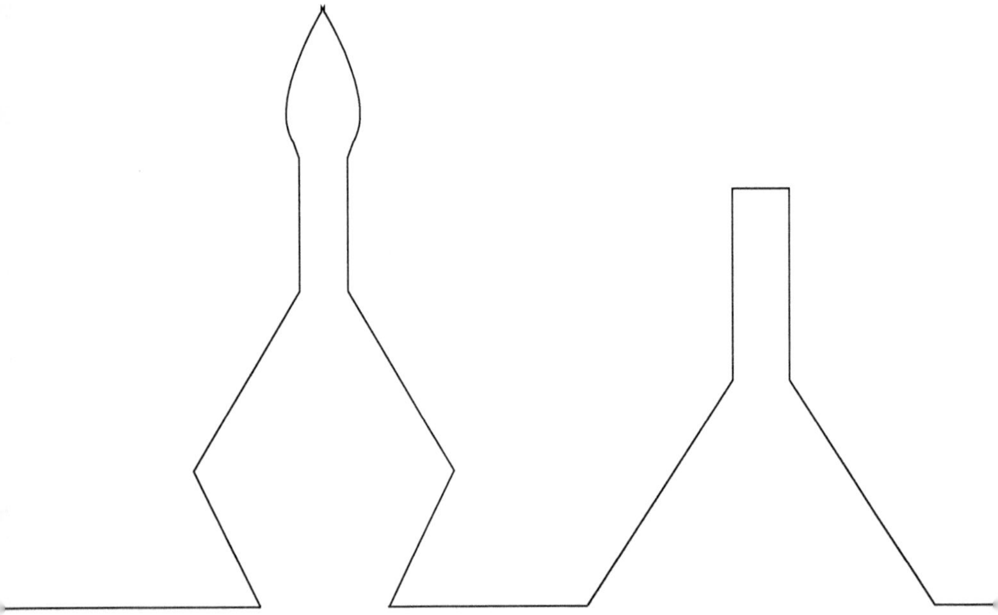

Livre 2

De la forme et de la santé

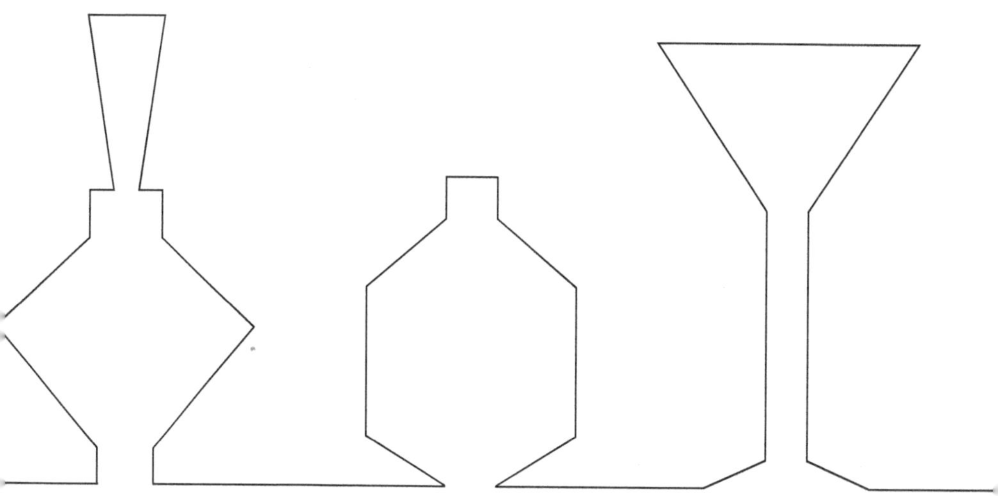

« Il ne faut pas rougir d'emprunter au peuple ce qui peut être utile à l'art de guérir » (Hippocrate).

Où et quand « remèdes », formules et conseils d'hier nous aident à soulager nos petits maux d'aujourd'hui.

C'est dans les livres que depuis les temps les plus reculés, toute cette science est enclose. Les premiers remèdes relevaient de l'observation, du tâtonnement. De cet empirisme et de leur transmission est née une sorte d'art de guérir, ancêtre de la médecine. Plus tard, c'est la « médecine domestique », qui a enseigné ce savoir historique aux mères de famille. Il s'agissait « d'y apprendre à éviter les choses nuisibles et à faire un bon usage des choses utiles ». On y indiquait l'art de préparer tisanes, lavements, potions, pommades et frictions, bains, baumes et cataplasmes.

Depuis cinquante ans, la pharmacopée est pourtant devenue bien ingrate, en rangeant aux rayons des antiquités les savoirs de ses prédécesseurs. Faut-il y voir un effet pervers du progrès considérable de la protection sociale depuis le milieu du XXe siècle ?

Retrouver dans l'histoire et restaurer des savoirs éprouvés, inclure dans nos habitudes, « en attendant l'arrivée du médecin », des pratiques bien utiles prescrites par la *Médecine des familles* est le but de ce livre consacré à la santé.

Précepte d'Émile Littré (1801-1881)

« La science de la médecine, si elle ne veut pas être rabaissée au rang de métier, doit s'occuper de son histoire, et soigner les vieux monuments que les temps passés lui ont légués. »

Toutefois, quelle que soit la richesse d'un ouvrage, on ne devient pas plus médecin en lisant les livres de médecine qu'on devient pépiniériste après avoir lu le manuel du parfait jardinier, aussi complet soit-il. Ce livre n'a donc à aucun moment la prétention de remplacer le médecin qui a su mettre tout son savoir scientifique au service de son intelligence. Il s'agit d'un reportage fidèle de l'« art de remédier à quelque mal », bien plus ancien que la science médicale, et qui appréhendait la santé avec des remèdes eux aussi plus anciens que les médecins.

Cette incursion dans le domaine de l'empirisme et de cette médecine oubliée permettra, je l'espère, d'attirer l'attention sur des pratiques utiles et de faire revivre des coutumes et habitudes souvent simples, toujours naturelles et empreintes de bon sens, sans jamais aller à l'encontre des fantastiques progrès de la médecine d'aujourd'hui.

« À côté du mal, le créateur a mis le remède », dit le vieil adage. Conseils précieux de *bona fame*, traduisez « de bonne renommée », formules de médecine de nos campagnes, ces médications, ces enseignements à bien préparer et doser les tisanes, les sucs d'herbes, les cataplasmes, sont aussi un patrimoine que l'on doit préserver et transmettre, comme nos ancêtres l'ont fait avant nous. D'ailleurs, ne contribuent-ils pas à enrichir la pharmacopée actuelle ?

Aveu de Michel de Montaigne (1533-1592)

« Il n'est pas une simple femmelette de qui nous n'employons les barbotages et les brevets; et selon mon humeur, si j'avoys à en accepter quelqu'une, j'accepteroys plus volontiers cette médecine qu'aucune autre. »

Précautions d'usage

Ce manuel pratique ne doit en aucun cas remplacer le médecin, seul habilité à établir un diagnostic et à prescrire un traitement.

De la forme

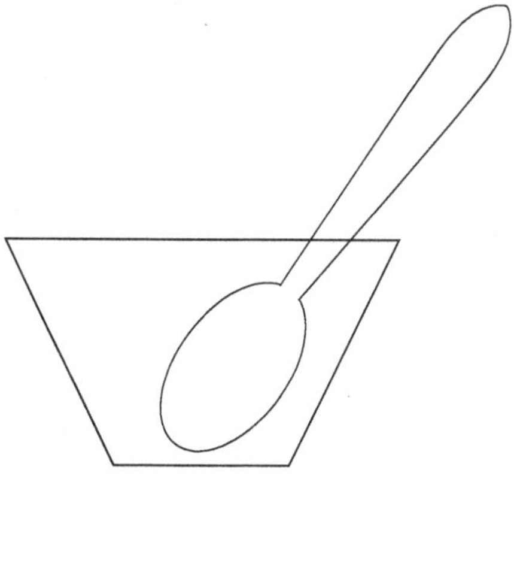

Si l'on s'accorde à dire que l'origine de l'art de l'hygiène remonte à Hérode, c'est chez Hippocrate que celle-ci est pour la première fois édictée en principe. Exploitant sans doute les découvertes de ses prédécesseurs, il nous a transmis, dans plusieurs écrits, les préceptes les plus sages sur les principaux sujets de l'hygiène. Le traité des airs, des eaux et des lieux est l'un des plus beaux monuments élevés à l'hygiène.

Plus tard, Galien a beaucoup ajouté à l'hygiène, conforté, au fil des siècles, par des hommes aussi célèbres et respectés qu'Avicenne, Celse, Bichat, Pasteur, Paré, Trousseau et bien d'autres encore.

Mais qu'entend-on par hygiène ? « L'hygiène est l'art de conserver sa santé. La médecine est l'art de la rétablir ; la santé est l'état normal de l'homme : se bien porter, c'est vivre. La maladie est un état exceptionnel de la vie », selon la définition de F. V. Raspail, né à Carpentras, médecin, chimiste et auteur de nombreux ouvrages de référence.

Prévenir plutôt que guérir

Ce voyage dans le temps se veut seulement une manière de redécouvrir des méthodes ancestrales pour rester en forme autant que faire se peut ! Or des règles simples et économiques, nos ancêtres en connaissaient. Ils n'avaient pas de « coach », n'étaient pas encore soumis à l'« impérieuse nécessité » d'une pratique intensive du fitness, de la musculation, des plaques vibrantes et autres appareils cruels et méthodes onéreuses. Ils ignoraient l'« obligation absolue » d'absorber chaque jour davantage ces comprimés aux couleurs chatoyantes que l'on appelle « compléments alimentaires » pour rester jeunes et beaux, bien digérer, avoir de l'énergie, dormir, se muscler, lutter contre le stress, la cellulite, les jambes lourdes, une fatigue passagère, dormir, et la liste est encore longue. Leur hygiène de vie était juste faite de bon sens et de quelques exercices quotidiens... sans assistance extérieure ! N'oublions jamais ce vieux précepte populaire : « Le secret de l'art médical est d'éviter ce qui peut nuire. »

Longévité

***Vous devez disposer de** : eau, thé, miel, cannelle.*

Vivre plus longtemps reste la principale préoccupation des hommes. Conseils et prescriptions varient en fonction des époques, mais le but reste toujours le même : conserver jeunesse et santé. Voici quelques sages conseils du passé.

« Ceux qui ont prolongé leur existence ont souvent différé de mœurs, d'habitudes, de régime diététique ; mais tous ont été d'accord sur un seul point : c'est de se lever de bonne heure, et de respirer l'air embaumé du soleil levant. » (Mauvais temps pour les lève-tard !)
« Le thé fait avec miel et cannelle, pris régulièrement, arrête les ravages du vieillissement. Prenez 4 cuillerées à café de miel, 1 cuillerée à café de poudre de cannelle et 3 tasses d'eau en ébullition, pour faire comme du thé. Buvez-en un quart de tasse, trois à quatre fois par jour. Il maintient la peau fraîche et souple et arrête le vieillissement. »
« Au retour des zéphyrs, sobre en vos alimens vous empifrez point de trop de nourriture et songez qu'alors la nature des plantes et du corps excite les fermens. Quiconque mange outre mesure durant les chaleurs de l'été est l'ennemi de sa santé. Ménagez-vous durant l'automne, ne vous fiez point aux pièges de Pomone [aucune nymphe ne connaît mieux qu'elle l'art de cultiver les arbres fruitiers]. L'hiver vous met en sûreté : suivez votre appétit en toute liberté » (école de Salernes).

Sommeil

Vie trépidante, télévision, jeux interactifs, on ne dort plus assez ! Les anciens, qui savaient combien le sommeil est important, s'employaient à dormir huit heures par nuit. Ils ne s'y sont pas trompés puisqu'une récente étude menée par des chercheurs de renom a montré que les adultes dormant moins de sept heures par nuit ont trois fois plus de risques de développer des maladies liées à des virus hivernaux que ceux dormant huit heures et plus.

Gestes à pratiquer avant de se lever

« Étire-toi comme un chat et tu iras comme un roi. » Pourquoi cette jolie maxime est-elle totalement tombée dans l'oubli ? Préparer son corps à une nouvelle journée, c'est pourtant facile et ça ne prend que quelques minutes : étirez-vous dans tous les sens, en respirant lentement.

Exercices respiratoires

« Il faudrait que toutes les personnes anémiques, celles qui sont faibles du cœur ou de la poitrine, ainsi que celles qui souffrent de congestion se livrent à des exercices simples de façon consciencieuse. Ces procédés ont pour résultat non seulement d'élargir la cage thoracique et d'en développer les muscles ainsi que les poumons, mais encore d'agir efficacement sur la circulation. Debout, le dos tendu, et faisant saillir légèrement la poitrine, on place les deux mains, l'une sur l'autre, sur l'occiput, et l'on aspire l'air lentement par le nez, les lèvres étant bien closes. On demeure ainsi un instant ; puis on abaisse les bras, et l'on expire par les narines, très lentement et au maximum. De cette façon, on développe la respiration diaphragmatique, et on ventile les parties inférieures du poumon. »

Exercice physique

C'est évidemment une règle de base pour garder la forme. Malheureusement, nombre de nos enfants et adolescents, avachis durant des heures devant leur ordinateur, ont « zappé cette info ». Quant à nous, adultes (pour la plupart), nous prenons régulièrement de bonnes résolutions : « Demain j'arrête de fumer », « Demain je vais au boulot à pied », « Demain je vais à la piscine », etc. S'ensuivent alors deux possibilités : soit, le lendemain, nous remettons à plus tard, soit nous allons acheter toutes les tenues conseillées… par les maîtres du *coaching*, puis allons nous inscrire (pour un an, car on y croit !) dans le club qui possède toutes les dernières machines de torture à la mode… Seulement voilà ! Quelques semaines plus tard, nous rangeons la tenue au fond du placard en nous disant : « Le sport, ce n'est pas pour moi, et d'abord je n'ai pas le temps ! » Nous voilà redevenus fervents adeptes de Churchill qui, interrogé par un journaliste

sur les secrets de sa forme, répondit : « Cigares, whisky et surtout jamais de sport ! »
La gymnastique était pourtant et reste incontournable pour être en forme. Ainsi peut-on lire à la fin du XIXe siècle : « Dans toutes les situations de la vie, l'exercice pris jusqu'à la provocation d'une légère sueur, les frictions répétées jusqu'à ce que la peau rougisse, et les vêtements qui facilitent la transpiration produisent les plus heureux résultats. »

Marche

Quoi de plus facile ? Très bénéfique, elle devrait être régulièrement pratiquée, ne serait-ce que 30 minutes par jour.

Gymnastique facile à la maison

Même légère, toute activité physique est excellente. L'exercice le plus facile consiste à prendre les escaliers plutôt que l'ascenseur (surtout pour monter, bien sûr). Il suffit, pour se muscler sans trop d'efforts, de contracter le plus fortement possible ventre et fesses en respirant lentement. Au début, c'est un peu douloureux, mais les effets bénéfiques se font vite sentir.

Encore plus gratifiant
En grimpant, posez le pied au bord des marches (les muscles seront davantage sollicités) en gardant le buste bien droit.

Gymnastique facile en ville

Chaque fois que vous marchez, en ville ou à la campagne, contractez muscles des fesses, du ventre et du périnée. C'est un exercice facile (quoique un peu dur au début) mais spectaculaire pour se muscler… sans perdre de temps !
Autre solution : allongé sur le dos, genoux repliés sur la poitrine, posez une main sur chaque genou et poussez-les le plus

fort possible, en résistant avec les genoux. Chaque contraction doit durer 5 secondes. Sans aucun risque, cet exercice est des plus bénéfiques pour la sangle abdominale. À pratiquer chaque jour 10 minutes environ.
Ou encore : profitez d'une station debout prolongée (attente du bus, du métro ou attente aux caisses) pour contracter les genoux en les serrant l'un contre l'autre, en gardant les jambes bien serrées. Vous sentirez les muscles des jambes « travailler ». Quelques secondes après, relâchez et recommencez plusieurs fois.

Faites « d'une pierre deux coups »
Pendant l'exercice, contractez ventre et fesses. Effet garanti au bout de quelques semaines... Nos grands-mères le savaient !

Corde à sauter

Cet accessoire qui ne coûte pas cher fait un bien fou ! L'exercice proposé prend au maximum 10 minutes : comme le font les enfants, sautez, en gardant le buste le plus droit possible et les pieds joints, sans vous arrêter. Faites-le une vingtaine de fois pour commencer, en expirant et inspirant au rythme des sauts. Arrêtez quelques secondes en respirant profondément, puis faites une deuxième série. Augmentez peu à peu le nombre de sauts et de séries. Voilà une méthode aussi économique que précieuse pour muscler fesses, jambes, bras et ventre...

Eau (à boire)

La température de l'eau que l'on boit est une des bases de la santé, disait-on. Elle l'influençait même considérablement : « Au-dessous de 7 °C, c'est un breuvage astringent et hautement tonique ; à 15 °C, elle agit comme dissolvant sur les matières restées non digérées dans l'estomac et peut, à ce titre, et seule, apporter un grand soulagement à qui souffre d'indigestion ; au-dessus de 15 °C, elle relâche ; mais de 22 à 27 °C, elle constitue un excellent médicament antibileux, prise au saut du lit, à jeun. »

Cures

Le proverbe antique *mens sana in corpore sano* (un esprit sain dans un corps sain) exprime la haute idée que se faisaient les anciens de la vigueur physique et des rapports étroits entre santé du corps et santé de l'esprit. Aujourd'hui, bien des petits soucis de forme ou des « petits bobos » pourraient être évités ou soulagés par des moyens naturels qu'il est profitable de redécouvrir. La pratique des cures de nettoyage de l'organisme en est un. Cette coutume est présente dans toutes les cultures et depuis les temps les plus reculés. Des tablettes sumériennes au papyrus d'Ebers en passant par les instructions d'Avicenne ou bien plus tard d'Ambroise Paré, le nettoyage intérieur revêt, semble-t-il, la plus grande importance pour qui souhaite conserver sa santé. La tradition yogi et celle des peuples des forêts amazoniennes n'échappaient pas à cette règle, et cette observation intuitive a été largement confirmée par la science moderne.

La bonne cure comportait des rituels incontournables et précis dans les dosages, les précautions, le choix des plantes et la durée. Le tour d'horizon que voici vous donnera, je l'espère, l'envie de redécouvrir tout l'intérêt de cette « médication » empirique et bienfaisante.

Cure de printemps

Vous devez disposer de : *sauge officinale.*

On disait du printemps qu'il influence beaucoup l'être humain qui a besoin d'épurer son organisme. Quelques plantes étaient très réputées dans la pratique de cette cure. « Qui a de la sauge dans son jardin n'a pas besoin de médecin », dit le vieil adage, et les vieux Provençaux le savaient bien, qui chaque année procédaient à une cure de sept jours (en lune descendante) pour « se faire un sang neuf ». Cette tisane, préparée avec 1 bonne pincée de sauge officinale infusée 5 minutes dans une tasse d'eau bouillante, se boit à jeun, 20 minutes avant le petit déjeuner.

Secret de curiste

Les feuilles qui ont servi à l'infusion, posées chaudes sur des douleurs rhumatismales, avaient, dans nos campagnes, la réputation de les calmer rapidement.

Cure d'herbes

***Vous devez disposer de** : oseille, ortie, cerfeuil, plantain, chicorée (au choix).*

Très réputée jusque dans les années 1950, elle consiste à boire des tisanes d'herbes fraîches et tendres bien choisies, à les manger finement hachées et préparées en soupe ou en salade, ou encore à en faire une préparation nommée « suc ou jus d'herbes ».

« Pour les cures d'herbes printanières, on emploie l'oseille, l'ortie, le cerfeuil, le plantain, la chicorée, etc. Surtout utile au printemps, cette cure excite les reins, l'estomac et les intestins en faisant une sorte d'épuration, empêchant la rétention de matières non assimilées dans l'organisme. Elle exerce aussi une action stimulante et dépurative sur le sang. De plus, comme à cette époque les plantes sont jeunes et tendres, elles contiennent en plus grande quantité les principes qu'on veut en extraire. »

Jus d'herbes amer et apéritif

***Vous devez disposer de** : angélique, fumeterre, chicorée, pissenlit.*

Récupérez le jus, au mixeur ou au presse-légumes, d'une demi-poignée de tiges vertes d'angélique, 2 bonnes poignées de fumeterre, 2 bonnes poignées de chicorée, 2 bonnes poignées de pissenlit. Se boit quelques heures avant un repas. « Utile aussi dans les affections biliaires. »

Jus d'herbes tonique

Vous devez disposer de : *menthe poivrée, véronique, petite centaurée.*

Extrayez le jus d'une demi-poignée de menthe poivrée, 2 poignées de véronique, 2 poignées de petite centaurée. À boire avant le repas de midi.

Jus d'herbes rafraîchissant et diurétique

Vous devez disposer de : *pourpier, oseille, laitue, pissenlit.*

Extrayez le jus d'une poignée de chaque ingrédient. Jus « très utile pour former les urines et en faciliter la sortie ».

Cure de pissenlit

Vous devez disposer de : *pissenlit.*

Pendant huit jours, en lune descendante, prenez à chaque repas une salade de jeunes feuilles.

Petit secret

Le pissenlit est également très utile en tisane (rafraîchissante, dépurative, constipation).

Cure de bouleau

Vous devez disposer de : *feuilles de bouleau.*

Arbre sacré chez les Celtes, il symbolise le retour du printemps en Sibérie et dans toute la Russie. « Les feuilles de bouleau sont préconisées comme diurétiques ; elles sont détersives, résolutives et vermifuges. Le suc qu'on tire d'un trou fait au tronc de cet arbre avec une tarière, au printemps, avant qu'il ait poussé ses

feuilles, en mars au croissant de la lune, vers le temps que la vigne jette sa sève, a été regardé comme un préservatif excellent de la pierre des reins et de la vessie, pris au poids de trois à quatre onces (environ 120 g) le matin à jeun... Son suc, outre ce que nous avons dit, guérit les ulcères de la bouche, fait bonne haleine, et ôte les taches de peau ; mêlé dans le lait caillé, il empêche le fromage de se pourrir », *Histoire des plantes de l'Europe,* 1753.
Si vous n'avez pas de bouleau dans le jardin, vous trouverez ce nectar en bouteilles dans les magasins de produits naturels.

Secret de babouchka
La tisane de feuilles de bouleau est réputée contre les maux de ventre et les problèmes de digestion.

Cure d'ail

Vous devez disposer de : *gousses d'ail.*

On disait de l'ail qu'« il est surtout efficace lorsqu'on le mange le matin et au mois d'avril ». La rumeur en faisait l'allié de bien des maux, y compris les plus curieux. Ainsi en Provence avait-on pour habitude (sans jamais l'avouer bien sûr !) d'en conserver toujours une gousse dans sa poche pour se « préserver du mauvais œil ». Pour les gens du Sud, la cure d'ail est « bonne à tout » ; elle se pratique trois ou quatre fois par an, pendant sept jours, en lune descendante, le matin, à jeun (il faut aussi souffrir pour rester en forme !). Prenez comme un cachet, avec un verre d'eau – surtout sans mâcher, grâce à quoi vous n'aurez absolument pas une haleine « pieuse » –, une gousse d'ail pelée, coupée en petits morceaux. Pensez à enlever le tubercule central.

Secret de céréalier
Mélangé au serpolet, on le servait aux moissonneurs accablés par la chaleur du jour.

Cure d'agrumes

Vous devez disposer de : *oranges ou citrons.*

Sarah Bernhardt attribuait sa puissance de travail et le velouté de son épiderme à l'usage abondant qu'elle faisait de jus d'oranges. On disait aussi : « Après un repas, une orange désinfecte la bouche. » Elle était même réputée favoriser la sécrétion des sucs gastriques, faciliter la digestion et ramener l'appétit. « Légèrement laxative, elle vient à bout, à la longue, des constipations les plus opiniâtres. »

Petit conseil

Cette cure est très bénéfique au début de l'hiver, puis une semaine par mois jusqu'au printemps. Un citron ou une orange pressés, à boire chaque matin, à jeun, pendant une semaine.

Cure d'automne

Pour drainer, détoxiquer et préparer l'organisme aux attaques de l'hiver, cette cure se pratiquait au début de l'automne (en lune descendante bien sûr !) et de la même façon que la cure de printemps.

Cure de raisin

Vous devez disposer de : *raisin.*

Fortement conseillée dans les cas de douleurs intestinales, hémorroïdes, maladies du foie et la goutte. « On consomme par jour environ deux kilos de raisin et on s'abstient de toute autre nourriture. On joint à cela des exercices physiques. »

Il y a encore quelques décennies, de nombreuses grandes villes possédaient des stations uvales. Ces établissements saisonniers étaient très réglementés parce que très fréquentés. Ils permettaient à chacun de « faire sa cure » en se procurant, chaque jour, le précieux jus. Elle se pratiquait traditionnellement la deuxième semaine de septembre.

Vous pouvez donc, soit boire entre les repas 4 grands verres de raisin pressé par jour, soit déguster des grappes (bien rincées).

N'hésitez pas à manger la peau et à mastiquer quelques pépins, riches en oligoéléments. Le raisin traditionnellement utilisé pour ces cures était le muscat.

Conseil de médecin des campagnes

Si vous avez du courage, mangez exclusivement du raisin (autant que vous voulez) pendant un à cinq jours. Ce régime est très bénéfique pour aider à éliminer toutes les toxines. Parfois, il provoque une petite poussée de boutons, mais c'est bon signe : « C'est le mauvais qui sort ! », c'est-à-dire les toxines qui s'éliminent. Bien sûr, pensez à demander son avis à votre médecin traitant si vous envisagez une cure de plus de deux jours.

Cure d'argile

Vous devez disposer de *: argile verte, une cuillère en bois ou en porcelaine.*

Il ne fait aucun doute que les premiers adeptes de l'argile furent les animaux. Par instinct, ils soulagent leurs blessures en s'y baignant, et c'est sans doute en les observant que l'homme a découvert les pouvoirs bénéfiques de cette terre. Des études approfondies ont d'ailleurs confirmé ses nombreuses vertus : elle est tout à la fois anti-inflammatoire, cicatrisante et antiseptique. Si on connaît les bienfaits d'un masque à l'argile, on ne fait plus que rarement des cures d'« eau d'argile », pourtant autrefois réputées pour leurs bienfaits sur la peau et l'organisme. Commençons par rappeler quelques précautions :

• cette cure étant déconseillée dans certains cas, demandez à votre médecin, qui vous connaît bien, s'il n'y a aucune contre-indication ;

• réduisez huiles, charcuteries, beurre et matières grasses pendant la durée de la cure de « lait d'argile » (c'était son nom) ;

• pendant la cure, buvez chaque jour, en dehors des repas, minimum 1 litre d'eau ;

• ne pratiquez pas plus de deux cures par an ;

- se pratique au début du printemps et de l'automne ;
- il est déconseillé à une femme enceinte, du début à la fin de la grossesse, d'utiliser de l'argile sous quelque forme que ce soit.

L'eau d'argile est très simple à préparer : le soir, déposez 1 cuillerée à café d'argile verte dans un verre d'eau de source. Tournez jusqu'à complète dissolution (environ 1 minute), avec une cuillère en bois ou en porcelaine (jamais en métal). Posez le verre à proximité de votre lit. Au réveil, buvez 4 ou 5 gorgées de cette eau, pas plus, en faisant attention de ne pas trop bouger le verre : l'argile doit rester au fond du verre, et l'eau que vous absorbez être la plus claire possible.

Si vous n'en avez encore jamais fait, votre première cure ne devra pas dépasser sept jours. Ensuite, la durée normale est de vingt et un jours (jamais plus), en passant à l'équivalent d'un demi-verre à moutarde d'eau argileuse chaque matin.

Attention : les premiers jours, vous pouvez ressentir quelques légers troubles (coliques ou constipation, sueurs froides ou bouffées de chaleur, légers vertiges). Cependant, si dosages et temps sont respectés, « c'est bon signe, c'est l'argile qui tire le mal ».

Secret de verrier

Pas de verre en cristal ! L'argile le pulvériserait en quelques minutes.

La diète et ses bienfaits

Les Égyptiens, ayant cru remarquer que la plupart des maladies venaient de l'abus des aliments, avaient soin, tous les mois, de consacrer « trois jours de suite à se faire vomir et à se laver avec des clystères, pour poursuivre et saisir la santé »! Cet usage du vomitif fut abandonné chez les Romains puis de nouveau repris pour être définitivement abandonné. « Je laisse deux grands médecins après moi, la diète et l'eau », s'écria, en mourant, le docteur Dumoulin. Aujourd'hui, être à la diète signifie n'absorber que tisanes ou bouillons de légumes en cas de « dérangement », et ça fait déjà grand bien!

Jeûne

Les sages de l'Antiquité, et plus tard médecins et religieux, ont vanté la puissance curative du jeûne comme « soulageant le corps et vivifiant l'esprit… Et si on considère le mal occasionné par l'abus de la boisson et des aliments, on peut se rendre compte des avantages d'une alimentation modérée et surtout d'une abstinence d'une journée entière ». La vive sensation de faim éprouvée au début se calme, et l'on devient frais et dispos sans plus penser à manger ou à boire pendant quelques heures. Cette coutume avait pour but de conserver la « bonne santé » (elle peut se révéler utile aujourd'hui où nous sommes trop souvent suralimentés).

Important

Ces jours-là, boire beaucoup d'eau et de tisanes (thym, romarin, par exemple).

L'hydrothérapie

Dès l'Antiquité la plus reculée, on employait l'eau dans le traitement des maladies. Chez les « modernes », Floyer, Hahn et Curie furent parmi les premiers à appeler l'attention sur elle. Plus tard, cette médication fut rejetée par les esprits sceptiques puis de nouveau remise à l'honneur. C'est dire combien les traitements par l'eau ont été diversement appréciés, même si leur action mécanique et thermique est reconnue depuis toujours. Des « règles » de l'art de traiter par l'eau ont été imaginées par Priessnitz, paysan de Silésie autrichienne (aujourd'hui République tchèque). Rapidement surnommé « docteur des bains et des enveloppements humides », il fonde dans les années 1820 (dans sa ville natale de Jesenik) le premier établissement d'hydrothérapie. Des patients accourent de toute l'Europe. Aujourd'hui encore, des milliers de curistes s'y retrouvent chaque année.

Le réputé abbé Kneipp contribua lui aussi au succès des traitements par l'eau, mais le premier à avoir écrit un ouvrage scientifique sur le sujet est le professeur Winternitz. « Les bains curatifs sont un moyen de guérison si puissant et si peu dangereux qu'on pourrait y recourir plus souvent qu'à une foule de remèdes destructeurs dont on abuse beaucoup trop », écrivait-il. Nous avons longuement abordé les bains de propreté aussi nommés « bains indifférents » dans le Livre 1 consacré à la beauté et au bien-être. Les bains dits « curatifs », complets ou partiels sont eux aussi nombreux et rendent de grands services dans bon nombre de petites affections.

Affusions

« C'est un des moyens hydrothérapiques les plus simples. On ne peut installer partout une douche, tandis que l'affusion est un procédé très facile, qui n'exige qu'un récipient vide de n'importe quelle nature et un seau. Quand on irrigue le dos, on le frotte ensuite énergiquement. Les arrosages à l'eau chaude et froide sont stimulants et fortifiants. Si l'on veut une affusion douce, il faut la faire entre 37 et 30 °C. Chez les personnes excitables, on ne jette pas directement l'eau froide sur le dos mais sur les genoux et les lombes d'abord, puis sur la nuque. L'intervention ne doit pas durer plus de 3 à 4 minutes puis on doit se faire frictionner. Elles sont extrêmement pratiques, on peut même les exécuter dans les endroits les plus exigus. »

Pour le bras, « quand on a chaud et qu'on est excité, on n'a qu'à plonger les mains jusqu'aux coudes dans l'eau froide. L'arrosage agit souvent plus efficacement que le bain et il est à la portée de tout le monde ». Et pour la tête, on la tient au-dessus d'une cuvette et on l'arrose. Attention, ne faites jamais d'affusion froide de la tête !

Bain complet

La doctoresse Milève Lucci, des facultés de Zurich et de Padoue, explique (1923) : « La température a une influence énorme sur les nerfs et les échanges. La chaleur agit en dilatant, le froid en contractant ; la température excessive, dépassant celle du sang, excite et réchauffe. Les grands froids paralysent et engourdissent, tandis qu'un froid plus doux, surtout quand son action est de courte durée, a une action vivifiante et excitante. [...] Dans les affections cardiaques, il faut éviter les brusques changements de température. On peut adjoindre à l'eau du bain des plantes, des essences. Le son communique à l'eau pure un moelleux faisant du bien à la chair et la rafraîchissant. » (Autres recettes au Livre 1, « Tout pour l'hygiène et le bain », p. 93.)

Bains de bras

Dits « bains partiels », ils sont excellents contre les douleurs en cet endroit, mais aussi si vous souhaitez décongestionner la tête ou le bassin. Ils se prennent de différentes manières :

1. Plongez les bras dans l'eau froide trois ou quatre fois, successivement.
2. Faites avec de l'eau froide des frictions énergiques, suivies de frictions sèches jusqu'à rubéfaction (rougeur) de la peau. On se sert de serviettes rugueuses (lanière, gant de crin) pour frotter et réchauffer les frileux.
3. Pour obtenir la dilatation des vaisseaux, prenez-les à 43 °C, et d'une durée de 5 minutes.
4. Les bains de bras alternatifs, l'un à 43 °C et l'autre à 15 °C, excitent les vaisseaux mieux que toute autre application. Plongez le bras dans l'eau chaude durant 2 minutes, puis dans l'eau froide une demi-minute, et répétez cette opération trois ou quatre fois. Les cardiaques doivent les éviter.

Bains d'air

« Autrefois pris chez Priessnitz, il faut [les] essayer. Au sortir du bain, on évente le malade avec le peignoir et celui-ci court pour se sécher et se mettre en contact avec de nouvelles couches d'air. Un tel procédé est excessivement actif par un air matinal bien frais. » Faites attention de ne pas prendre froid !

Bains de mains

« On évite souvent les excitations cardiaques en prenant des bains de mains, et on arrive à diminuer une forte fièvre en plongeant ces extrémités pendant quelques minutes dans l'eau froide. Quand on a des palpitations avec mains froides, il faut mettre celles-ci dans l'eau très chaude. Pour appeler le sang à la périphérie, on prend des bains de bras alternatifs. »

Bains de pieds

« Ce sont les bains les plus simples et les plus usités. Pour les réchauffer vivement, il faut les plonger dans l'eau chaude qui provoque une dilatation des vaisseaux cutanés. Pour activer la circulation on les arrose avec de l'eau froide et on les frictionne. Plus on fait affluer le sang aux pieds, plus on le fait dériver des organes internes. [...] La station dans l'eau froide, pieds nus, a guéri pas mal de maux de tête alors que les poudres et les pilules étaient restées sans effet. »

Bains de sable

« Ils sont employés depuis les temps les plus reculés. On enfouit les membres malades et même le corps entier dans du sable chauffé par le soleil, puis on prend un bain de propreté. Ces procédés sont très efficaces contre les rhumatismes et la goutte. On attribue leur action bienfaisante à la chaleur uniforme fournie par le sable sur la peau et à son action mécanique. »

Bains de siège

« Ils sont très efficaces dans les maladies des femmes, c'est-à-dire dans les affections de la matrice, de la vessie, des ovaires et des trompes. Pour qu'ils aient tous leurs effets, il faut observer les règles suivantes.

1. Un bain de siège de courte durée, de 30 secondes et à la température de 10 à 18 °C, agit comme dérivatif ; on l'ordonne dans tous les cas où il faut faire affluer le sang vers le bassin et dans les cas d'atonie.

2. Un bain de siège froid d'une longue durée, de 20 minutes, agit localement et est très actif dans les inflammations chroniques pelviennes. Il faut le prendre avec beaucoup de prudence, car il peut provoquer des complications chez les femmes anémiques et nerveuses. On peut lui substituer les affusions des cuisses et les bains de bras alternatifs.

3. Le bain de siège tiède de 5 à 10 minutes et à la température de 24 à 30 °C a une action très douce et ne provoque pas de congestions ; on commence par 34 °C et on ajoute petit à petit de l'eau froide pour arriver à une température de 20 ou 16 °C ; il est très actif chez les personnes excitables et sujettes aux crampes.
4. Le bain de siège chaud, d'une durée de 10 à 15 minutes, de 37 à 40 °C s'emploie quand on veut obtenir une transsudation ; quand il faut combattre les congestions, les crampes, l'excitabilité de la vessie. Il est également ordonné contre les maladies du foie et de l'estomac. Ce bain doit être suivi d'une friction sèche énergique, d'un repos de 10 minutes ou d'un exercice.
5. Bain de siège suivi d'une affusion du ventre et des lombes. Après un bain de siège chaud, les arrosages froids à 10 °C sont très fortifiants. »

Remarque personnelle

La pratique du bain de siège est plus périlleuse aujourd'hui qu'hier puisque nos architectes, ayant oublié leurs bienfaits, ont gommé le bidet des salles de bains modernes... Un élève architecte m'a même répondu, alors que je lui en faisais la remarque : « Mais c'est normal, ça prend de la place et ça ne sert à rien puisque les vieux ne faisaient que s'y laver les pieds. » Sans commentaire.

Bains du nez

« On baigne le nez quand on prend un bain de figure. En cas de rhume, on le fait à l'eau salée ou à l'eau d'argile », p. 147.

Bains d'yeux

« Leur action est fortifiante. On les prend soit en plongeant l'une ou l'autre partie du visage dans une cuvette, soit au moyen d'une œillère emplie d'eau ou d'infusion de plantes appropriées (p. 158) et que l'on presse sur l'œil, afin de ne pas renverser le liquide. Ces bains sont d'une durée de 3 à 5 minutes et se font à une température de 22 à 30 °C. »

Boissons de santé

Amandé

Vous devez disposer de : orge, amandes douces, lait.

« Prenez deux poignées d'orge mondé (voir p. 190), faites-le bouillir. Après le premier bouillon, jetez la première eau et mettez-le dans une eau nouvelle. Faites-le cuire et dès qu'il sera bien crevé, pressez-le en l'écrasant dans une passoire. À la pulpe qu'il produira vous ajouterez deux poignées d'amandes pilées et vous délaierez le tout d'abord avec de l'eau sucrée à un demi-litre environ puis autant de lait. Si l'amandé est trop épais, on l'éclaircit en ajoutant eau et lait nécessaires. On peut remplacer l'orge par le gruau ; dans tous les cas cette préparation fournit une boisson enrichissante et agréable. »

Thé d'amandes

Vous devez disposer de : coques d'amandes douces, lait (facultatif).

« La tisane faite avec le bois des amandes douces sèches (coques) à la dose d'une demi-poignée pour un demi-litre d'eau (on laisse bouillir 10 minutes) est d'un goût exquis pouvant supporter la comparaison avec les thés les plus fins ; on peut y ajouter un peu de lait. »

Thé nervin

Vous devez disposer de : feuilles d'oranger, fleurs de tilleul.

Faites une infusion de feuilles d'oranger et de fleurs de tilleul. Sucrez légèrement. Vous pouvez y ajouter un peu de lait d'amande.

Thé indigène

*V**ous devez disposer de** : genévrier.*

« Il vaut mieux, pour la plupart des personnes, que le thé noir ou vert car il n'excite pas les nerfs. Lorsqu'il est conservé avec soin, il a un arôme délicieux. Prenez des jeunes pousses de genévrier que vous faites sécher sur une claie, puis découpez-les par petits morceaux et mettez dans une boîte hermétique. » Se prépare comme le thé.

À savoir

On trouve des jeunes pousses de genévrier, déjà séchées, en pharmacie ou en herboristerie.

Lait d'amandes

*V**ous devez disposer de** : amandes douces, lait, fleurs d'oranger, sucre.*

« On a six onces (180 g) d'amandes douces, une pinte (1 litre) de lait, quatre gros (20 g) de fleurs d'oranger et 5 onces de sucre (150 g) : on pile en pâte très fine les amandes, en jetant de temps en temps quelques gouttes de lait dans le mortier. Lorsque la pâte est devenue friable, on la jette dans le lait et on la délaie bien ; puis on passe le tout à travers un linge, on met sur le feu et on fait bouillir jusqu'à réduction de moitié ; on ne donne à cette réunion qu'un bouillon, puis après avoir passé au tamis serré, on laisse refroidir et on sert. »

Limonade gazeuse

*V**ous devez disposer de** : bicarbonate de sodium, acide citrique, huile essentielle de citron, sucre.*

« Sucrez légèrement 1 litre d'eau de manière à la rendre à votre goût mais sans trop. Prenez d'autre part 5 g de bicarbonate de sodium et 4 g d'acide citrique. Mélangez bien et introduisez brusquement dans la bouteille que vous fermez bien avec un bouchon. Aromatisez avec quelques gouttes d'une huile essentielle de citron. »

Limonade sèche

***Vous devez disposer de** : acide citrique, bicarbonate de sodium, sucre vanillé.*

On en portait toujours sur soi lors de déplacements. « Une petite quantité de sucre vanillé, 7 g d'acide citrique, 7 g de bicarbonate de sodium. Conservez dans un sachet sucre et acide citrique et dans un deuxième sachet le bicarbonate de sodium. On commence par mettre dans l'eau le contenu du premier paquet puis quand son contenu est dissous on ajoute au moment de boire le second. Il est préférable de faire les paquets à la dose d'un ou deux verres. »

Secret de bistrotier

Très rafraîchissante, elle sera encore meilleure si vous ajoutez, au moment de servir, un peu de jus de citron (1 cuillerée à soupe par verre d'eau).

Tisanes : principes de base

Véritables médications, les tisanes étaient prescrites et préparées avec le plus grand soin. Il est donc important de les employer comme telles, sans en abuser, et après avoir pris avis auprès du médecin ou du pharmacien. Si presque toutes se boivent, certaines s'utilisent exclusivement en cataplasme, pommade, friction, bains... Il n'est pas nécessaire d'avoir des dizaines de plantes différentes chez soi ; quelques-unes suffisent à rendre les meilleurs services. Voici les indications données par *La Femme, médecin du foyer* :

• **Les antiseptiques pour panser les plaies – à utiliser en cataplasmes** : arnica, chêne, noyer, sauge officinale, lierre grimpant, mauve, bardane.

• **Les aromatiques qui tonifient et excitent la digestion** : angélique, anis vert, camomille, fenouil, groseillier, hysope, lavande, menthe, oranger, serpolet, tilleul.
• **Les amères qui excitent l'appétit** : gentiane, petite centaurée, orange amère, sauge officinale.
• **Les antihémorragiques (qui arrêtent le sang)** : bouillon blanc, bourse à pasteur, ortie.
• **Les antinerveuses (qui calment les nerfs)** : oranger, primevère, verveine, valériane, giroflée.
• **Les émollientes (qui calment les inflammations)** : mauve, guimauve, bouillon blanc, graine de lin, cerfeuil, poireau, oignon.
• **Les emménagogues (qui excitent les règles)** : persil, millefeuille, matricaire.
• **Les dépuratives (qui purifient le sang)** : bardane, cresson, réglisse, sauge officinale, pensée sauvage, chicorée, noyer, pissenlit, moutarde.
• **Les diurétiques (qui font uriner)** : asperge, aspérule, bardane, menthe, chiendent, pissenlit, poireau, queues de cerises, reine-des-prés.
• **Les laxatives et purgatives** : amande, avoine, buis, capucine, bourdaine, boldo, pêcher, violette, rhubarbe, bourdaine.
• **Les pectorales ou béchiques (qui calment la toux)** : bouillon blanc, bourrache, carotte, coquelicot, eucalyptus, hysope, mélisse, serpolet, thym, dattes, figues.
• **Les vermifuges (contre les vers)** : ail, anis vert, oignons, grenadier.
• **Les toniques (reconstituantes)** : aneth, angélique, anis, camomille, gentiane, millepertuis, fenouil.
• **Les astringentes (qui resserrent les tissus)** : artichaut, aubépine, fraisier, lavande.

Considérées pendant quelques décennies comme « ringardes et réservées aux vieux », les tisanes font un retour en force. L'engouement est tel que conseils et mélanges de plus en plus nombreux, aléatoires et improvisés par des autodidactes « autoproclamés experts de la tisane bienfaisante » prospèrent et se propagent à toute vitesse. Il y a là un danger réel de s'égarer et de perdre, en très peu de temps, cet inestimable capital légué par des millénaires d'observations et de bon sens. Pour mémoire, voici les procédés et usages en vigueur il y a encore une cinquantaine d'années : « On se sert ordinairement de l'eau, soit en la jetant bouillante sur la substance employée, soit en la faisant bouillir avec cette substance pour obtenir une infusion ou une décoction. L'infusion est préférée pour les tisanes légères. Contrairement à la décoction dans laquelle on fait bouillir les matières destinées à faire des tisanes, dans l'infusion il faut verser l'eau bouillante sur les plantes et les tenir étouffées un moment (environ 5 minutes). Les feuilles, les fleurs et les tiges tendres doivent toujours être infusées. »

Recommandations

Le choix des plantes est essentiel. Leurs fraîcheur, conservation et mode de séchage sont la base des bienfaits recherchés. Une fois ramassées et séchées, elles conservent leurs vertus pendant une année. Passé ce délai, il faut les remplacer par les plantes de l'année. Il est préférable de les acheter chez des marchands de confiance.

Faites vos tisanes dans une théière ou dans un récipient prévu à cet usage, passé préalablement à l'eau bouillante.

Évitez les récipients en fer ou autre métal pour les infusions, car beaucoup de plantes contiennent du tanin qui rend, en ce cas, « le breuvage noir et peu appétissant » (privilégiez le verre ou la porcelaine).

Les préparations doivent être dosées en fonction des plantes utilisées et des effets souhaités.

Infusion

C'est la plus simple des tisanes. Les proportions moyennes sont de 2 à 3 pincées par bol d'eau bouillante (20 à 25 cl) si les plantes sont sèches, le double si elles sont fraîches. « En général, les plantes parfumées et les fleurs reçoivent l'eau bouillante et doivent infuser de 5 minutes à environ un quart d'heure. Elles ne gagnent rien à être faites à l'avance, elles perdent de leur arôme et de leur valeur. Il n'y a pas d'inconvénient à prolonger un peu la durée des infusions ou des décoctions car en les faisant trop rapidement, on s'expose à voir des tisanes de peu de valeur. »

Décoction

« Elle vaut mieux que la simple infusion pour extraire les principes fixes des racines et des bois. Elle consiste à faire bouillir durant un temps plus ou moins long ces substances dans l'eau que l'on réduit à proportion de la force que l'on veut donner aux tisanes. On fait peu bouillir les racines émollientes, le chiendent, la guimauve, la bardane. Quand on fait une décoction avec plusieurs substances qui ont besoin d'une cuisson différente, on les met successivement. On doit les passer comme les infusions. Souvent, on fait bouillir certaines substances et, à la fin de l'ébullition, on en ajoute d'autres que l'on fait infuser : c'est ainsi que l'on ajoute une pincée d'anis, de menthe, de l'écorce de citron pour aromatiser une décoction. »

Macération

« On prépare cette tisane en immergeant une ou plusieurs plantes dans un liquide froid en les laissant en contact depuis une heure jusqu'à une journée selon le cas. Parfois, il est utile de chauffer ensuite le mélange jusqu'à ébullition et on filtre. » En résumé, les feuilles, petites tiges et fleurs se préparent, sauf indication contraire par simple infusion. La décoction est nécessaire pour les bois et racines. La macération quant à elle permet d'élaborer des produits tels que frictions, cataplasmes ou lotions.

Comment les boire, quand et pourquoi

• Les tisanes chaudes sont excitantes, échauffantes, font suer et ne doivent être prises qu'en restant au lit.

• Les tisanes froides sont toniques, fortifiantes, rafraîchissantes, désaltérantes, poussent aux urines et peuvent être bues en continuant à travailler.
• Les tisanes tièdes sont calmantes, émollientes, douces, relâchantes ; ce sont les plus utiles, et celles que l'on doit le plus souvent employer.
• Toutes les tisanes amères, agissent mieux quand l'estomac est vide. Par conséquent, vous avez intérêt à les prendre à jeun ou loin des repas.
• Il ne faut pas les sucrer car elles sont alors plus difficiles à digérer.
• Celles qui sont destinées à éviter les insomnies seront absorbées au coucher, à un moment assez éloigné du repas du soir, c'est-à-dire au moins une grande heure après la fin du dîner.

En règle générale
Les sommités sont données avec plus de succès aux enfants ; les tiges dans la partie moyenne soignent les adultes ; les racines s'adressent aux vieillards.

Filtration rapide

La méthode la plus simple est la boule à thé. Pour de plus grandes quantités, utilisez soit une passoire très fine, soit un entonnoir préalablement tapissé avec un tissu de coton blanc (ou d'une feuille de papier absorbant). Pour éviter la filtration, déposez les plantes dans un tissu de coton blanc, fermez-le avec une ficelle et jeter le sachet dans le liquide. Il n'y a alors plus qu'à retirer le sachet et à le jeter une fois la tisane prête (gain de temps assuré !).

Important
Une tisane à boire ne se conserve pas plus d'une journée.

Frictions

Importante branche de l'art de guérir pendant des siècles, elles ont, elles aussi, été quelque peu oubliées ! Pourtant, on en faisait grand usage.
Du temps de Galien, on les employait contre les fièvres.
Personne n'a fait autant d'expériences sur les propriétés des frictions médicamenteuses que le docteur Chrestien de Montpellier, qui les disait utiles « pour les rhumatismes, les douleurs, la transpiration, l'insomnie, la circulation, les articulations, et la chaleur générale.
Les mélancoliques se portent mieux en usant de frictions qui leur rendent de l'hilarité si utile à la santé, en fortifiant le tissu des organes ».
Elles se pratiquent sur de nombreux endroits du corps : colonne vertébrale, bas-ventre, abdomen, jambes et bras. « Cette action médicale est souvent préférable... », disait encore le célèbre Corvisart, qui en était un fervent prescripteur.
Leur pratique est des plus simples.
« Elle consiste en des frottements plus ou moins forts et plus ou moins prolongés d'une partie quelconque de la peau.
Elles sont sèches ou humides ; les premières se font avec les mains, une brosse ou un tissu, les autres avec des huiles, des graisses, des pommades. Ce sont les plus nombreuses. »
Bien évidemment, et comme pour tout ce qui suit, l'avis de son médecin reste indispensable.

Huile pour friction : recette de base

Vous devez disposer de *: huile d'olive, plantes (au choix, voir recettes suivantes).*

Si vous voulez fabriquer une bonne huile pour friction, mettez à macérer au soleil durant quatorze jours des plantes bien choisies et bien dosées dans 30 cl d'huile d'olive. Au bout de ce temps, filtrez et conservez dans une bouteille bien bouchée (de longs mois).

Pensez-y !
La filtration devient inutile si vous déposez les plantes dans un tissu de coton blanc et que vous fermez cette bourse improvisée avec une ficelle.

Pour les paresseux

Remplacez les plantes par des huiles essentielles et les pincées par des gouttes. Bouchez bien, secouez énergiquement et conservez à l'abri de la lumière. Il faudra malgré tout patienter une semaine avant de commencer l'utilisation.

Friction contre rhumes et coups de froid

Vous devez disposer de *: eucalyptus, thym, pin sylvestre, lavande, huile essentielle de térébenthine, huile d'olive.*

Suivez la recette de base avec 6 feuilles d'eucalyptus, 3 pincées de thym, 6 pincées de pin sylvestre, 3 pincées de lavande, 12 gouttes d'huile essentielle de térébenthine.

Friction digestive

Vous devez disposer de *: basilic, menthe poivrée, thym, genièvre, sauge, huile d'olive.*

Suivez la recette de base avec 5 pincées de basilic (frais), 5 pincées de menthe poivrée, 2 pincées de thym, 20 grains de genièvre grossièrement écrasés, 3 pincées de sauge. Utilisations : foie fragile, mal de ventre, digestion difficile, ballonnements.

Friction fatigue musculaire

***Vous devez disposer de** : romarin, basilic, lavande, romarin, marjolaine, noix de muscade, millepertuis, huile d'olive.*

Suivez la recette de base avec 3 pincées de romarin, 2 pincées de basilic (frais), 5 pincées de lavande, 2 pincées de romarin, 3 pincées de marjolaine, 6 pincées de noix muscade en poudre, 5 pincées de fleurs et feuilles de millepertuis. Utilisations : crampes, courbatures, muscles fatigués, effort, torticolis, rhumatismes...

Friction « jambes légères »

***Vous devez disposer de** : genièvre, menthe poivrée, romarin, petit houx, cyprès, huile d'olive.*

Suivez la recette de base avec 5 grains de genièvre écrasés, 5 pincées de menthe poivrée, 2 pincées de romarin, 5 pincées de petit houx, 8 cônes de cyprès écrasés. Utilisations : jambes lourdes, enflées, fatiguées.

Friction calmante et apaisante

***Vous devez disposer de** : lavande, coquelicot, aubépine, pourpier, valériane, millepertuis, huile d'olive.*

Suivez la recette de base avec 6 pincées de lavande, 3 pincées de coquelicot, 5 pincées d'aubépine, 3 pincées de pourpier, 3 pincées de valériane, 2 pincées de millepertuis.Utilisation : en massage sur le plexus solaire, le soir avant d'aller se coucher.

Friction bonne digestion

Vous devez disposer de *: basilic, menthe poivrée, thym, genièvre, sauge, huile d'olive.*

Suivez la recette de base avec basilic frais, menthe poivrée, thym, genièvre, sauge, à raison d'une pincée de chaque dans 25 cl d'huile d'olive. Utilisation : en friction sur le ventre (mal de ventre, digestion difficile, ballonnements), en mouvements circulaires et dans le sens inverse des aiguilles d'une montre.

Friction énergisante

Vous devez disposer de *: menthe, feuilles d'olivier et huile d'olive ou ail et alcool camphré.*

Suivez la recette de base avec une poignée de menthe fraîche et 2 pincées de feuilles d'olivier. Filtrez grossièrement, conservez en flacon bien bouché.
Autre solution : faites macérer 6 gousses d'ail coupées en quatre deux semaines dans 20 cl l'alcool camphré (recette p. 177). Cette recette avait la réputation de « redonner force et vigueur » à tout l'organisme une fois appliquée sur la colonne vertébrale (quelques gouttes suffisent).

Secret d'athlète
Les terrassiers glissaient toujours dans leur ceinture de flanelle quelques feuilles de menthe fraîche.

Friction totale

« Le malade sortant du lit est entouré d'un drap mouillé et on le frictionne vigoureusement. Comme le brusque enveloppement du corps entier dans un drap mouillé agit fortement sur le système nerveux, on ne frotte que certaines parties, le dos et les jambes : l'effet est surprenant. »

D'autres conseils bien utiles

Photothérapie

Il y a plus de deux siècles, quelques médecins renommés, curieux de découvrir de nouveaux moyens de guérir, firent des observations qui, redécouvertes aujourd'hui, nous sont présentées comme révolutionnaires ! « La lumière colorée a une action importante sur la nutrition. La lumière solaire est puissamment vivifiante. Ni les animaux, ni les plantes ne peuvent prospérer sans ce facteur et pourtant on sait bien peu s'en servir. On sait aujourd'hui que les rayons rouges sont excitants, les jaunes vivifiants, et que les bleus et les verts sont calmants ; les jaunes excitent surtout le système nerveux. Dans les fatigues ou la mauvaise nutrition, on usera des rayons rouges ou jaunes ; dans les fièvres ce seront les verts, pas trop foncés, ou les bleus, qui sont sédatifs. On peut se procurer ces colorations de la manière la plus simple en faisant passer un faisceau de lumière blanche à travers des verres rouges, bleus ou jaunes. La lumière électrique se prête bien à cet usage. »

Petit secret
Au IIIe millénaire, si on veut essayer, on peut soit investir dans des appareils très coûteux, soit simplement acheter des ampoules colorées !

Vêtements, choix des couleurs

Hippocrate disait que l'homme est double (*homo duplex*) et il ajoutait : « Il faut le savoir traiter au physique et au moral. » Or le choix des couleurs a, disait-on, une grande influence sur la bonne mine et sur le moral ! Les auteurs populaires avaient une idée précise sur la manière de les choisir. « Le bleu clair est très favorable aux blondes, parce que c'est la couleur complémentaire du pâle orangé, base de la couleur blonde. Le jaune, l'orange, le rouge conviennent aux brunes parce que ces couleurs, par leur contraste avec la couleur brune des cheveux et du teint, les font ressortir dans leur plus grand avantage, leur servant en quelque sorte de repoussoir et enrichissant la nuance des cheveux noirs. Un vert clair délicat va bien également aux blondes à teint rosé, parce qu'il ajoute à la délicatesse d'un tel teint, le rouge, sa couleur complémentaire, étant réfléchi par le vert. La même nuance, par exemple, est très défavorable aux teints vermeils, parce qu'il en accroît l'éclat, produisant l'effet d'un échauffement exagéré. Le bleu ne saurait convenir aux brunes parce que réfléchissant l'orange, il ajoute à la nuance foncée du teint. »

Assainir l'eau

***Vous devez disposer de** : pierre d'alun.*

Lorsque vous partez en voyage dans un pays connu pour son eau courante mal assainie, n'hésitez pas à y plonger un morceau de pierre d'alun ou de l'alun en poudre. Comptez 1 cuillerée à café pour 1 verre, mélangez. « Après quelques minutes, les dépôts et autres impuretés seront visibles au fond du verre. »

Important

Cette astuce n'est valable que pour améliorer le goût et enlever certaines impuretés, pas pour aseptiser entièrement l'eau.

Bouillotte

Complètement passée de mode (quoiqu'elle recommence à faire un retour en force !), elle rendait de bons et loyaux services. L'ouvrage *La Femme, médecin du foyer* la décrit ainsi : « C'est un objet très pratique qui ne doit jamais manquer dans aucun ménage. Rien ne calme autant les douleurs de toutes natures qu'une chaleur continue, qu'elles soient aux dents, aux articulations ou au ventre, et rien n'est plus facile que l'emploi d'une simple bouillotte. »

Fraîcheur de l'haleine

Vous devez disposer de *: anis.*

Mâchez quelques grains d'anis. « Ils agissent si vite sur la muqueuse buccale qu'ils amènent un afflux abondant de salive et répandent une sensation de fraîcheur des plus agréables. »

Manque d'appétit

Vous devez disposer de *: vin rouge, gentiane.*

Laissez macérer sept jours 20 g de racine de gentiane et 2 cuillerées à soupe de sucre dans 1 litre de vin rouge puis filtrez. Prenez-en un verre à liqueur avant le repas. Voir aussi p. 158.

Se rafraîchir rapidement

Si vous avez très chaud, trempez les mains jusqu'aux coudes dans une eau froide (lavabo ou bassine) pour éprouver aussitôt bien-être et fraîcheur… À renouveler, sans modération !

Les produits laitiers sont nos amis
Si l'on veut rapidement se réchauffer, il faut boire un verre de lait (chaud ou froid) et, si l'on veut se rafraîchir, il faut manger un yoghourt (nature).

Oreiller bienfaisant

Facile à confectionner, il se compose de balles de blé (en magasins de produits naturels), d'avoine, d'orge, de froment ou d'épeautre. Il s'adapte complètement à la position de la tête et soutient les cervicales. Antiacarien, antimicrobien, « il est excellent et bien meilleur que les oreillers de plume qui donnent trop de chaleur à la tête ».

Fumigations

Pourquoi ne pas retrouver la méthode la plus simple, la plus économique et la plus naturelle pour tuer les microbes et assainir une pièce ? L'opération consiste à répandre des vapeurs de plantes. Faites bouillir une grosse casserole d'eau, jetez-y une poignée de plantes et « promenez » la casserole dans la pièce. Les fumigations les plus employées étaient désinfectantes et désodorisantes (romarin, citron, eucalyptus, thym, laurier…).

Gargarismes

« Médicament liquide qu'on garde dans la bouche et dans la gorge en l'agitant par des mouvements de langue, des joues et par l'action de l'air venant du larynx. On le rejette ensuite sans l'avaler. Ils sont employés dans les maladies de la bouche et de la gorge (angine) ou pour conserver haleine fraîche ou dents saines. Ils peuvent être : antiseptiques (lavande, menthe), adoucissants (racines de guimauve, feuilles de ronce, miel), calmants, astringents (citron, alun). »

Inhalations de vapeur

« Elles consistent à introduire dans les voies respiratoires des vapeurs (eucalyptus, menthe, romarin, thym, laurier) en les aspirant par le nez et par la bouche. À défaut d'inhalateur, on se sert d'un bol ordinaire sur lequel on place un cornet de papier fort, plissé en accordéon. On ne doit pas négliger de se gargariser ensuite avec de l'eau fraîche et au besoin d'arroser la nuque avec de l'eau à 24 °C. S'il y a congestion froide de la tête, faire une affusion froide des genoux. »

La lavande et ses bienfaits

Elle serait originaire de la Perse, et il n'y a encore pas si longtemps, elle rendait des services autrement plus importants que de parfumer un sorbet ou, pire, de finir dans un plat de cuisine moléculaire. Pline l'Ancien et Dioscoride, dès l'an 1, la classent parmi les plantes les plus précieuses. C'est le remède par excellence des petits maux. En témoignent les études scientifiques récentes qui, une fois de plus, confirment l'empirisme de ses nombreuses utilisations. Elle est antiseptique, cicatrisante, bactéricide, parasiticide, diurétique, antispasmodique, antirhumatismale. Elle a aussi la réputation de soulager des insomnies, des indigestions, des maux de tête, des infections respiratoires, des douleurs musculaires.

On l'emploie en tisane (1 pincée par bol d'eau bouillante qu'on laisse infuser 5 minutes) contre l'insomnie, la nervosité, l'agitation, les cauchemars, les difficultés d'endormissement, les problèmes de digestion, etc.

On en prend des bains qui « chassent la fatigue » : mettez-en 1 poignée dans un gant de toilette fermé avec une ficelle. Jetez-le dans la baignoire, faites couler de l'eau brûlante d'abord pour faire infuser, puis à température du bain. On peut se passer le gant de lavande sur tout le corps avant de sortir du bain, ça fait un bien fou !

Dans les cas de rhume, bronchite, rhume des foins, fièvre ou fatigue, on adjoint des inhalations aux tisanes.

L'huile de lavande était réputée en lotions, compresses ou massages contre petites brûlures, eczéma, rhumatismes, douleurs musculaires, maux de ventre. On la fabrique en mettant à macérer deux semaines au soleil une bonne poignée de fleurs sèches ou fraîches dans 30 cl d'huile d'olive. Filtrez en exprimant bien, mettez en bouteille et utilisez « à volonté ».

Quant à sa teinture, elle servait en friction sur le cuir chevelu pour le tonifier, en compresses contre les coups ou douleurs et en bains de bouche (1 cuillerée à café pour un verre d'eau) pour affermir les gencives, pour l'haleine et comme antibactérien. On la fait en laissant macérer neuf jours une poignée de fleurs sèches ou fraîches dans 20 cl d'eau-de-vie blanche ou de rhum blanc. Filtrez en exprimant, conservez en bouteille, à l'ombre.

Le chou et ses bienfaits

Dans l'Antiquité, on tenait ce légume en grande estime : c'était le grand protecteur de l'ivresse (encore fallait-il en manger une feuille crue avant chaque banquet). Mythe ou réalité, ce qui est sûr, c'est que cette coutume subsiste aujourd'hui en Russie et en Europe de l'Est. Caton l'Ancien, les Celtes, Hippocrate, tous le recommandent pour soigner blessures, éruptions, douleurs, cœur, estomac, rhumatismes, psoriasis, cors, verrues... Serait-ce une panacée ? Ne rêvons pas, ça se saurait ! Pourtant, dans bien des cas, ses effets sont curieux.

Voici une recette d'une simplicité déroutante : prenez une feuille de chou bien vert (sans pesticides) rincez-la, écrasez-la un peu avec la main puis appliquez sur la région douloureuse ou infectée 20 minutes environ. Pourquoi ai-je mentionné des effets curieux ? Parce que, rapidement, votre feuille bien verte va devenir... complètement noire ! « Elle a tiré le mal », disait-on.

Dans les cas de forte migraine, on faisait cuire la feuille 5 minutes avant de l'appliquer sur la tête comme un casque.

Pour les douleurs rhumatismales, sciatiques, arthrite, on trempait 3 feuilles dans de l'eau bouillante, puis on appliquait les trois épaisseurs (bien chaudes) et on recouvrait de laine.

Certains l'ont même essayé (il y a longtemps !) pour guérir les extinctions de voix. Il rend bien d'autres services, mais la liste serait trop longue... Alors, à vous maintenant de redécouvrir, si ça vous intrigue, ses multiples usages... Y compris en potée ou en choucroute.

L'olivier et ses bienfaits

Son histoire se confond avec celles de toutes les civilisations du bassin méditerranéen. Cet arbre « immortel » serait apparu, sous une forme sauvage, il y a plus de dix mille ans. En attestent des feuilles fossilisées retrouvées dans le sud de l'Italie, de la Grèce ou de la France (vous pouvez en admirer une au musée de l'olive, à Nîmes). À son sujet, on disait : « Là où il renonce, la Méditerranée finit. » S'il est omniprésent dans les mythologies grecque et romaine, l'Égypte l'avait presque érigé au nombre des dieux. Vénéré, il était symbole de paix, de sagesse, de longévité et d'espérance. « Tout est bon chez lui, il n'y a rien à jeter », que ce soit son bois (éclairage), ses feuilles (médecine et beauté), ses fruits (nourriture).

Si je ne connais rien de meilleur que des olives de Nyons à l'apéritif, je ne peux passer sous silence quelques recettes de la tradition populaire. En voici quelques exemples, au hasard de mes lectures et de mes souvenirs.

Vous êtes constipé ? N'hésitez pas une seconde : prenez 1 cuillerée à soupe d'huile d'olive (la vraie, c'est-à-dire celle qui est encore un peu trouble et qui a été pressée selon les méthodes traditionnelles pour lui conserver tous ses bienfaits). Bien sûr, la cuillerée à soupe, elle se prend à jeun !

Plus surprenant : si vous êtes pris de coliques, buvez aussi de l'huile d'olive.

Plus classique : pensez à en assaisonner chaque jour vos salades. Nos grands-parents en mettaient toujours 1 cuillerée dans la soupe du soir pour bien digérer.

Si vous devez faire un repas un peu arrosé, « tapissez donc les parois de l'estomac, ça empêche à l'alcool de monter à la tête ». Pour cela, avalez-en un demi-verre 20 minutes avant le début du repas.

Vous avez mal au dos, aux reins, faites-vous frictionner avec de l'huile d'olive. Vous avec les articulations un peu bloquées, les muscles douloureux après une séance de sport ? Faites comme les athlètes de l'Antiquité : friction à l'huile d'olive.

De la tête aux pieds, l'huile d'olive vous procurera ses bienfaits. Peau grasse, fatiguée, cheveux abîmés, pieds secs ou rugueux, ongles cassants, toutes les femmes de l'Antiquité l'utilisaient pure ou en onguent.

Pour ce qui est de la santé, de récentes études ont confirmé son usage empirique : les feuilles aident à réduire le taux de sucre

dans le sang. Des cures régulières semblent donc bénéfiques en cas d'hypertension. Pour faire une décoction de feuilles, il suffit d'en déposer 1 poignée (sèches ou fraîches) avec 1 litre d'eau dans une casserole. Portez à ébullition puis laissez cuire à feu doux et à couvert environ 5 minutes. Ôtez du feu et laissez infuser, toujours à couvert, minimum une heure. Buvez par tasses, tout au long de la journée, entre les repas.
La même décoction rend aussi bien des services en cas de fièvre ou pour nettoyer une petite plaie (on peut alors y ajouter une pincée d'écorce).

Le poireau et ses bienfaits

Non, vous ne rêvez pas ! Ce légume bien discret est aussi une médication qui remonte à la plus haute Antiquité. Ses usages sont innombrables, et la médecine populaire en a fait l'allié de nombreux petits maux qui nous empoisonnent la vie... Les poisons, parlons-en justement. Contre morsures et brûlures, on l'appliquait en cataplasme et en compresse. Les auteurs antiques nous rapportent que Néron en mangeait en quantité pour éclaircir sa voix, et l'école de Salernes le prescrit contre les saignements de nez et pour rester en forme (cures). Bien plus tard, on le dira antiseptique, diurétique, pectoral. Il serait aussi bénéfique pour les reins, l'intestin, la toux, le rhume, les piqûres de guêpes, les panaris et l'obésité. Matthiole, médecin réputé de la Renaissance, le recommande pour « faire un bon ventre et faire pisser ». Ses nombreux bienfaits ne sont plus à prouver, et sa préparation est des plus simples.
Pour le bouillon : faites bouillir pendant une heure, à petit feu, 5 ou 6 poireaux dans 1 litre d'eau non salée. Boire à volonté ou appliquer en compresse sur les parties à soulager.
Pour les cataplasmes : faites cuire à feu doux deux ou trois blancs de poireaux coupés en petits morceaux dans 2 cuillerées à soupe d'axonge (saindoux). Écrasez bien le tout pour obtenir une pâte qui s'applique bien chaude (boutons, furoncles, etc.).

Purgatifs

Toutes les plantes qui agissent par irritation sur la muqueuse de l'intestin en la faisant sécréter sont des purgatifs. « Un verre d'eau fraîche pris le matin à jeun à petites gorgées est aussi un moyen très pratique pour vaincre la paresse de l'intestin et il a en même temps le sérieux avantage de laver la bouche et le pharynx, de faciliter la sécrétion du suc gastrique et d'agir favorablement sur le système nerveux. Pour augmenter ces effets, il est bon d'avaler de temps en temps, et auparavant, 1 cuillerée à bouche de miel vierge. Le mélange d'eau et de miel a une action surprenante ; mais pour ne pas l'empêcher, on ne doit déjeuner qu'une heure après. Il faut éviter de donner à jeun de l'eau fraîche et du miel aux estomacs sensibles et acides. »
Ou encore : avalez 2 cuillerées à soupe de jus de bourrache et de chicorée en parties égales (le matin à jeun).

Rumeur

« Ceux qui se nourrissent de beaucoup de légumes verts et de salades n'ont pas besoin de recourir aux purgatifs. »

Tonifier ou drainer

Lorsqu'on voulait tonifier ou nettoyer l'organisme, l'usage voulait que cela se fasse en lune croissante.

Aphrodisiaques

Vous devez disposer de *: clou de girofle, cannelle, muscade, galanga, angélique, poivre blanc, santal, bois aloès, gingembre, cardamome, nard des Indes.*

De tout temps, ils ont existé ! Les plus réputés étaient les huîtres, les œufs, le poivre, la cannelle, la girofle, le gingembre, la muscade, la truffe et le piment. Quant à la « poudre d'allégresse, bonne pour les deux sexes », en voici la recette tirée du *Traité du fouet* et retranscrite sans aucune modification. Dans un mortier mettez : pour 3 parts de clou de girofle, cannelle, muscade, galanga, angélique, macis ; pour 2 parts de poivre blanc, santal, bois aloès ; pour 1 part et demie de gingembre ; pour 1 part de cardamome, nard des Indes. Réduire le tout très finement en poudre. Une ou deux pincées ajoutées dans l'assiette à bouillon, dans le verre de vin ou dans tout aliment solide ou liquide prépareront votre convive à de chauds ébats…

Confidence de gandin

La laitue est anaphrodisiaque !

Gueule de bois (aïgo boulido)

***Vous devez disposer de** : ail, sauge, huile d'olive, pain.*

Saviez-vous que les Égyptiens avaient mis l'ail au nombre des dieux et que les Romains en faisaient prendre à leurs soldats pour les « animer » au combat ? Rien de tel que l'aïgo boulido en cas de gueule de bois… C'est LE remède des lendemains de fête. Plongez 8 à 10 gousses d'ail pelées dans 1 litre d'eau bouillante. Laissez cuire environ 10 minutes à couvert. Salez légèrement, ajoutez 1 petite branche de sauge officinale puis laissez cuire à feu doux encore 5 minutes et à couvert. Dans une assiette à soupe, déposez 1 tranche de pain de campagne puis versez du bouillon et quelques gousses d'ail (3 ou 4). Poivrez légèrement, ajoutez 1 cuillerée à soupe d'huile d'olive. Si la situation est grave, n'ajoutez rien de plus, contentez-vous de manger toute la soupe, y compris l'ail… et rien d'autre !

Pharmacie des familles

Petit zoom sur les incontournables et indispensables produits de l'armoire à pharmacie de nos ancêtres. Ils soulageaient bien des petits maux, en attendant l'avis d'un homme de l'art. Voici les formules des préparations les plus simples et les plus souvent utilisées.

Teinture de calendula

Vous devez disposer de : *fleurs de soucis, alcool neutre, un flacon.*

Les enfants qui s'étaient égratignés les genoux, les coudes ou le menton en tombant dans la cour de récréation étaient conduits à l'infirmerie pour être « soignés à l'alcool de souci ». On l'utilisait sur une compresse, pur ou dilué dans un peu d'eau bouillie (petites plaies, boutons, piqûres…) pour désinfecter et accélérer la cicatrisation. Faites macérer vingt jours au soleil et en remuant régulièrement le bocal, 50 g de fleurs sèches de soucis (ou 100 g de fleurs fraîches) dans 30 cl d'alcool à 70 % vol. (en pharmacie). Filtrez, conservez à l'ombre et bien bouché (*Codex medicamentarius,* 1868).

Teinture d'arnica

Vous devez disposer de : *fleurs d'arnica, alcool neutre, un flacon.*

L'arnica, plante d'altitude aux propriétés anti-inflammatoires, était préconisé en usage externe pour soulager hématomes et contusions, ecchymoses, douleurs musculaires et articulaires. On l'applique, suivant les cas, en compresses étendues d'eau ou en massages légers. Faites macérer pendant dix jours 100 g de fleurs d'arnica dans 50 cl d'alcool à 60 % vol. (pharmacie) ; passez avec expression, filtrez, conservez en bouteille bien bouchée (*Codex* de 1866).

Huile de millepertuis

Vous devez disposer de : *huile d'olive, eau-de-vie, millepertuis, un flacon.*

Sa place était privilégiée. Elle rendait les meilleurs services pour aider à soulager toutes sortes de petites blessures telles que brûlures légères, écorchures, meurtrissures. Sa recette est des plus simples. Laissez macérer ensemble pendant quatorze jours, à température ambiante, 50 g de fleurs fraîches de millepertuis (ou 100 g de fleurs séchées) dans 25 cl d'huile d'olive et 25 cl d'eau-de-vie. Au bout de ce temps, filtrez avec expression et conservez dans une bouteille bien bouchée. Sa jolie couleur rouge vous surprendra (Dorvault, 1866) !

Alcool camphré

Vous devez disposer de : *camphre, alcool neutre, un flacon.*

Raspail fut son plus fidèle défenseur, l'estimant « bon à tout ». Les apothicaires le nommaient aussi « esprit de camphre ». Faites dissoudre dans une bouteille bien bouchée 50 g de camphre dans 45 cl d'alcool à 90 % vol. Secouez fortement la bouteille (*Le Bon Médecin,* 1927).

Les indications étaient multiples, par exemple : « En friction : on en remplit le creux de la main que l'on promène sur les surfaces qui correspondent au siège de la douleur. Pour les personnes maigres et les malades de la poitrine, on doit l'étendre d'assez d'eau pour la ramener à 18 % vol. En compresse : on en verse une quantité suffisante dans une assiette ou une cuvette et l'on imbibe un linge ployé en quatre qu'on se hâte d'appliquer à froid sur la surface à soulager, pour éviter que l'alcool ne passe dans les linges. On recouvre la compresse d'un mouchoir. D'après la médication de Raspail et bien des expériences, c'est un remède qu'on applique avec efficacité à toute maladie qui n'est due qu'à une cause accidentelle. »

Le vinaigre des quatre voleurs

Vous devez disposer de *: vinaigre d'alcool, absinthe, romarin, sauge, menthe, rue, lavande, calamus, cannelle, girofle, muscade, ail, camphre, acide acétique.*

Il a fait des merveilles en son temps. Son histoire remonte à l'époque de la grande peste de Marseille (1720). Chaque jour cette épidémie décimait un peu plus la ville. Personne n'était épargné, sauf... quatre brigands qui pillaient les habitations sans jamais être contaminés. Les autorités finirent par arrêter les voleurs qui n'eurent la vie sauve (ils devaient être décapités) qu'à l'aveu de leur secret : s'ils n'avaient pas succombé à cette horrible maladie, c'était grâce à une lotion de leur composition dont ils s'enduisaient le corps. Très vite, la formule fut ajoutée au codex, et les apothicaires la vendirent en grande quantité comme antiseptique. Son utilisation au cours des siècles a permis de découvrir ses nombreuses vertus. En voici la formule. Faites macérer dix jours 20 g de grande absinthe, petite absinthe, romarin, sauge, menthe, rue, lavande ainsi que 3 g de calamus, cannelle, girofle, muscade, ail dans 1 litre de vinaigre blanc. Passez avec expression. Ajoutez 5 g de camphre dissous dans 20 g d'acide acétique ; filtrez.
« Ce vinaigre est employé comme préservatif des maladies contagieuses. On s'en frotte les mains et le visage ; on en brûle dans les appartements, on en garnit des flacons pour aspirer dans les syncopes » (*Codex* de 1866).

À titre préventif

Les médecins les plus reconnus prescrivaient également une tisane de thym, chaque matin, du début de l'automne jusqu'à la fin du printemps. Pourquoi ne pas essayer aussi à l'approche d'une pandémie annoncée car « si ça fait pas de bien, ça ne fera pas de mal ».

Et aussi

Baume charitable, p. 229, baume samaritain, p. 192, eau carminative, p. 216, huile d'ail, p. 189, huile de bruyère, p. 191, huile d'eucalyptus, p. 230, huile camphrée, p. 209, huile de lavande, p. 170, liniment oléocalcaire, p. 220, liqueur Wiediaur, p. 189, lotion antimoustique, p. 226, lotion antipoux, p. 227, miel rosat, p. 76, teinture de lavande, p. 170, thé pectoral, p. 233, thé Saint-Germain, p. 198, vin de santé de M. Clément, p. 188, vinaigre camphré, p. 186.

En attendant le médecin

L'état de la santé parfaite pourrait être défini comme l'exercice libre et facile de toutes les fonctions nécessaires à la conservation de la vie.

« La santé est le patrimoine que chacun a le plus intérêt à conserver, ce qui explique la tendance de l'homme à rechercher la lecture des livres de médecine publiés en termes faciles et compréhensibles pour chaque intelligence. » Qui a écrit cette jolie phrase ? Hippocrate bien sûr ! Cela comporte cependant plusieurs dangers. De telles lectures peuvent entraîner une tendance à l'hypocondrie. Pire, certains lecteurs peuvent très vite s'imaginer « savants-sachants » sans pour autant avoir suivi la longue et indispensable formation pour devenir médecin. Enfin, le risque est aujourd'hui amplifié par l'instantanéité d'Internet où l'on trouve, « en vrac », thérapeutiques et diagnostics dangereux, non contrôlables et non contrôlés quant à la compétence du prescripteur et à la validité de l'ordonnance et des remèdes. Pour ces raisons, notre exploration du meilleur de la « médecine des familles » n'a retenu que des solutions de bon sens, administrées souvent avec succès depuis des générations.
Bien sûr, nous ne le répéterons jamais assez, ces vieux remèdes, trucs et astuces ne dispensent pas, loin s'en faut, de consulter un médecin, seul habilité à établir diagnostic et traitement.

« La santé, c'est le silence des organes » (Paul Valéry).

Abcès

On peut contribuer à le faire avorter par des compresses d'eau oxygénée ou d'alcool à 90 % vol. étendu d'eau par parties égales, de pansements humides très chauds, ou des cataplasmes de poireaux cuits au four pour faciliter la sortie du pus quand l'inflammation persiste. On peut aussi appliquer un gros oignon cuit sous la cendre (ou au four). Le cataplasme de mie de pain de seigle délayée dans du lait était également très en usage.

Acné

Pour combattre ces boutons disgracieux, on doit commencer par « dépurer son sang », avec beaucoup de tisanes de pissenlit, de cresson ou de chicorée.

Secret d'apothicaire

Pour éviter qu'ils ne s'infectent, on trempe un Coton-Tige dans de la teinture de calendula (recette p. 176) et on applique sur les boutons.

Aérophagie, flatulences

Vous devez disposer de *: huile d'olive, basilic (frais), estragon (frais), cumin, huile essentielle de citron.*

Il est aujourd'hui bien connu que féculents, choux, boissons gazeuses ou repas trop vite avalés provoquent parfois des désagréments. Rabelais le savait bien, qui en fit une truculente tirade (*Pantagruel*, chapitre XXXI). Il est heureusement une bonne vieille recette qui soulage rapidement : versez 20 cl d'huile d'olive dans un bocal à couvercle. Ajoutez 6 branches de basilic bien frais, 3 branches d'estragon bien frais aussi, 10 gouttes d'huile essentielle de citron et 3 cuillerées à café de cumin. Bouchez, laissez macérer sept jours en secouant régulièrement. Filtrez. « Massez le ventre en mouvements circulaires, dans le sens inverse des aiguilles d'une montre chaque fois que nécessaire. »

« Âge critique » (ménopause)

« On entend par âge critique l'époque de la cessation des règles chez les femmes. En général, plus la menstrue est apparue jeune, plus la cessation est précoce. Le plus souvent, la femme passe cette période sans s'en apercevoir. Les règles s'éloignent d'elles-mêmes, réapparaissent de temps à autre, puis finissent par disparaître complètement. Mener une vie régulière et éviter la constipation sont le gage de traverser cette période sans incidents. Les purgatifs [p. 174] sont recommandés ainsi que les tisanes de sauge, menthe, tilleul, feuilles d'oranger, en cures de sept jours et en alternance ; en cas de pertes trop abondantes, écorce de chêne ou bourse à pasteur en infusion », J.-A. Goulin, 1846.

On recommandait aussi des bains de pieds réguliers. Des cataplasmes de moutarde sur les cuisses et les mollets étaient jugés comme d'excellents moyens de combattre les congestions et établir une bonne circulation du sang.

Agitation

« On la reconnaît par un afflux de sang au cerveau, aux palpitations, au brillant des yeux. Essayez des compresses froides [p. 197] aux mollets, au front et au cœur. »

Aigreurs d'estomac

Vous devez disposer de : *rhubarbe (poudre), bicarbonate de sodium, sucre, menthe.*

Cette indisposition n'a pas besoin d'être définie. Ceux qui s'en trouvent atteints sauront de quoi je parle. La « potion absorbante », une des spécialités de nos grands-mères, se prenait à la dose de 2 cuillerées à café trois fois par jour :

Mêlez 5 g de rhubarbe en poudre (en herboristerie) à 1 g de bicarbonate de sodium, 20 g de sirop de sucre et 125 g de décoction forte de menthe. Remuez.

Confidence
Une infusion de menthe ou de camomille après le repas sera aussi d'un très bon réconfort.

Algidité (mains ou pieds froids)

Le refroidissement des pieds et des mains est simple à soulager : massage et frictions (p. 162) à l'alcool et au gant de crin. « L'emploi de chaussettes de laine fine saupoudrées en dedans de farine de moutarde est du meilleur effet. »

Ampoules

Il faut bien se garder de déchirer et enlever la peau soulevée. Les remèdes maison étaient nombreux. Voici les plus prescrits :
- appliquez des compresses d'eau ou de plantes écrasées telles que millepertuis, fleurs de sureau, mélilot ;
- déposez quelques gouttes d'huile essentielle de lavande sur une gaze et appliquez sur l'ampoule. Maintenez avec un pansement aéré pour que l'ampoule sèche rapidement.
- collez directement un morceau de sparadrap (surtout sans gaze) sur l'ampoule, quelle que soit sa taille. « Lorsque le sparadrap se décollera de lui-même, l'ampoule aura disparu ; vous n'aurez jamais eu mal, même avec des chaussures neuves » (*dixit* les chanoines du Grand-Saint-Bernard).

Anémie

Vous devez disposer de : *angélique.*

Surnommée « plante du Saint-Esprit » l'angélique était très employée dans la médecine ancienne. C'était même la préférée de Paracelse. Elle tomba un peu dans l'oubli et réapparut à la fin du XIXe siècle. Fort réputée comme tonique, elle se boit en tisane, mais jamais sur de longues durées au risque de devenir excitante : jetez 3 pincées de racines coupées dans un bol d'eau bouillante. Laissez infuser 10 minutes et prenez une tasse après chaque repas.

Secret d'apothicaire
Lorsque l'anémie est temporaire, optez pour des décoctions de bois de quinquina.

Angine

***Vous devez disposer de** : eau salée, ou guimauve, citron, ronces et romarin, ou moutarde.*

Tout d'abord, restez bien au chaud. Ensuite, pensez aux gargarismes d'eau très salée, plusieurs fois par jour ; aux infusions de guimauve, citron, ronces et romarin à parts égales ; aux cataplasmes de moutarde (p. 194) sur gorge et cou. Enfin, si les symptômes persistent, consultez un médecin !

Secret de grands-mères
Elles aidaient à « résorber le mal » en trempant un linge dans l'eau la plus chaude possible. Elles l'essoraient et l'appliquaient sur la gorge jusqu'à refroidissement. Elles trempaient ensuite le linge dans de l'eau froide, essoraient, appliquaient sur la gorge et entouraient le cou d'une écharpe en laine. « À garder jusqu'à ce que ça devienne trop désagréable. Répéter 3 à 5 fois à bonne distance des repas. »

Antiseptique, vinaigre camphré

***Vous devez disposer de** : vinaigre d'alcool, camphre.*

« Le vinaigre camphré comme antiseptique est un des meilleurs et des plus usités », précise J. Morin (1824). Pour le fabriquer, versez 1 bonne cuillerée à soupe de camphre dans 20 cl de vinaigre d'alcool. Fermez la bouteille et remuez. Laissez macérer sept jours, à température ambiante, en remuant chaque jour pour bien faire dissoudre le camphre.

Anxiété

Nos grands-mères avaient un truc pour ça aussi ! Si vous êtes anxieux, émotif, angoissé, voire un peu déprimé, faites comme elles : gardez dans la bouche une feuille de sauge et avalez plusieurs fois votre salive.

Apaiser douleur et nervosité

Déjà, dans l'Antiquité, on considérait les massages légers comme un bon moyen soit d'apaiser la douleur, soit d'obtenir le calme général. Cette pratique étant tombée dans l'oubli, il m'a paru intéressant de vous révéler les conseils de *La Femme, médecin du foyer* : « En ayant le calme absolu dans l'esprit et la ferme volonté de procurer du soulagement, on place l'une des mains (chaude, propre et non humide) sur le front, et l'autre sur la partie endolorie. Lorsqu'on a affaire à un état de surexcitation générale, on prend les mains du patient et tandis qu'on les tient fermement, on lui parle doucement, lentement ; puis, lorsqu'il a obtenu un peu de calme, on cesse de parler et l'on passe, à plusieurs reprises, la main sur la tête et le front, ou bien sur les bras, de haut en bas. Par ce procédé, on peut parvenir maintes fois à calmer les personnes exaltées et même les endormir. [...] Et maintenant, nous donnerons quelques exemples d'applications du massage, susceptibles d'être pratiquées par toute personne qui a le désir de donner du soulagement à un proche. Le massage dorsal peut être appliqué en cas de fatigue extrême, de douleurs lombaires. On pratique des passes douces de la nuque jusqu'aux omoplates, à l'aide de la pulpe des trois doigts du milieu, puis avec les pouces. Puis on procède à des passes plus énergiques, tout le long de la colonne vertébrale jusqu'aux reins et aussi sur les côtés, avec la paume de la main, sur les omoplates et les côtés. Dans les douleurs des reins, le massage du sacrum avec la paume de la main est très salutaire. Le massage simple de l'estomac consiste en ceci : on passe la paume de la main sur la région stomacale, de gauche à droite, en appuyant plus ou moins, et en changeant de main de temps en temps. Lorsqu'on a affaire à une dilatation de l'estomac par des gaz, on arrive à le dégager par ce procédé, fait très salutaire, qui a pour résultat de ramener immédiatement l'appétit.

« Il faut éviter avec soin de masser dans le sens contraire, ce qui s'opposerait au fonctionnement normal de l'organe.

« La palpation du foie et de la rate est fort utile en cas de ballonnement intestinal, de constipation, de coliques intestinales, de manque d'appétit. On la pratique comme suit : on applique la paume des deux mains dans la région des flancs, de façon que la pulpe digitale touche de chaque côté la colonne vertébrale. Puis, on masse en avant, dans la direction du nombril, en appuyant assez profondément avec les quatre doigts. On peut pratiquer debout ou couché. Mais on ne saurait bien exécuter qu'après avoir acquis une certaine habitude. »

Appétit (manque d')

Vous devez disposer de *: vin blanc, cerfeuil, petite centaurée, miel.*

L'emploi de serpolet, thym, anis, hysope, menthe, lavande, mélisse stimule l'estomac et excite l'appétit. Quant au vin de santé de M. Clément, il « débarrasse l'estomac des humeurs glaireuses et donne de l'appétit ». Pour en faire l'expérience, prenez 1petite poignée de cerfeuil et 3 pincées de petite centaurée; faites infuser sept jours dans 1 litre de vin blanc. Faites bouillir 30 g de miel dans 25 cl d'eau de source, en ayant soin d'écumer, mêlez le tout et laissez ensemble 24 heures. Filtrez. Prenez un demi-verre à liqueur de cette préparation avant chaque repas.

Conseil de médecin des campagnes

Les personnes qui manquent d'appétit ne doivent jamais se forcer à manger.

Aphonie

Inhalations (p. 169) bien chaudes d'eucalyptus, suivies de compresses chaudes (p. 197) sur le cou et bains de pieds chauds étaient recommandés.

Aphtes

***Vous devez disposer de** : sauge, menthe poivrée, ronce, serpolet et pierre d'alun, borax, eau de rose et miel rosat (au choix).*

Chacun avait « sa » recette pour soigner les aphtes. Voici les plus populaires :

• Appliquez une feuille de sauge officinale, côté velouté, et gardez-la minimum 5 minutes. À renouveler plusieurs fois par jour (en changeant chaque fois la feuille bien sûr).

• Pilez une pincée de menthe poivrée fraîche avec 1 cuillerée à soupe d'eau. Formez une pâte épaisse que vous mettez sur l'aphte. Gardez au moins 5 minutes puis rincez-vous la bouche avec de l'eau et du gros sel.

• Gargarisez 7 ou 8 fois par jour avec une décoction de ronce ou de serpolet à laquelle vous ajoutez 1 pincée d'alun pilé.

• La liqueur Wiediaur était quant à elle toujours en bonne place dans l'armoire à pharmacie des familles sujettes aux aphtes. Faites dissoudre 2,5 g de borax en poudre dans 2 cuillerées à soupe d'eau de rose. Ajoutez 20 g de miel rosat (p. 76). Mélangez bien. Tamponnez plusieurs fois par jour les aphtes avec un Coton-Tige imprégné de cette solution.

Articulations, huile d'ail

***Vous devez disposer de** : ail, huile d'olive.*

Faites des massages légers des articulations douloureuses à l'huile d'ail : mettez à macérer pendant vingt jours 20 gousses d'ail pelées et coupées en deux dans 25 cl de bonne huile d'olive. Filtrez et conservez en bouteille bien bouchée.

Secret de cabinet de toilette
La même huile était plébiscitée contre la chute des cheveux (frictions sur le cuir chevelu, en gardant minimum 20 minutes avant de faire un shampoing... à la saponaire).

Ballonnements, constipation

Vous devez disposer de *: huile d'olive, estragon (frais), citron, marjolaine, basilic (frais).*

Versez 20 cl d'huile d'olive dans un bocal à couvercle. Ajoutez 5 branches d'estragon frais, un citron coupé en quatre, 10 g de marjolaine et 7 branches de basilic bien frais. Bouchez, remuez et laissez macérer dix jours en secouant régulièrement le bocal. Filtrez grossièrement (passoire fine) et conservez dans une bouteille bien bouchée. Massez le ventre en mouvements circulaires dans le sens inverse des aiguilles d'une montre.

Bégaiement

La méthode que préconise le docteur A. J. de Lens en 1832 ne sera peut-être pas du goût des orthophonistes qui disposent aujourd'hui de méthodes autrement plus efficaces. Cependant, et pour mémoire : « Pour se corriger, il faut s'habituer à parler rythmiquement et sans précipitation ; retirer la langue dans le pharynx en renversant sa pointe vers la luette ; il faut écarter les lèvres transversalement, comme si on voulait rire, faire précéder chaque syllabe, puis chaque phrase d'une belle aspiration. En suivant cette méthode, et en s'exerçant plusieurs heures par jour avec fermeté et persévérance, on se corrigera parfaitement. »

Boisson nourrissante

Vous devez disposer de *: orge, fleurs d'oranger, miel.*

Souvent, lorsqu'on est malade, on n'a pas faim. Il existe pourtant une boisson bien agréable, adoucissante et très nourrissante, dont on a complètement oublié les bienfaits. Redécouvrez-la vite : faites bouillir dans 1 litre d'eau et jusqu'à réduction de moitié, 50 g d'orge moulue. En retirant du feu, ajoutez 2 cuillerées à soupe de miel et 1 cuillerée à soupe de fleurs d'oranger. Buvez à volonté, chaud ou tiède.

Boutons

***Vous devez disposer de :** huile d'olive, bruyère.*

Ils ne résisteraient pas à l'huile de bruyère. Celle-ci s'obtient en laissant macérer quatorze jours, dans 20 cl d'huile d'olive, une poignée de fleurs fraîches (ou 1 bonne poignée de fleurs sèches). Filtrez en exprimant et mettez en bouteille. Employez en frictions, le soir en vous mettant au lit : elle apaise dartres, rougeurs et boutons du visage.

Secret sucré

On peut aussi recouvrir les boutons d'une couche de miel, qui a la réputation d'accélérer la guérison et de tuer les bactéries. Si possible, garder toute la nuit.

Boutons de fièvre

Déposez délicatement sur le bouton du miel de thym.

Bronchite

***Vous devez disposer de :** eucalyptus.*

Nommé aussi « arbre à la fièvre », l'eucalyptus est l'ennemi juré des rhumes, sinusites et bronchites. Décongestionnant et expectorant, il s'utilise en inhalations… et sans modération. Diffusez-le pour mieux respirer. Pour preuve de son efficacité, Il était d'usage d'installer sur la cuisinière une grosse casserole dans laquelle mijotait toute la journée, à feu très doux, une décoction de feuilles d'eucalyptus. Tisanes pectorales (p. 158) et frictions d'huile (p. 163) sur le thorax, le dos et les jambes venaient en complément de cette médication usitée partout et par tous en attendant, comme toujours, l'arrivée du docteur de famille.

Secret de grand-mère
Dans une chambre d'enfants, il est bon de déposer, sur le radiateur, un bol rempli de feuilles d'eucalyptus.

Bronchites chroniques

Vous devez disposer de *: angélique, ail, lait, bourrache, hysope, sureau, pulmonaire (au choix).*

Les tisanes de racines d'angélique à la dose de 20 à 30 g par litre d'eau donnent de très bons résultats. Vous pouvez également recourir avantageusement à l'ail bouilli dans du lait, à la bourrache, l'hysope, les fleurs de sureau ou la pulmonaire.

Brûlure légère

Vous devez disposer de *: eau, pomme de terre et citron, ou vin rouge, huile d'olive, aristoloche ronde, un petit pot en verre.*

Le plus tôt possible, plongez la zone brûlée dans de l'eau très froide, voire glacée. « En appliquant le froid longtemps, les brûlures légères disparaissent. » Pour soulager rapidement la douleur et éviter une vilaine cicatrice, on appliquait immédiatement après une épaisse tranche de pomme de terre crue qu'on changeait cinq ou six fois, toutes les 5 minutes. Pour empêcher les cloques, on appliquait ensuite une compresse de citron pressé.
Cependant, tous les ouvrages de référence vantent les qualités du « baume samaritain », certifiant qu'il calme les douleurs à l'instant, et guérit en peu de temps. Faites cuire, en remuant continuellement jusqu'à évaporation complète du vin, 25 cl d'huile d'olive, 20 cl de vin rouge et 4 g d'aristoloche ronde (en herboristerie). Filtrez, tournez encore et mettez en pot. À conserver pour s'en servir au besoin. « On l'emploie aussi étendu sur une

feuille de chou ou de lierre grimpant que l'on renouvelle toutes les deux heures. »

Important
En cas de brûlure importante, consultez immédiatement un médecin.

Cataplasmes

« Compositions molles pâteuses, que l'on prépare très souvent pour être appliquées par le moyen de linges fins sur les parties douloureuses et enflammées afin d'y entretenir la chaleur et l'humidité. » Les cataplasmes avaient la réputation d'activer la guérison, avec l'avantage de conserver la chaleur plus longtemps que les simples compresses d'eau chaude qui se refroidissent très vite.
« Ceux dont l'utilité est la plus grande et l'usage le plus répandu sont les émollients. La meilleure façon de les préparer est la suivante : versez dans un bol la quantité de farine que l'on veut employer ; versez dessus de l'eau bouillante en remuant jusqu'à ce que l'on ait une bouillie épaisse. On étend alors sur le linge que l'on replie aux bords seulement, si l'on veut appliquer le cataplasme à nu, ou que l'on étend tout à fait pour appliquer le cataplasme entre deux linges. De cette manière, il est suffisamment chaud sans l'être trop, et il est bien plus émollient qu'en faisant bouillir la farine, dont le mucilage est gâté par la cuisson.
« Quand on manque de farine, on peut la remplacer par de la mie de pain, du riz cuit, des pommes de terre à moitié cuites et écrasées, des oignons de lys ou des poireaux que l'on écrase après les avoir fait cuire. Il est important d'appliquer le cataplasme à une bonne chaleur, c'est le meilleur moyen d'en retirer les effets émollients ; trop chauds, ils irriteraient ; trop froids, ils seraient incommodes et n'agiraient pas aussi bien. Pour la même raison, on doit le renouveler aussitôt qu'il est froid. Les cataplasmes sont plus rafraîchissants qu'émollients si on les arrose avec du vinaigre, du jus de citron ou si on les fait avec des feuilles d'oseille. »

Cataplasme à la moutarde (sinapisme)

***Vous devez disposer de** : mie de pain, moutarde en poudre.*

Il a un effet révulsif qui facilite la respiration et soulage la toux et les douleurs.
Dans 150 g de mie de pain bouillie et pressée, on incorpore 50 g de moutarde en poudre (en herboristerie). À appliquer sur la douleur. Lorsqu'on le renouvelle, on doit d'abord préparer le nouveau puis enlever l'ancien et le remplacer immédiatement par l'autre afin de ne pas laisser refroidir la place. Ne pas utiliser sur les muqueuses, les plaies ou la peau irritée.

Cataplasme émollient

***Vous devez disposer de** : farine de lin.*

Il est rafraîchissant, relâche les tissus et excite la transpiration. Il peut se composer de farine de lin et d'eau chaude que l'on ajoute un peu à la fois pour obtenir la consistance désirée.

Alternatives
Remplacez la farine de lin par de la fécule de pomme de terre, de la farine de seigle ou des feuilles de plantes émollientes telles que mauve et guimauve, que l'on cuit dans une toute petite quantité d'eau.

Cataplasme maturatif

***Vous devez disposer de** : farine de lin, ou oseille, savon de Marseille, miel et crème fraîche, ou oignons (au choix).*

Le docteur Gautier rapporte : « Une dame avait à la fesse un gros furoncle très dur. Elle était persuadée que je devrais lui faire une incision. Je lui fis immédiatement appliquer des cataplasmes de farine de lin et lui demandais de prendre des bains de siège chauds. Le deuxième jour, l'abcès s'ouvrit et les douleurs cessèrent, puis on changea le traitement en mettant sur le furoncle en

suppuration des petits linges de toile trempés dans l'eau tiède. Le pus fut évacué et le furoncle bientôt guéri. »
On employait aussi l'oseille cuite mêlée à du savon de Marseille ou du miel mêlé à de la crème fraîche. Les oignons cuits sous la cendre (ou dans le four) forment également un excellent cataplasme maturatif. Il sert à mûrir les abcès, les clous, etc.

Cataplasme anti-inflammatoire

***Vous devez disposer de** : graines de fenugrec.*

Dans l'Antiquité, on attribuait déjà au fenugrec le pouvoir de combattre les infections et inflammations des voies respiratoires, de soulager petites blessures et rhumatismes. Connu en Chine et en Inde bien avant l'ère chrétienne, il est toujours prisé par la médecine chinoise et ayurvédique. Mélangez 30 g de graines en poudre dans un demi-litre d'eau bouillante. Remuez énergiquement jusqu'à obtenir une pâte. Appliquez sur la zone à traiter.

Cauchemar

« Les personnes qui y sont sujettes, mangeront peu le soir et de bonne heure ; elles ne se mettront au lit qu'après la digestion bien faite et après avoir pris une bonne infusion de feuilles de laitue. Elles se coucheront sur le côté droit, la tête et le haut du corps sensiblement relevés, sur un tissu de soie violet. »

Secret de Raspail

« Un morceau de camphre placé sous l'oreiller peut dissiper les cauchemars. »

Cicatrisation

***Vous devez disposer de** : miel de thym, ou miel et huile essentielle de thym (à défaut).*

Dans les cas de cicatrisation difficile, le miel de thym avait la réputation de « faire des merveilles ». Ce remède est encore utilisé avec succès par quelques initiés. On dépose, plusieurs fois par jour, du miel de thym sur la plaie. Le miel doit, bien sûr, être d'excellente qualité. Si vous avez des difficultés à vous en procurer, prenez 30 g d'un excellent miel, ajoutez 30 gouttes d'huile essentielle de thym, remuez longuement pour obtenir un mélange homogène et conservez en pot bien bouché.

Circulation

La verveine était la plante la plus recommandée en cas de problèmes passagers – en infusion, le soir. Il était aussi fortement conseillé de prendre régulièrement des bains de pieds froids et de dormir « les pieds plus hauts que la tête ».

Coliques

***Vous devez disposer de** : camomille romaine.*

« Pour relever les forces digestives et combattre les coliques, on prescrit la camomille romaine sous forme de tisane qui se prépare avec 5 ou 6 têtes pour un bol d'eau bouillante. »

Coliques d'origine nerveuse

***Vous devez disposer de** : huile d'olive et fleurs de coquelicots, ou tilleul (au choix).*

Appliquez des serviettes chaudes sur le ventre, prenez un bain de siège puis frictionnez le ventre avec une huile composée de 25 cl d'huile d'olive et 1 petite poignée de fleurs de coquelicots. À essayer aussi : des infusions chaudes de tilleul à prendre par demi-verre.

Petit secret

« Elles ont souvent leur siège auprès du nombril et on les reconnaît assez facilement en opérant une pression sur ce dernier, ce qui en diminue beaucoup la douleur. »

Coliques venteuses

***Vous devez disposer de** : menthe poivrée, anis vert, cannelle, sauge, angélique (au choix) ou son.*

Les tisanes de menthe poivrée, anis vert, cannelle, sauge ou graines d'angéliques ou des applications, sur le ventre, d'un sachet rempli de son, bien chaud, sont excellentes et les calment rapidement.

Coliques hépatiques

***Vous devez disposer de** : chicorée, pissenlit, laitue, cerfeuil.*

Le « suc d'herbes fondant » est des plus bénéfiques : prenez chicorée, pissenlit, laitue, cerfeuil de chaque 30 g. Écrasez et buvez le jus en une seule fois, le matin à jeun.

Ordonnance du docteur Lichaud.
« Appliquez sur le ventre un cataplasme de feuilles de bouillon blanc, cuites dans du lait. Il doit être aussi chaud que possible. »

Compresses

« On emploie, suivant les cas, les compresses froides, les chaudes, les sèches et les humides. Les compresses froides, changées fréquemment, diminuent la température, aussi, les emploie-t-on dans la fièvre. Lorsqu'elles ne sont pas renouvelées et restent souvent en place, elles agissent en excitant et amènent un afflux du sang. Les compresses chaudes sont calmantes, résolutives, apaisent la douleur, aussi sont-elles indiquées dans les douleurs, les crampes. Les compresses chaudes sèches sont utilisées dans le cas où l'on veut augmenter la température, par exemple dans les douleurs spasmodiques. Elles doivent être bien faites, ne pas gêner la circulation. On les recouvre d'une flanelle épaisse. On fait des compresses de la tête, du cou, des bras, du ventre et des jambes. On les recouvre avec un tissu de laine. »

Conjonctive rebelle

Vous devez disposer de : racine de réglisse, ou thé et menthe, ou basilic, ou fleurs de sureau ou de cerfeuil (au choix).

Utilisez une infusion tiède et forte de racine de réglisse (50 g par litre d'eau) en lavage et en compresses.
Au Maroc, on utilisait traditionnellement des cataplasmes faits avec les feuilles de thé et de menthe qui avaient servi à faire le fameux thé à la menthe. En Provence, Espagne et Italie, c'était le basilic frais et pilé, gardé un long moment en compresse. Dans certaines régions, on utilisait simplement des compresses d'eau de pluie tiède, dans d'autres, une décoction de fleurs de sureau ou de cerfeuil (1 poignée pour 20 cl d'eau), en lavage et en compresses.

Conjonctivite légère, petites irritations, yeux enflés ou fatigués

Vous devez disposer de : plantain, camomille, bleuet.

Faites bouillir la valeur d'un bol d'eau. Ajoutez 1 pincée de plantain, 4 fleurs de camomille romaine et 3 pincées de bleuet. Au premier bouillon, coupez le feu, couvrez et laissez refroidir. Filtrez en exprimant bien tout le jus. Mettez en bouteille et utilisez plusieurs fois par jour en compresse.

Constipation

Vous devez disposer de : pruneaux et thé noir, ou sureau, fenouil, buis, séné et crème de tartre, ou rhubarbe (au choix).

La médecine populaire prescrivait du bouillon d'artichaut et des pruneaux ! Faites donc gonfler, environ 10 minutes, à feu doux et à couvert, des pruneaux dans une forte infusion de thé noir. Laissez refroidir. Égouttez.
Autre grand classique, le thé Saint-Germain. Infusé dans une tasse d'eau le matin, il « guérit les constipations les plus rebelles ». Mélangez parfaitement puis divisez en douze paquets de

5 g chacun 20 g de fleurs de sureau, 5 g de semences de fenouil, 5 g de semences de buis, 25 g de feuilles de séné, 5 g de crème de tartre (ancêtre naturel de la levure chimique, en pharmacie). Se prépare comme un thé.
À la fin du XIXe siècle, on prescrivait la rhubarbe en compote ou en tisanes dans les cas de constipation chronique.

Secret des campagnes
« Marcher pieds nus sur des pierres, du marbre ou sur la terre où l'on a jeté de l'eau froide amène facilement les selles. »

Contusions

***Vous devez disposer de** : feuilles de géranium, persil, bardane, millepertuis, pêcher ou noyer.*

Cet incident pouvant se produire à n'importe quel moment et à n'importe quel endroit, il est donc de toute nécessité de connaître la plupart des remèdes propres à les soulager, à seule fin de traiter sans perdre de temps. Tout d'abord, versez de l'eau froide et couvrez d'une compresse d'eau salée froide, souvent renouvelée. Mettez ensuite sur la blessure des feuilles écrasées de géranium, de persil, de bardane, de millepertuis, de pêcher ou de noyer. La teinture d'arnica ou l'alcool camphré rendent également les meilleurs services, appliqués en frictions légères, plusieurs fois par jour (p. 176 et p. 177).

Convalescence

L'abbé Kneipp regrettait déjà que l'on ne donnât plus de bouillon d'avoine ou d'orge aux convalescents (voir boisson nourrissante, p. 190).

Cors aux pieds

***Vous devez disposer de** : vinaigre de vin rouge, lierre grimpant, sel, gaze ou sparadrap, ou mie de pain, ou gousse d'ail, ou oignon de lys (au choix).*

Que vous ayez le pied égyptien ou grec, il se peut qu'un cor vous fasse souffrir... J'ai vu mon propre grand-père utiliser cette célèbre formule (concoctée par ma grand-mère !) : faites macérer neuf jours quelques feuilles de lierre grimpant (facile, il y en a partout, il suffit de les cueillir délicatement !) dans 30 cl de vinaigre de vin rouge. Appliquez une feuille sur le cor en la maintenant avec une gaze ou du sparadrap. Changez trois fois par jour la feuille de lierre. Le quatrième jour, enlevez le pansement et prenez un bain de pied très chaud et très salé (500 g de sel par litre d'eau). La partie cornée se décollera alors facilement.
Autrefois, dans les campagnes, on appliquait des cataplasmes de mie de pain fortement vinaigrée sur le cor. On assurait qu'il se décollait au bout de quelques jours ! Dans le Sud, on pelait une gousse d'ail, on en coupait une tranche épaisse, on la posait sur le cor en faisant tenir avec du sparadrap. On changeait le pansement matin et soir pendant quelques jours. Quant aux médecins, ils prescrivaient un oignon de lys (en jardinerie) haché menu et appliqué sur le cor matin et soir.

Coup de soleil

***Vous devez disposer de** : eau froide, vinaigre de vin rouge.*

Une compresse d'eau froide sur la nuque et sur les zones atteintes, puis une application sans frotter, et en bonne quantité, de vinaigre de vin rouge sont gages d'un soulagement rapide (et ça évite de peler !).

Important
Pensez à boire beaucoup d'eau en été.

Coup de chaleur

***Vous devez disposer de** : eau fraîche, huile essentielle de lavande.*

Merci à ma grand-mère pour cette recette : si vous avez mal à la tête et très chaud, trempez un mouchoir ou un gant de toilette dans de l'eau très froide. Déposez-y quelques gouttes d'huile essentielle de lavande (ou une infusion froide de fleurs). Appliquez sur le front. Renouvelez l'opération dès que le mouchoir est chaud.

Important
Consultez rapidement un médecin si vous pensez avoir attrapé une insolation.

Coup de froid

Vous devez disposer de *: figues, orange, citron, miel (éventuellement).*

« Les coups d'air tuent plus que les coups de canon », disait-on. Certes, on ne dort plus avec chaussettes et bonnet de laine sur la tête, mais un coup de froid est si vite arrivé qu'il faut s'en méfier. Usons de bons vieux conseils : les boissons chaudes aident à transpirer ! Alors, restez bien sous la couette, buvez tisanes et bouillons et… transpirez. Puis versez dans 1 litre d'eau bouillante 3 ou 4 figues sèches, 1 orange et 1 citron coupés en quatre. Laissez cuire à feu doux et à couvert 15 minutes. Enlevez du feu, laissez infuser environ 20 minutes. Buvez cette potion magique tout au long de la journée, bien chaude. Vous pouvez y ajouter un peu de miel.

Coup de pompe

Vous devez disposer de *: une brosse à ongles.*

Brossez énergiquement les paumes des mains avec une brosse à ongles. « L'adrénaline que ce traitement diffuse ne manquera pas de vous donner un coup de tonus immédiat. »

Couperose

Vous devez disposer de *: tilleul, aubépine, lys blanc, rose, bouillon blanc*

Ce mal très répandu au XIXe siècle faisait l'objet de soins attentifs. La lotion au sommet du hit-parade se compose de nombreux ingrédients. Son exécution est quant à elle des plus faciles. Préparez une lotion composée de 1 pincée de tilleul, 2 pincées d'aubépine, 1 oignon de lys blanc coupé en petits morceaux, 1 pincée de pétales de rose, 2 pincées de bouillon blanc que vous versez dans 25 cl d'eau bouillante. Quand les bouillons réapparaissent, enlevez du feu, couvrez et laissez refroidir. Filtrez en récupérant bien tout le jus et mettez en bouteille. Appliquez matin et soir avec un coton.

Coupe-vent, coupe-froid

Très employée par les chasseurs de sangliers des Ardennes, cette astuce peut encore rendre service (cela fonctionne aussi bien que les sous-vêtements isothermes !). Coupez une sorte de poncho dans une feuille double de papier journal. Dans le rectangle, faites un trou pour passer la tête et enfilez votre coupe-vent sur un sous-vêtement. Enfilez par-dessus un chandail en laine. Épatant !

Coupure légère

« Pour guérir vite une plaie, il faut empêcher qu'elle suppure, et pour cela il faut se garder de la couvrir de persil, de sel, de baumes ou d'onguents, enfin de rien y appliquer qui puisse irriter ou enflammer. Il est seulement nécessaire de bien désinfecter la plaie à la teinture d'iode [en pharmacie] ou d'arnica [p. 176]. »

Courbatures

Vous devez disposer de *: bourrache, camomille, tilleul, menthe ou mélisse.*

Elles ne durent heureusement que quelques jours : repos, diète et bains chauds sont préconisés. On fait également usage de plantes aromatiques en tisanes : bourrache, camomille allemande, tilleul, menthe ou mélisse, qui « provoquent les sueurs et évitent parfois une maladie grave. Elles doivent être prises au lit en ayant soin de ne pas se laisser refroidir et de ne pas changer de linge pendant la transpiration ».

Secret bien gardé

La camomille a un goût amer. Si vous ajoutez un peu de miel et un demi-citron pressé à votre infusion, la saveur en sera meilleure. Le citron renforcera en outre les bons effets de la camomille.

Crampes

Elles sont aussi désagréables que leur arrivée est subite.

Crampes des mollets

« La meilleure manière de les éviter consiste à placer le matelas plus bas du côté des pieds que du côté de la tête. Des tisanes de racine de valériane, des frictions ou bains de jambes chauds les font rapidement disparaître. L'expérience apprend que pour la faire cesser momentanément, il suffit de changer la position du membre ou de faire contracter fortement les muscles qui en sont atteints, mais il n'est pas facile de l'empêcher de naître. On peut essayer des frictions fortes avec de la laine chaude. »

Crampes nocturnes

***Vous devez disposer de** : savon de Marseille.*

Cette méthode quelque peu surprenante a traversé les siècles avec autant de moqueries que d'efficacité. À titre préventif, déposez un savon de Marseille sous le matelas, au pied du lit. De nombreux témoignages actuels montrent que l'efficacité de cette méthode n'est plus à prouver.

En revanche, celles qui suivent sont complètement tombées dans les oubliettes. M. Ballard, médecin des eaux de Bourgogne dans les années 1880, nous garantit l'efficacité de celle-ci : « Appliquer sur la partie affectée une plaque de liège de la grandeur de la main, et la crampe cesse instantanément. » M. Vanoye indique un moyen approchant : « Porter autour des jambes un chapelet de bouchons de liège » (pas très sexy, mais pourquoi pas ?). D'autres spécialistes de la crampe conseillent de « placer un morceau de fer sous le matelas, juste à l'endroit où reposent les jarrets ».

Rumeur

Si la crampe survient alors que vous n'avez pas encore déposé le savon de Marseille, vous devez, pour qu'elle cesse très vite, vous lever et marcher, pieds nus, sur du carrelage ou du marbre (surface la plus froide possible).

Crampes d'estomac

***Vous devez disposer de** : tilleul ou fleurs d'oranger.*

On arrive souvent à s'en débarrasser en buvant, toutes les 5 minutes, 1 cuillerée à soupe d'une infusion de tilleul ou de fleurs d'oranger.

Secret de *bona fame*

Mâchez longuement quelques noisettes.

Crevasses

***Vous devez disposer de** : huile d'olive et argile verte, ou huile d'amande douce, ou axonge (saindoux), fleurs de sureau, une passoire fine, un petit pot en verre.*

Elles sont douloureuses et difficiles à soigner. Plusieurs solutions s'offrent à vous.

1. Dans un bol, mélangez 2 cuillerées à soupe d'huile d'olive et la même quantité d'argile verte en poudre. Appliquez cette pâte sur les crevasses. Gardez environ 20 minutes puis rincez à l'eau. En prévention, appliquée une fois par semaine, cette préparation aidera vos mains et vos pieds à affronter les rigueurs de l'hiver.
2. « Une corne trop épaisse peut se fendiller et créer des crevasses douloureuses. Dans ce cas extrême, massez vos pieds avec une bonne dose d'huile d'amande douce et enfilez une paire de chaus-

settes en coton (très important) pour la nuit. Ainsi hydratés, vos talons retrouveront leur souplesse. »
3. Faites fondre 20 g d'axonge au bain-marie. Ajoutez une petite poignée de fleurs de sureau et laissez cuire à feu très doux, 30 minutes. Filtrez dans une passoire très fine (chinois), remuez pour obtenir une pommade onctueuse et conservez au frais dans un pot bien bouché. Massez longuement et régulièrement.

Crise d'angoisse (stress)

***Vous devez disposer de** : aubépine, ou café (au choix).*

Angoisse et stress ne sont pas nés avec le XXIe siècle. De nombreux ouvrages anciens en font état. Le remède le plus prisé était une infusion faite de 1 cuillerée à café de fleurs d'aubépine par tasse d'eau bouillante. Laissez infuser 20 minutes avec une figue sèche et un pruneau. Plus simple : « Certaines formes d'angoisse, d'hypocondrie, de nostalgie, sont soulagées par le café très fort. »

Confidence de Mme de Laverrière

La verveine et la lavande apaisent l'esprit. À prendre en tisane ou déposer quelques gouttes d'huile essentielle sur un mouchoir et respirer.

Croûtes

Il ne faut jamais les arracher. Pour hâter leur chute, on les recouvre de cataplasmes faits de farine de lin ou on les lotionne trois fois par jour avec une infusion de guimauve.

Dartres

***Vous devez disposer de** : lait, bardane, lavande, patience.*

Pour aider la guérison, prenez souvent des bains en rendant l'eau émolliente ; trempez des linges dans du lait tiède, puis préparez une décoction avec 2 pincées de bardane, 1 pincée de lavande et 2 pincées de patience. Filtrez et appliquez en compresses.

Secret de jardinier
Le jus de concombre ferait aussi des merveilles...

Démangeaisons

Il est utile de lotionner plusieurs fois par jour, et dès qu'elles apparaissent, avec une forte décoction de cerfeuil. Des compresses de vinaigre procurent aussi un soulagement et les bains d'amidon seraient du meilleur effet.

Dents (bébés)

***Vous devez disposer de** : bâton de guimauve, miel.*

Cette recette a soulagé d'innombrables générations de bébés qui « font les dents » : prenez un bâton du guimauve (en herboristerie) passez-le quelques secondes sous l'eau bouillante. Donnez-le au bébé après avoir déposé, à l'extrémité, un peu de miel. En suçant ce bâton, la douleur va diminuer.

Dépuratifs

***Vous devez disposer de** : chicorée, oseille, rhubarbe, coriandre, anis vert.*

Prenez feuilles de chicorée sauvage, feuilles d'oseille, de chaque 1 petite poignée, un demi-citron coupé en quatre et 1 tige de rhubarbe concassée. Faites bouillir 10 minutes dans 1 litre d'eau. Enlevez du feu, ajoutez 1 cuillerée à café de coriandre et d'anis vert. Couvrez, laissez infuser 1 heure au moins. Filtrez et buvez dans la matinée, en trois ou quatre fois.

Diarrhée

***Vous devez disposer de** : œufs, sucre, vin rouge.*

Si elle est passagère, toutes les 2 heures, boire un verre d'eau de riz ou d'orge. Vous pouvez aussi essayer la « mixture du docteur

Richard ». Prenez 2 jaunes d'œufs très frais, 2 cuillerées de sucre en poudre et autant de vin rouge ; battez bien le tout ensemble et prenez en une seule dose.

Trésors du potager
Usez et abusez de bouillon de poireaux. En cas de diarrhées rebelles, l'« artichaut cru a souvent réussi à les arrêter là où bien des remèdes avaient échoué ».

Difficulté à uriner

Vous devez disposer de : *fleurs de carotte sauvage.*

Faites infuser dans 1 litre d'eau bouillante 14 ou 15 têtes fleuries de carotte sauvage ; administrez cette infusion par demi-verre toutes les 10 minutes. « L'urine sera rendue, avant la complète absorption du litre de tisane. »

Digestion

Vous devez disposer de : *eau-de-vie, millepertuis, sauge, thym, gentiane, sucre, un bocal.*

Mettez 1 litre d'eau-de-vie dans un bocal à large ouverture. Ajoutez 1 poignée de fleurs de millepertuis, 5 pincées de sauge, 6 pincées de thym, 1 morceau de racine de gentiane et 50 g de sucre. Bouchez et laissez infuser quatorze jours au soleil en secouant souvent le bocal. Filtrez, mettez en bouteille. « On se trouve bien d'en prendre une cuillerée à bouche (à soupe) le soir avant de se coucher. »

Doigt coincé

Vous devez disposer de : *œuf.*

Vous vous êtes coincé un doigt en refermant une porte, un tiroir, une fenêtre ? Emparez-vous d'un œuf, ôtez un morceau de coquille et plongez-y votre doigt en crevant le jaune. Laissez tremper quelques minutes. Curieusement, la douleur cessera très vite.

Douleur de reins

Les cataplasmes de feuilles de chou vert cuites dans du lait, puis appliquées sur les reins, donnent d'excellents résultats. Il convient de les renouveler toutes les 2 heures (voir cataplasmes p. 193).

Bien utile

À essayer aussi au début d'un lumbago.

Écharde

Trempez immédiatement, pendant 5 minutes, votre doigt dans de l'eau chaude et très savonneuse (savon de Marseille ou savon noir). L'écharde sortira facilement et sans douleur.

Eczéma

Vous devez disposer de *: camomille romaine, ortie, sureau, douce-amère, ou fécule de pomme de terre et eau boriquée.*

Rien de mieux contre l'eczéma que les compresses tièdes ou froides de l'infusion suivante : camomille romaine, ortie, sureau et douce-amère en quantités égales. « Souvent, le meilleur traitement consiste à appliquer régulièrement des cataplasmes faits à partir de fécule de pomme de terre plongée dans de l'eau boriquée (à faire préparer par un pharmacien) bouillante. On la laisse refroidir et on applique ces petites compresses en les changeant toutes les trois ou quatre heures au moins. »

Écorchure

Vous devez disposer de *: désinfectant, miel.*

La médecine des campagnes préconisait de nettoyer la plaie (à l'alcool ou à l'eau oxygénée) puis d'appliquer ce « pansement » d'une simplicité déconcertante : recouvrez l'écorchure d'une bonne couche de miel, qui est antiseptique et cicatrisant.

Embarras gastrique

« Les malades guérissent quelquefois sans médecin, mais ils ne guérissent pas pour cela sans médecine (Hippocrate). » Diète, tisanes légères de sauge officinale, bouillons de légumes et compresses humides sur l'estomac sont recommandés.

Secret de gros mangeur

Le matin à jeun, prendre un jus de citron mélangé à un peu d'eau chaude (sans sucre).

Embrocation camphrée stimulante

Vous devez disposer de *: huile d'olive, camphre.*

« Remèdes gras et onctueux qu'on applique sur les parties douloureuses, par friction forte ou légère, et plus ou moins longtemps. L'opération que l'on désigne par ce nom [embrocation] consiste à arroser lentement, tout en frictionnant, une partie malade du corps, avec le liquide approprié à la circonstance. » Allez-y et versez 30 cl d'huile d'olive et 10 g de camphre en poudre dans un bocal. Fermez, laissez reposer quatorze jours en remuant chaque jour le bocal. S'utilise en friction sur les bras et les jambes.

Émollients

On donne ce nom à des préparations qui ont la propriété de relâcher le tissu des organes avec lesquels ils sont en contact et de diminuer leur ténacité. Les principaux émollients, base de nombreux cataplasmes et emplâtres, sont la gomme arabique, la fécule, l'orge, le chiendent, le riz, l'avoine, la mie de pain, les amandes douces et la gélatine.

Eau de riz

Vous devez disposer de *: farine de riz.*

Délayez 20 g de farine de riz dans un quart de litre d'eau froide ; versez le mélange dans trois quarts de litre d'eau bouillante et faire cuire lentement pendant 10 minutes (diarrhée, gastro-entérite).

Eau albumineuse

Vous devez disposer de : œuf, sucre, jus de citron.

Battez lentement 1 blanc d'œuf dans un tiers de litre d'eau, passez à travers un linge et aromatisez avec un peu de sucre et de jus de citron (vomitif et antidote).

Emplâtres

Vous devez disposer de : axonge (saindoux), huile d'olive, eau de source.

« Médicaments externes, solides, glutineux, se ramollissant par la chaleur, et adhérant à la partie sur laquelle on l'applique. Ils sont le plus souvent formés de corps gras et huileux, de résine, de cire, de poudres végétales ou de décoctions. Employés à l'extérieur, ils adhèrent généralement aux parties sur lesquelles on les place. » Pour un emplâtre simple, faites fondre 75 g d'axonge (saindoux) dans 5 cl d'huile d'olive. Ajoutez ensuite, très progressivement, 25 cl d'eau de source. Remuez jusqu'à obtention d'une crème bien onctueuse. Cet onguent est la base de la plupart des emplâtres.

Enflure (piqûres de moustique)

Vous devez disposer de : oignon.

Versez un peu de jus d'oignon frais et appliquez 1 tranche d'oignon sur la piqûre pendant 5 minutes. Renouvelez l'opération si nécessaire.

Engelures

***Vous devez disposer de** : pomme de terre, ou oignons de lys blanc et lait, ou huile de millepertuis.*

Préparez un cataplasme (p. 193) de pomme de terre crue et râpée. Ou faites cuire 2 oignons de lys blanc dans 1 bol de lait, égouttez, écrasez et appliquez en cataplasme. Sinon, l'efficacité de l'huile de millepertuis (p. 177) n'est plus à prouver.

Soigner le mal par le mal

« Pour éviter les engelures et les prévenir roulez-vous complètement nu dans la première neige qui tombera. » Attention de ne pas attraper froid !

Engorgements, inflammations

***Vous devez disposer de** : axonge (saindoux), huile d'olive, eau de source, cire jaune et camphre.*

Très résolutif, l'emplâtre de Nuremberg est l'ancêtre de nos émollients actuels ; on le qualifiait également de maturatif et attractif (abcès, furoncles, etc.). Pétrissez ensemble 40 g d'emplâtre simple, 20 g de cire jaune, 1 cuillerée à soupe d'huile d'olive et 1 g de camphre.

Enrouement

***Vous devez disposer de** : tilleul, houblon, anis étoilé.*

M. Fourneau de Beauregard, médecin de Napoléon, affirme avoir guéri instantanément un enrouement dont ce dernier était affecté en lui faisant prendre en une seule fois la potion suivante : 2 pincées de tilleul, 1 pincée de fleurs de houblon, 1 pincée d'anis étoilé, le tout mis à bouillir 3 minutes dans un bol d'eau puis tiédi. La potion fut suivie d'un bain de pieds d'eau salée chaude. D'autres suggèrent de « prendre des vapeurs d'eucalyptus » (identique à l'inhalation, mais en respirant par la bouche).

Entorse

*V**ous devez disposer de** : alun, œufs et eau-de-vie, ou verveine et vinaigre, ou argile verte.*

Trois époques et trois recettes :
1. Le moyen le plus simple et le plus rapide est l'immersion immédiate, pendant 30 minutes au moins et dans une eau très froide, en laissant l'articulation dans une immobilité absolue. Passé 5 minutes, il est trop tard pour cette méthode d'après son auteur.
2. « La guérison se fera au bout de quelques applications » de la composition suivante sur un linge dont vous entourerez la partie blessée : 30 g d'alun en poudre, 2 blancs d'œufs très frais, 60 g d'eau-de-vie. Battez le tout ensemble jusqu'à mélange complet.
3. Un cataplasme de verveine cuite dans du fort vinaigre a la réputation de la soulager rapidement, ainsi qu'une compresse d'argile verte.

Épidémies

*V**ous devez disposer de** : camphre, citron, clous de girofle.*

Il y a bien longtemps, on tentait de s'en prémunir en portant sur soi un sachet de camphre et en mettant dans chaque pièce de la maison 1 citron piqué de 7 clous de girofle et immergé dans un verre de vinaigre de vin.

Extinction de voix

*V**ous devez disposer de** : carottes, ou chou et sucre.*

1. Faites cuire 15 minutes dans l'eau 3 carottes fraîchement arrachées. Râpez et tordez dans un linge ; ajoutez par verre de suc extrait 2 verres d'eau pure. Prenez cette préparation tiède dans la journée en quatre ou cinq fois.
2. Prenez 4 ou 5 feuilles de chou bien lavées, coupez-les et écrasez-les pour obtenir une pâte que vous déposerez dans une casse-

role avec 6 sucres et 1 verre à liqueur d'eau. Laissez cuire environ 5 minutes, sans cesser de remuer, en ajoutant un peu d'eau si nécessaire et jusqu'à obtenir la consistance d'un sirop. Laissez refroidir et avalez 1 cuillerée à soupe de cette potion toutes les heures. De nombreux chanteurs et orateurs connaissaient bien les propriétés anti-inflammatoires du chou et l'aide qu'il apporte dans les irritations des cordes vocales.

Secret de ténor
Un verre d'orgeat pris bouillant en se mettant au lit rend rapidement l'usage de la voix. C'était le moyen usité au conservatoire de Naples dans les années 1810.

Fatigue générale

Si on peut varier les jus d'herbes, le plus apprécié dans ce cas est le jus de cresson et d'oseille, mais « sans tomber dans l'excès : d'abord, ne pas nuire ».

Fièvre

Pour la faire tomber rapidement, on recommandait d'appliquer autour des pieds un cataplasme composé d'ail et d'oignon écrasés mélangés et, si possible, en y ajoutant de l'ortie. L'application prolongée de feuilles de chou sur les bras et les jambes était également censée soulager les fièvres (p. 193).
Solution plus agréablement parfumée, buvez trois fois par jour des tisanes de lavande, verveine et romarin à raison de 1 pincée de chaque (voir p. 158).

Rumeur populaire
Il convient d'éviter les crudités dans tous les cas de fièvre.

Fomentations

« Médicaments externes destinés à être appliqués à l'extérieur, en imbibant des compresses plus ou moins épaisses de linge ou de flanelle ou des éponges, pour les tenir appliquées sur la partie malade ; c'est en quelque façon un bain continuel entretenu tiède et renouvelé aussi souvent qu'il est nécessaire d'après les circonstances. Elles se préparent par infusion ou décoction de plantes grasses ou aromatiques ; elles sont très différentes en ceci des tisanes : c'est que, n'étant point préparées pour être bues, on peut les charger autant qu'il est convenable. »

Fomentation émolliente

Vous devez disposer de : *graines de lin, fleurs de mauve.*

Faites bouillir 5 minutes 2 pincées de graines de lin (en herboristerie) et 1 petite poignée de fleurs de mauve ; passez et réservez en bouteille. Conservez au frais. S'utilise en bain de pieds.

Fomentation calmante

Vous devez disposer de : *graines de lin, fleurs de mauve, camomille allemande.*

À la précédente préparation, ajoutez 6 fleurs de camomille allemande. Appliquez sur le front, le plexus solaire et en bain de pieds.

Fomentation fortifiante

Vous devez disposer de : *eau-de-vie, vinaigre de vin, mélilot, sureau, menthe, sauge.*

Dans 1 litre d'eau bouillante, jetez, pour laisser infuser jusqu'à parfait refroidissement, mélilot et fleurs de sureau de chaque 2 pincées ; menthe et sauge officinale de chaque 1 pincée. Passez puis ajoutez 1 petit verre d'eau-de-vie et 1 petit verre de vinaigre de vin. À utiliser en bain de pieds.

Frisson

Dès les premiers signes de refroidissement, bains de pieds chauds et tisanes très chaudes de verveine, sauge, romarin ou bourrache (voir Tisanes, p. 157).

Froid aux pieds

Enfilez chaussettes de laine ou collants chauds, puis prenez une demi-feuille de papier journal. Enveloppez bien vos pieds, et enfilez vos chaussures. Résultat garanti !

Fumigation

En brûlant, certains corps dégagent une matière odorante et désinfectante qu'on emploie pour purifier l'air. Dans les crises d'asthme, les fumigations aromatiques apaisent parfois. Cette opération consiste aussi à exposer une partie du corps à la vapeur d'un liquide.

Furoncles, panaris

***Vous devez disposer de** : pomme de terre, huile d'olive.*

Pour rapidement calmer l'inflammation, on pourra avoir recours à des bains locaux chauds suivis de lotions tièdes et émollientes d'eau de guimauve, de mauve, ou tout simplement à des compresses d'eau tiède fortement salée fréquemment renouvelées. La médecine populaire conseille de râper une pomme de terre crue et de la mélanger à de l'huile d'olive. Appliquez cette préparation plusieurs fois par jour sur le furoncle, pendant 2 à 3 jours.

Confidence d'Ardéchois

En Ardèche, cette méthode empirique n'est pas encore complètement oubliée de tous : de l'huile d'olive pour adoucir, du safran pour pousser. Liez le tout avec de la farine de châtaigne, faites une pâte. La « guérison » semble assurée au bout de 24 heures (à vérifier !).

Gaz

***Vous devez disposer de** : eau-de-vie, semences (graines) de coriandre, de fenouil, de carotte, d'anis, de carvi, d'aneth, sucre candi.*

« Très utile contre les gaz qui s'accumulent dans l'estomac et les intestins », c'est l'eau carminative, aussi nommée « liqueur des six semences » qui arrivait en tête des prescriptions. Laissez macérer quatre jours, dans un demi-litre de bonne eau-de-vie, semences de coriandre, de fenouil, de carotte, d'anis, de carvi, d'aneth, de chaque 10 g. Le cinquième jour, ajoutez 150 g de sucre candi. Il est nécessaire de bien remuer pour dissoudre le sucre ; filtrez et mettez en bouteille. « Une cuillerée à café chaque fois que nécessaire, ou en cure de 7 jours, avant chaque repas. »

Gencives

Irritations, gingivite : bains de bouche aux plantes bien choisies, les plus utilisées étant la sauge, le romarin et la bistorte (infusion d'une de ces plantes au choix puis bain de bouche tiède).

Secret de cuisinière

Autrefois, les feuilles de bistorte se cuisinaient comme les épinards.

Gerçures des seins

***Vous devez disposer de** : pépins de coing.*

Mme Celnart nous confie que les gerçures « cèdent parfaitement à l'usage de la teinture de benjoin (en pharmacie), appliquée avec un petit pinceau sur la partie malade ». Mme Agasse conseille de prendre des pépins de coing, environ une vingtaine, et de les faire bouillir dans un verre d'eau. « On obtient un liquide épais qu'on applique sur les seins à l'aide d'un linge fin ou d'un coton, trois fois par jour. »

SOS glycérine
La glycérine devrait reprendre du service ; elle a soulagé bon nombre de nos aïeux.

Grippe

Le premier traitement à lui opposer, en attendant l'arrivée du médecin, est de faire usage de tisanes sudorifiques : bourrache et bouillon blanc sont excellentes (voir p. 157). Quand les douleurs de tête sont assez violentes, « on se trouve très bien de bains de pieds à la farine de moutarde ».

Haleine

Vous devez disposer de *: eau de rose, sucre.*

« Les gens d'Amérique Sud se gargarisent le matin avec une cuillerée à café de miel et de poudre de cannelle mélangés dans l'eau chaude ; ainsi l'haleine est fraîche tout au long de la journée », rapporte un voyageur de retour des Amériques dans les années 1890. Si vous voulez vous-même fabriquer vos « pastilles pour désinfecter l'haleine », comme les faisaient autrefois les apothicaires les plus renommés, « prenez 500 g de sucre blanc, 130 g d'eau distillée de rose. On fond le sucre sur un feu très doux avec l'eau de rose, dans un poêlon. Au premier bouillon du sucre, on verse sur une plaque de marbre, d'ardoise ou de métal. On donne la forme de petits disques, de losanges ou de carrés, et on conserve dans une boîte en fer. On peut remplacer l'eau de rose par de l'eau de menthe poivrée ou de cannelle ».

Hémorroïdes

Vous devez disposer de *: axonge et noix de galle en poudre, ou lait et pépins de coing.*

Les recettes sont nombreuses, et deux d'entre elles tenaient la corde.

1. La pommade de noix de galle : faites fondre au bain-marie 75 g d'axonge (saindoux) pour 75 g de noix de galle (en herboristerie) finement pulvérisées. Hors du feu, mélangez jusqu'à refroidissement. Conservez en pot bien bouché. Appliquez sur les hémorroïdes douloureuses qu'elle « calme parfaitement ».
2. Faites bouillir dans du lait des pépins de coing dépouillés de leur écorce, mettez-les dans des petits sacs de jute et appliquez bien chauds sur l'endroit douloureux.

Confidence d'Agnès Martini

Dans certaines régions, chaque année on ramassait deux « beaux marrons bien fermes » que l'on gardait sur soi (dans une poche) tout l'hiver. Ces mêmes marrons « calment aussi le mal de dos ».

Hématome, bleu

Vous devez disposer de : *gros sel, ou œuf, sel, racine de guimauve.*

Pour éviter d'avoir un énorme bleu ou pour le faire rapidement disparaître, il était d'usage de faire chauffer quelques instants (sans noircir ni brûler) 100 g de gros sel dans une poêle. On le mettait ensuite dans un bas (ou un collant) que l'on appliquait sur l'hématome.

Cet autre « remède » des campagnes était aussi très courant : battez un blanc d'œuf en neige (très ferme), ajoutez 1 cuillerée à soupe de sel de cuisine et appliquez en cataplasme sur l'hématome. Gardez jusqu'à ce que cela durcisse et enlevez. Rincez à l'eau froide puis appliquez une décoction tiède de racine de guimauve à garder 20 minutes. Recommencez deux heures après si nécessaire.

Soin de l'intérieur

Si l'inflammation est forte, buvez en alternance et en abondance des tisanes de laitue.

Herpès

Vous devez disposer de : bourrache, mélisse.

On le combattait avec de fortes infusions de bourrache et mélisse à parts égales (1 pincée de chaque plante pour un bol d'eau bouillante). À boire trois fois par jour.

Petit conseil
Gardez le fond de la tasse pour l'appliquer, après avoir rajouté un peu de miel de thym, sur le bouton, plusieurs fois par jour, avec un Coton-Tige.

Hypertension

Nos grands-mères s'accordaient toutes sur ce point : décoctions de feuilles d'olivier, en cures régulières (voir p. 171).

Hoquet

Vous devez disposer de : vinaigre, sucre.

L'usage était de boire lentement un verre d'eau puis de respirer du vinaigre. Si le hoquet faisait de la résistance, on prenait un sucre, on y versait 4 ou 5 gouttes de vinaigre de vin et on « mastiquait » très lentement. Effet garanti par les anciens... Alors, aux « modernes » d'essayer à leur tour (sans oublier de transmettre lorsqu'ils deviendront « anciens » à leur tour !).

Indigestion

Vous devez disposer de : camomille allemande, tilleul, eau de fleurs d'oranger.

Une légère infusion composée de 6 fleurs de camomille allemande, 1 pincée de tilleul et 2 cuillerées à café d'eau de fleurs d'oranger pour 1 litre d'eau. À prendre chaude par demi-verre. Autre solution : pratiquer des frictions dans le creux de l'estomac avec la main d'abord puis avec un linge chaud que l'on laisse un moment en entretenant la chaleur. « Quand elle est passée, il reste une faiblesse qu'il faut combattre au moyen d'une légère infusion de véronique et de feuilles d'oranger sucrées au miel de lavande. »

Cela se disait à Padoue...

Sanctorius, médecin à Padoue, précurseur de l'invention du thermomètre et premier observateur de la transpiration est formel : « N'ayez jamais d'indigestion et vous ne tomberez jamais malade. » La diète était prescrite, ainsi que des compresses chaudes sur le ventre (voir p. 197).

Insolation

***Vous devez disposer de :** vinaigre, pomme de terre.*

Dès que possible, compresses d'eau fortement vinaigrée puis application de pulpe de pomme de terre fraîche et râpée. Voir aussi p. 200.

Laryngite

Inhalations chaudes de fleurs de tilleul, de sureau ou de camomille. « Les plantes importent moins que les vapeurs qu'elles dégagent. »

Liniment

***Vous devez disposer de :** huile d'olive, eau de chaux.*

« Compositions d'huile, d'alcool, ou de produits actifs. Ils ne s'emploient pas en friction mais simplement en application, sur les parties à soulager. » En mélangeant énergiquement, au fouet, 25 cl d'huile d'olive et 25 cl d'eau de chaux (en pharmacie), vous obtiendrez un liniment oléocalcaire à conserver dans un flacon de verre. Cette substance crémeuse est très utile pour la toilette des bébés (fesses et visage). C'est aussi un très bon démaquillant. Il soulage encore les brûlures. (Secouez la bouteille avant chaque utilisation.)

Lumbago

L'application, par massage, d'alcool camphré donne généralement de bons résultats (voir p. 177).

Mal de gorge

***Vous devez disposer de** : vinaigre de vin rouge et miel, ou œuf, eau de fleurs d'oranger, sucre, lait (facultatif), ou citron, ou bourgeons de ronces et miel.*

1. Mélangez un quart de tasse de vinaigre de vin rouge et un quart de tasse de miel. Prenez 1 cuillerée à soupe de ce mélange six fois par jour.
2. Le lait de poule était aussi fortement conseillé : déposez 1 jaune d'œuf (très frais) dans un bol. Délayez avec 2 cuillerées à café de sucre et 1 cuillerée à café d'eau de fleurs d'oranger. Battez le mélange jusqu'à ce qu'il devienne bien blanc. Versez dessus et doucement 1 grand verre d'eau bouillante ou de lait en prenant soin de bien remuer pour que le jaune ne tourne pas. Buvez bien chaud. (On peut remplacer l'eau de fleurs d'oranger par de la vodka.)
3. Toutes les 3 heures, faites un gargarisme avec du citron pressé ou de l'eau très salée.
4. Les infusions de bourgeons de ronces (1 pincée par tasse d'eau bouillante) et miel (1 cuillerée à café par tasse) avaient également la réputation de soulager. (Autres recettes p. 158.)

Croyance ou superstition ?

Autrefois, dans les campagnes, il était de tradition de soulager ce mal en maintenant autour du cou, toute la nuit, une chaussette préalablement portée dans la journée (il s'agissait alors de chaussettes en laine). Une autre méthode aussi saugrenue consistait à mettre du sel fin, après l'avoir fait chauffer, dans un foulard que l'on portait toute la nuit. Consulter un médecin reste nécessaire.

Mal de tête

*V**ous devez disposer de** : vinaigre, ou fleurs de lavande.*

« Il est bon de recourir à des bains de pieds très chauds. On peut, en même temps, mettre des compresses d'eau et de vinaigre sur la tête, ou même une vessie pleine de glace et boire une infusion de fleurs de lavande » (1 cuillerée à café pour 1 tasse d'eau bouillante).

Secret des campagnes

Faites avec votre index, sur le milieu du front, entre les sourcils, une forte pression, au moins 30 secondes. Relâchez d'un coup sec. « Le soulagement est instantané », paraît-il.

Maladies de peau

*V**ous devez disposer de** : bardane.*

Le docteur Davis est formel : « La bardane est une des meilleures plantes médicinales. Et toutes les personnes atteintes de maladies de peau feront bien de se laver avec de la tisane de sa racine. » À raison de 60 g en décoction pour 1 litre d'eau.

Miel violat

*V**ous devez disposer de** : miel, violettes.*

S'emploie contre rhumes, maux de gorge et petites infections. Faites infuser ensemble 60 g de miel, 20 g de violettes et 60 cl d'eau après avoir bien mélangé.

Migraine

*V**ous devez disposer de** : camphre, alcool à 22 % vol., huile essentielle de lavande, huile essentielle d'anis, ou citron.*

On a conseillé tant de moyens qu'il a fallu trancher, en vous prévenant que « le plus sûr est le repos et le sommeil pour hâter la

fin de l'accès ». Si ça ne suffit pas, préparez-vous un peu d'« eau pour la migraine » : dissolvez 2 cuillerées à café de camphre dans 20 cl d'alcool à 22 % vol. (en pharmacie). Ajoutez 5 gouttes d'huile essentielle de lavande et 6 gouttes d'huile essentielle d'anis. En compresse sur le front.
Pour l'anecdote, en 1836, un célèbre médecin professeur à la Faculté rapporte les faits suivants : « Il y a six semaines, j'avais le plaisir de recevoir quelques amis au nombre desquels se trouvait Mme N. Elle fut soudain prise de violentes attaques de migraine qui la mirent dans l'impossibilité d'assister au dîner. Me rappelant alors les effets de la métallothérapie en pareil cas, je me fis apporter une casserole en cuivre et je la tins appliquée sur le front de Mme N. Cinq minutes ne s'étaient pas écoulées que déjà cette dame éprouvait un soulagement des plus marqués, et moins de 10 minutes après, elle se trouvait en état de venir s'asseoir à table [...]. J'ai revu cette dame il y a quinze jours, elle m'a appris qu'ayant eu une nouvelle crise, elle s'en était débarrassée aussi vite et au même prix. » Cela ne coûte rien d'essayer, tout comme la méthode suivante préconisée par un vieux curé de campagne : coupez un citron en deux et appliquez la moitié sur chaque tempe.

Nervosité

Vous devez disposer de : *tilleul, feuilles d'oranger.*

Dans un bol d'eau bouillante, jetez, pour laisser infuser 10 minutes, fleurs de tilleul (de Carpentras) et feuilles d'oranger fraîches ou desséchées coupées menu, 2 pincées de chaque. Se boit tiède chaque fois que nécessaire.

Ongle incarné

Vous devez disposer de : *eau de Javel, argile verte.*

Essayez des bains bien chauds d'eau de Javel (2 cuillerées à café pour 1 verre d'eau) plusieurs fois par jour, et complétez avec des cataplasmes d'argile verte. L'ongle se ramollit au bout de quelques jours. On peut alors glisser, entre la peau et l'ongle, un petit coton, le temps qu'il « repousse droit » (à changer chaque jour).

Oreilles

***Vous devez disposer de** : vinaigre de vin.*

Il y a encore peu, on disait qu'il suffisait de quelques gouttes d'un mélange 50 % eau et 50 % vinaigre de vin rouge appliqué à l'aide d'un Coton-Tige pour soulager les infections légères.

Orgelet

Certes archaïque, la méthode ici exposée a, paraît-il, soulagé des générations entières et en soulage encore d'autres à en croire une persistante rumeur. Passez une alliance en or en faisant par trois fois un signe de croix sur l'orgelet : « Il avorte très vite. » Dans certaines régions, on passait dessus, sept fois, une pièce de monnaie que l'on devait jeter ensuite dans la rue… « Celui qui ramassera la pièce, récupérera aussi l'orgelet » (pas très charitable !). Encore plus étrange : regarder le fond d'une bouteille remplie d'un litre d'huile d'olive : « L'orgelet reste au fond de la bouteille. » (Je ne vous garantis rien !)
« Un moyen facile de le faire avorter est d'y appliquer, dès qu'on commence à le ressentir, un peu de cérumen » (substance cireuse du conduit auditif).

Palpitations nerveuses

On les réduit parfois par un léger exercice (marche), des bains tièdes et des cataplasmes de lavande sur le plexus solaire.

Panaris

***Vous devez disposer de** : huile d'olive, sel, alun, cire, ou œuf, fleur de soufre, vinaigre.*

« Il exige le plus grand soin. On réussit à s'en débarrasser en trempant son doigt dans une eau de savon élevée à la température la plus supportable possible. En outre, si les ongles mollissent ou se recourbent, il faut employer des huiles onctueuses et le soir en se couchant l'emplâtre suivant (voir p. 210) : huile d'olive 1 once (30 g), sel marin 2 gros (8 g), alun 2 scrupules (3 g), cire 1 once (30 g). Mêlez. »
Galien prescrivait 1 jaune d'œuf dur, de la fleur de soufre, du vinaigre. On mélange le tout pour faire un emplâtre.

Autrefois en Ardèche
« Mettez, gros comme un pois chiche, de l'huile d'olive pour adoucir, du safran pour pousser, de la farine pour lier. La guérison se fait sous 24 heures. »

Piqûre d'abeille

Vous devez disposer de *: eau et vinaigre, ou savon de Marseille, ou plante aromatique, ou blanc de poireau (au choix).*

Ça gratte et c'est douloureux ! La première chose à faire est d'enlever l'aiguillon s'il est resté dans la plaie. Ensuite, au choix :
1. Appliquez immédiatement une compresse d'eau et de vinaigre saturé en sel et d'ammoniaque.
2. Humidifiez un savon de Marseille et frottez-en la plaie.
3. Frottez la piqûre avec une quelconque plante aromatique : sauge, romarin, persil, thym, menthe, mélisse, etc. (si elles sont sèches, mâchez-les avant usage pour les humidifier).
4. « On se trouve très bien de frotter avec du blanc de poireau, de l'ail ou un oignon. »

Secret des campagnes
Une méthode, quelque peu étrange qui avait les faveurs des travailleurs des champs est encore employée par quelques « initiés » (!) Un peu de cérumen (matière cireuse de l'oreille) appliqué sur la plaie. On disait que la douleur disparaissait immédiatement en évitant le gonflement.

Piqûre de guêpe

Mêmes procédés que pour la piqûre d'abeille.

Important
Comme pour n'importe quelle piqûre, consultez rapidement un pharmacien si la partie piquée est très enflée.

Piqûre de moustique

***Vous devez disposer de** : géranium, ou eucalyptus, basilic, menthe poivrée, lavande, huile végétale.*

Si un moustique vous pique, cueillez immédiatement une feuille de géranium, écrasez-la un peu et appliquez-la sur la piqûre. L'irritation diminuera très vite. Et si vous avez un peu de temps devant vous, lancez-vous dans la préparation de la lotion anti-moustique : faites macérer quatorze jours au soleil 8 feuilles d'eucalyptus, 10 branches de basilic frais, 12 branches de menthe poivrée, 8 feuilles de géranium, deux pincées de lavande dans 20 cl d'huile végétale. Filtrez et conservez dans une bouteille bien bouchée. Appliquez sur les « zones à risques ».

Piqûre de méduse

***Vous devez disposer de** : courge éponge.*

Vous venez de vous faire piquer ? Vite, une courge éponge (p. 250). Ce très vieux truc de grand-mère, encore utilisé par quelques inconditionnels de la baignade, est d'une réelle efficacité. Si une méduse vous pique, trempez immédiatement l'éponge dans l'eau de mer et frottez énergiquement (oui, ça fait un peu mal) l'endroit du corps où vous avez été piqué. Rincez à l'eau de mer. C'est très surprenant mais la piqûre ne vous brûlera pas et vous n'aurez pas de cicatrice.

Attention
Cette recette n'est valable que si l'on frotte immédiatement après s'être fait piquer.

Plaies

*V**ous devez disposer de** : fleurs d'églantine, eau de vie.*

Le « baume samaritain » (p. 192) rend de bons et loyaux services dans le soulagement des petites plaies. En 1864, Marie-Rose Patout, herboriste accoucheuse de première classe, évoque une autre préparation très ancienne : « Les pétales du lys macérés dans de l'huile d'olive sont un remède populaire pour la guérison des plaies faites par des instruments tranchants. Le bulbe bouilli dans du lait est un bon cataplasme maturatif, on s'en sert surtout dans les panaris et dans les maladies du sein. »
Sœur Saint-Jean, religieuse de l'ordre des Augustines, ancienne infirmière en chef de l'hôpital de Carpentras et aujourd'hui âgée de 98 ans, m'a confié la méthode « radicale » de sa propre mère pour soigner plaies et blessures et aider à la cicatrisation : mettre à macérer 1 bonne poignée de fleurs d'églantine fraîches dans 1 demi-litre d'eau-de-vie. Chaque fois que nécessaire, prélever quelques fleurs, les appliquer sur la blessure et faire tenir au moyen d'une gaze et d'une bande. Changer chaque jour le pansement, mais sans changer les fleurs. On se contente de verser par-dessus un peu de l'alcool de macération pour les réhumidifier. Renouveler la macération chaque année en jetant les fleurs de l'année précédente.

Point de côté

*V**ous devez disposer de** : avoine, ou sureau, tilleul, coquelicot ou buis.*

Appliquez sur le côté douloureux de l'avoine toute chaude que vous venez de griller comme du café. Buvez des tisanes de fleurs de sureau, de tilleul, de coquelicot ou de bois râpé de buis.

Poux

*V**ous devez disposer de** : vinaigre de vin, lavande.*

Faites macérer durant sept jours 30 gouttes d'huile essentielle de lavande (ou 20 g de fleurs) dans 25 cl de très bon vinaigre de vin. Secouez énergiquement puis frictionnez la tête matin et soir avec quelques gouttes de cette lotion. Les poux détestent ! Voir aussi Livre 1, « Les cheveux », p. 40.

Prostate

Il était conseillé de boire plusieurs tisanes de ronces par jour.

Psoriasis

Les tisanes dépuratives étaient fortement recommandées (voir p. 157), notamment à base de sauge, ortie, pissenlit, bardane ou jus de laitue. Lorsque le psoriasis était « humide », on saupoudrait les plaies avec de la fleur de soufre (en pharmacie).

Rage de dents

***Vous devez disposer de** : poudre de cannelle, miel.*

En attente du rendez-vous chez le dentiste et pour soulager un peu la douleur, préparez cette pâte composée de 1 demi-cuillerée à café de poudre de cannelle et de 1 cuillerée à café de miel. À appliquer sur la dent douloureuse (trois fois par jour).

Refroidissement

Vous frissonnez, vous claquez des dents, vous ne parvenez pas à vous réchauffer ? Posez tout de suite des bouteilles d'eau très chaude sur chaque pied. Frictionnez ensuite énergiquement tout le corps au gant de crin et buvez une infusion très chaude de tilleul (ou un bon vin chaud !).

Rhumatismes

***Vous devez disposer de** : racines de bardane, racines de raifort, ou huile de foie de morue, ou lavande, romarin, marjolaine,* *sauge,thym, mélisse, basilic, véronique, hysope, fenouil, absinthe, laurier, origan, feuilles d'amandier, lierre terrestre, genièvre, eau de vie.*

Les cataplasmes, aujourd'hui très sophistiqués (et chers) ne sont pourtant guère éloignés de ceux de nos aïeux ! En témoigne cette recette : faites bouillir 1 poignée de racines de bardane et 3 pincées de racines de raifort sauvage dans 20 cl d'eau. Laissez cuire 5 minutes, arrêtez le feu, couvrez et laissez refroidir. Appliquez sur les parties douloureuses. Gardez 10 minutes, rincez et recommencez si nécessaire jusqu'à trois fois par jour.

L'huile de foie de morue était aussi vantée pour combattre les rhumatismes articulaires à raison de cures de sept jours, quatre fois par an (on la trouve aujourd'hui en gélules, ce qui est nettement plus facile à absorber !).

Quant au « baume charitable », son nom évocateur était sans doute le gage d'un soulagement rapide. Dans un bocal en verre ou en terre de 2 litres, déposez, après les avoir grossièrement hachées, feuilles et fleurs de lavande : 40 g ; feuilles et fleurs de romarin, de marjolaine, de sauge, de thym, de mélisse, de basilic, de véronique, d'hysope, de fenouil, d'absinthe : 20 g de chaque ; feuilles de laurier, d'origan, d'amandier, de lierre terrestre : 10 g de chaque ; baies de genièvre : 45 g. Versez par-dessus 1 litre de bonne eau-de-vie (ou de rhum blanc, ou de vodka). Bouchez et secouez énergiquement. Exposez au soleil (ou à chaleur ambiante) un mois en agitant régulièrement le bocal. Filtrez en exprimant bien tout le liquide et mettez en bouteille. Frictionnez à la main avec un peu de liquide les endroits douloureux. Ce baume est également efficace pour les petites douleurs musculaires.

Confidence de Mathusalem

Si les douleurs sont récentes et dues à un refroidissement, buvez des tisanes de fleurs de sureau : « Dans une pinte d'eau bouillante (comptez 1 litre), jetez, pour laisser infuser jusqu'au refroidissement, fleurs de sureau 2 pincées. Après l'avoir passée, et lorsqu'elle est encore chaude, miel une once (30 g). »

Rhume

Vous devez disposer de *: eucalyptus et huile d'olive, ou thym, miel de thym et lavande.*

L'eucalyptus, déjà évoqué (voir bronchite, p. 191), peut prendre la forme avantageuse d'une huile. En friction sur le thorax et le dos (infections respiratoires), elle est excellente. Pour la mettre au point, laissez macérer quatorze jours 15 feuilles d'eucalyptus dans 20 cl d'huile d'olive. Filtrez, mettez en flacon conservé bien bouché. Cette huile s'utilisait aussi contre les brûlures légères.
Sinon, il est une petite plante aussi discrète qu'efficace : le thym. On le connaît bien en cuisine, mais on a oublié qu'il peut soulager plein de petits maux. N'hésitez pas à en faire de bonnes tisanes et des inhalations (4 ou 5 brins ou 2 ou 3 pincées pour un bol d'eau bouillante). Si vous y ajoutez un peu de miel de thym ou de lavande, la tisane sera encore plus bénéfique.

Secret des templiers

Ils prescrivaient ce remède : tisanes de bouillon blanc, millepertuis, romarin et thym, 1 pincée de chaque pour un grand bol d'eau bouillante. En boire un bol, bien chaud, matin, midi, et soir. Aussi recommandé en cas d'extinction de voix ou de laryngite.

Rhume de cerveau

Vous devez disposer de *: lavande et gros sel, ou alcool camphré, ou ail, citron et miel (au choix).*

1. Dès son apparition, plongez le nez dans la vapeur de décoctions de lavande et prenez des bains de pieds très chauds de gros sel.
2. Le docteur Luc disait : « Arrêter presque instantanément un commencement de coryza en se frottant fortement la nuque avec de l'alcool camphré » (voir p. 177).
3. Portez à ébullition le contenu d'un bol d'eau dans une petite casserole. Hachez menu 2 gousses d'ail. Quand l'eau bout, cou-

pez le feu et jetez-y l'ail. Couvrez 5 minutes. Versez le liquide dans un bol (sans les gousses d'ail) ajoutez le jus d'un citron et 2 cuillères à soupe de miel. À boire 10 minutes avant de se mettre au lit.

Autre conseil du docteur Luc
« Nous recommandons de couper un citron, d'en presser le jus dans le creux de la main et d'aspirer fortement dans le nez, afin qu'il pénètre profondément dans les fosses nasales ; cela pique un peu, mais on évitera toute complication. »

Rhume des foins

Vous devez disposer de : *estragon.*

À titre préventif, inhalez de l'estragon deux fois par jour.

Jamais sans estragon
Si vous êtes sujet à ce mal saisonnier, soyez prévoyant : ayez sur vous de l'huile essentielle d'estragon. À la moindre crise d'éternuement, respirez et cela vous soulagera.

Rougeurs du visage

Vous devez disposer de : *concombre.*

Parfois, on rougit pour un rien ou à la moindre émotion. Si tel est votre cas, faites l'expérience suivante : appliquez des rondelles de concombre directement sur votre peau ; les rougeurs disparaîtront. Plus discret : dès que vous sentez que vous commencez à rougir, pincez fortement les lobes de vos oreilles. Certes, elles seront un peu rouges, mais vos joues plus du tout !

Rougeurs du nez

Vous devez disposer de : *borax, eau de rose, eau de fleurs d'oranger.*

Si elle n'est le résultat ni d'une soirée trop arrosée ni d'un grand froid, mais d'une sécheresse du conduit nasal, cette lotion peut vous aider. Faites dissoudre 2 g de borax (en pharmacie ou droguerie) dans 15 g d'eau de rose et autant d'eau de fleurs d'oranger. Trois fois par jour au moins, vous vous humecterez le nez (extérieur) avec cette eau rafraîchissante et vous n'essuierez pas.

Saignement de nez

Frottez de vinaigre les tempes et les ailes du nez puis posez sur le front un bandeau imprégné de vinaigre. La même pratique convient à un début de mal de tête. La tradition voulait aussi qu'on l'arrêtât « sur-le-champ » en posant un objet en fer (une grosse clé par exemple) derrière la nuque puis au milieu du dos.

Sciatique

Le maître mot pour soulager : chaleur. Une bonne bouillotte en caoutchouc appliquée à l'endroit douloureux ne va pas vous guérir, mais au moins quelque peu atténuer la douleur. C'est déjà pas mal.

Sinusite

Vous devez disposer de : *thym.*

« L'inhalation, il n'y a que ça de vrai », disaient les vieux docteurs. Utilisé pour combattre les inflammations des voies respiratoires, le thym a gagné ses lettres de noblesse dès l'époque romaine où il servait déjà à purifier. Déposez 5 pincées des feuilles de thym séché dans un bol d'eau bouillante. Dès que l'ébullition reprend, coupez le feu et placez la tête au-dessus de la vapeur en vous couvrant d'une serviette de bain. Respirez les effluves pendant 5 minutes ; recommencez l'opération trois à quatre fois par jour.

Teigne

Le traitement le plus en usage, celui des frères Mahon, consistait en l'application de cataplasmes émollients (voir p. 194).

Torticolis

Vous devez disposer de : oignon, origan, thym, romarin.

Hachez grossièrement 1 oignon et mettez-le à chauffer, à sec, avec 1 pincée d'origan, de thym et de romarin. Mettez dans une gaze et appliquez bien chaud sur le cou. Ce cataplasme procure un soulagement rapide.

Toux

Vous devez disposer de : guimauve et réglisse, ou réglisse, mauve et violettes, ou véronique, lierre terrestre, tussilage, mélisse et sauge.

1. Cette boisson adoucissante et mucilagineuse était communément employée : « Faire bouillir dans 50 cl d'eau une once (30 g) de racine de guimauve et demie once (15 g) de racine de réglisse. »
2. « Faire bouillir quelques minutes, dans une pinte d'eau (comptez 1 litre) deux onces (60 g) de racines de réglisse en morceaux ; en retirant du feu, y ajouter, pour laisser infuser seulement, fleurs de mauve et de violettes, de chaque deux pincées. »
3. Le thé pectoral est une excellente préparation contre la toux et les bronchites : hachez feuilles de véronique, de lierre terrestre, de tussilage, de chaque 25 g, de mélisse et de sauge de chaque 8 g. Mélangez bien, conservez en bocal et employez 25 g en infusion par litre d'eau.

Vieille croyance

Coupez en 4 un très gros oignon paille (c'est l'oignon normal) puis posez-le sur une assiette. Conservez le tout sur la table de nuit. « L'arrêt de la toux est presque immédiat. » Cette pratique perdure encore en Italie et en Espagne.

Transpiration

Vous devez disposer de : écorce de chêne, feuilles de noyer.

Pour lutter contre une transpiration excessive, y compris des pieds et des mains, on prend des bains locaux faits d'une décoction d'écorce de chêne (2 pincées) et de feuilles de noyer (3 pincées) pour 1 litre d'eau. Faites cuire 5 minutes, coupez le feu, couvrez et laissez tiédir.
Prescriptions de M. Chevalier, pharmacien-chimiste à Amiens, 1867 : pour les aisselles, « les bains, sont très bons pour la sueur immodérée des aisselles, parce qu'en facilitant la transpiration générale, ils diminuent celle de ces parties. Si ces remèdes sont insuffisants, il faudrait saupoudrer le dessous des bras d'iris de Florence en poudre, qui absorberait la sueur. Pour les mains, on peut la combattre par des saupoudrages d'amandes en poudre. Pour les pieds, saupoudrage de poudre d'alun brûlé. Cette poussière absorbe la mauvaise odeur et ne met point d'obstacle à la transpiration ». (Le talc est aussi très efficace.)

Urticaire

Vous devez disposer de *: vinaigre, amidon, bicarbonate de sodium.*

Dans le cas où la démangeaison est trop sensible, faites des lotions d'eau vinaigrée en alternance avec des bains d'amidon (en droguerie ou pharmacie) auxquels vous ajouterez 500 g de bicarbonate de sodium.

Petit secret
Dans les campagnes, on faisait des applications de feuilles de chou.

Varices

Lotionner avec une décoction d'écorce d'aulne (p. 160).

« Vents »

Voici ce que l'on trouve dans le célèbre traité de l'école de Salernes, *De l'art de conserver sa santé*, traduit par Antoine

Augustin Bruzen de La Martinière en 1759 : « Pour l'estomac vous pourrez prendre de la graine de coriandre. Les vents à son approche, ou par le haut ou par le bas, sortent à petit bruit ou même avec fracas… »

Verrues

Vous devez disposer de *: citron, vinaigre de vin rouge.*

Pline vantait déjà les bienfaits du citron dans ses traités et le prescrivait, entre autre, comme « antidote à plusieurs poisons ». Prenez le zeste d'un citron, coupez-le en bandes, laissez-le tremper 24 heures dans du vinaigre de vin rouge. Appliquez un morceau de zeste sur la verrue (laissez agir en mettant une compresse ou un pansement). Recommencez l'opération jusqu'à ce que la verrue ait disparu.
Plus ou moins fantaisistes : une ancienne pratique consistait à frotter deux ou trois fois par jour la verrue avec 1 gousse d'ail pelée et coupée en deux ; une vieille superstition affirmait jadis que le moyen de les faire disparaître consistait à passer dessus, trois fois de suite, en faisant un signe de croix, une alliance en or… comme pour les orgelets ! La médecine populaire conseillait de l'humecter chaque matin avec sa propre salive en étant à jeun. Enfin, dans les pays du bassin méditerranéen, on cueillait une feuille de figue, et on appliquait le lait qui en sortait sur la verrue. On recommençait l'opération plusieurs fois par jour.

Vers

Vous devez disposer de *: ail, ou ail, lait et miel, ou huile essentielle de lavande.*

Les anciens étaient formels : pour les éviter, ajoutez de l'ail chaque jour, cru ou cuit, dans les salades ou dans les plats. Dans plusieurs contrées, y compris dans le midi de la France, on en faisait un collier que les enfants portaient au cou pour « les fortifier et leur enlever les vers ». On buvait du « lait d'ail » pour lutter

contre les oxyures : hachez 2 gousses d'ail dans 1 grand verre de lait tiède, sucrez avec du miel et buvez à volonté.
Sœur Saint-Jean m'a aussi appris que, dans son enfance, sa mère « tuait les vers » de ses huit enfants avec une méthode infaillible : elle appliquait sur le nombril et dans le creux du cou des tampons de ouate imbibés d'huile essentielle de lavande.

Vertiges

Vous devez disposer de : *mélisse, aubépine, anis vert.*

Prendre trois tasses, trois fois par jour, de la tisane suivante : mélisse, 2 pincées ; aubépine, 1 pincée ; anis vert, 1 pincée pour un demi-litre d'eau.

Vomissements

L'infusion de sauge était le nec plus ultra. Lorsqu'ils étaient dus à un repas trop copieux, on faisait fondre 1 cuillerée à café de sel marin dans un verre d'eau ; on buvait le quart du verre et on prenait immédiatement après 1 cuillerée à café d'eau fraîche pour enlever le goût ; on renouvelait si nécessaire.

Yeux (petite inflammation ou irritation)

Cataplasmes de cerfeuil cuits dans l'eau bouillante en alternance avec un lavage de décoction de laitue, « ce traitement si simple suffit pour produire des cures surprenantes par leur rapidité ». Cependant, peu à peu, les compresses de mauve ou de camomille ont détrôné ce pauvre cerfeuil qui avait rendu tant de bons et loyaux services ! Au Moyen Âge, l'eau de bleuet avait la réputation de fortifier la vue ; elle était surnommée « casse-lunettes » (en compresses, dès que nécessaire). Voir aussi Livre 1, p. 82.

Petit secret du Moyen Âge

Râper une pomme de terre et en faire une compresse que l'on applique 15 minutes sur l'œil enflammé. Rapidement la compresse va devenir noire : « Elle tire l'inflammation. »

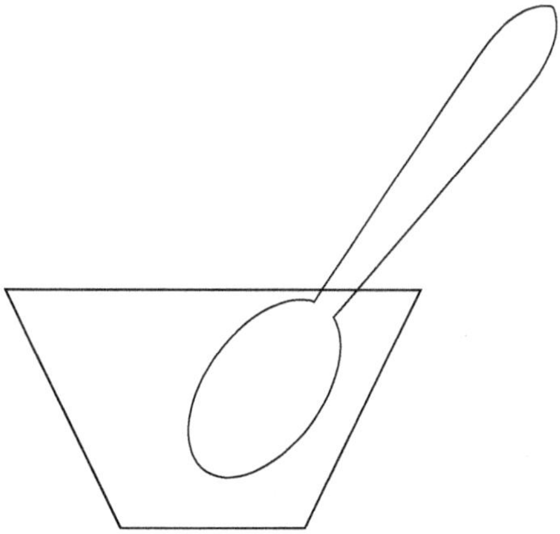

Livre 3

L'entretien de la maison

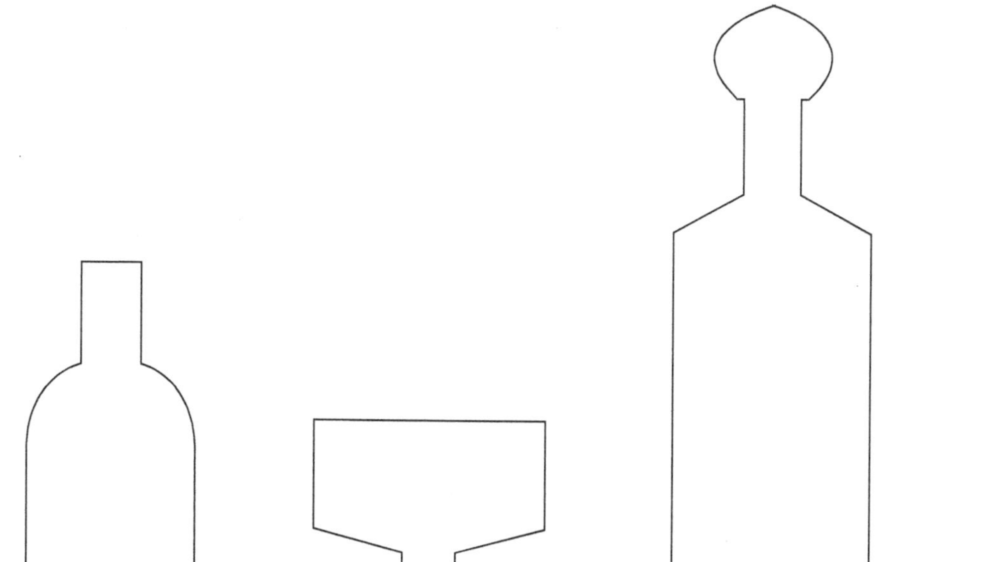

Confort souvent rudimentaire, tâches domestiques éreintantes, même pour les enfants, la vie d'hier était, quoiqu'en disent certains nostalgiques, bien plus dure qu'aujourd'hui. Jusqu'à une époque relativement récente, le rôle de la femme était de « tenir la maison ». Elle était responsable de toutes les tâches, y compris les corvées d'eau. Couture, raccommodage, ménage, cuisine, lavage, repassage, éducation des enfants, si les « bourgeoises » étaient épargnées car elles pouvaient déléguer, pour les familles modestes à la ville ou à la campagne, le bât pesait lourd.

Ce sont les innovations du XIXe et du début du XXe siècle qui vont révolutionner le quotidien. Électricité, gaz, eau courante « à tous les étages », puis appareils ménagers, gadgets (mot inventé il y a moins de cinquante ans pour désigner des objets pratiques dans la cuisine), un véritable bouleversement s'opère et tout va alors très vite. De nombreux manuels ou traités d'« économie domestique » exposent les nouvelles règles de l'hygiène, enseignant aux femmes comment entretenir leur maison, en n'oubliant jamais l'importance des « cordons de la bourse ». On passe peu à peu du balai à l'aspirateur, du lavoir à la lessiveuse puis à la machine à laver. Les produits ménagers achetés sont peu nombreux, ceux fabriqués à la maison ayant la préférence. Malgré tout, le linge est propre et sent bon, et la maison reluit. Nos grands-mères, bien qu'elles soient au courant des nouvelles technologies, n'en oublient pas pour autant les recettes maison.

À l'inverse aujourd'hui, à force de regarder les publicités et les rayons des grandes surfaces sans esprit critique, nous ne savons plus vraiment à quel saint du nettoyage nous vouer… Les multinationales rivalisent d'imagination et de stratagèmes pour nous convaincre d'acheter « le » produit qui va métamorphoser l'entretien de la maison – ou plutôt « les » produits, destinés chacun à révolutionner

Maxime intemporelle

« Il faut entretenir pour mieux conserver et pour moins dépenser. »

une petite partie de son entretien : un pour l'évier, un pour le lavabo, un autre pour le mur, le robinet gauche, le robinet droit, la moquette de la chambre, celle de l'entrée et même l'odeur de chacun des tuyaux…

Certaines inventions ont modifié et largement amélioré notre quotidien. On appuie sur un bouton et le pain est pétri, puis cuit tout seul ; une pression sur « départ » et la vaisselle se retrouve en un clin d'œil lavée et essuyée ; on remplit un tambour et le linge sort non seulement lavé et essoré mais aussi séché et prêt à être rangé. Pour autant, d'autres ont contribué à la perte de pratiques simples et économiques, autrefois connues de tous. Qui n'a pas, dans ses placards, le dernier-né « du » produit révolutionnaire : la lingette ?

- une pour le sol (*exit* la serpillière) ;
- une pour les vitres (adieu le bon papier journal) ;
- une pour l'évier (fini le vinaigre de nos grands-mères) ;
- une pour les meubles en bois… Et la liste est encore longue !

Pourtant, quelques préparations bien dosées et savamment utilisées, comme avant, peuvent venir à bout de nos petits tracas ménagers.

Faisons de nos ancêtres des alliées de choc :
disons adieu aux produits miracles et retrouvons
le secret des bons produits maison !

Nettoyage et entretien

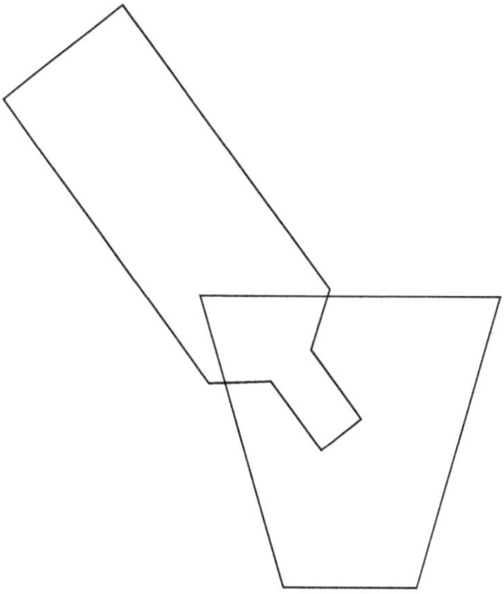

*« Le temps, c'est comme l'argent :
pour le gérer,
il faut en avoir ! »*

Aujourd'hui, au prétexte trop souvent fallacieux de nous faire gagner du temps, les industriels nous incitent à investir chaque jour davantage dans des produits onéreux et souvent inutiles. Les fameuses lingettes ne nous évitent pas pour autant d'enlever la poussière, de laver le sol et les vitres ou de détartrer le lavabo...

Il existe des produits et procédés peu coûteux qui préservent notre planète qui en a grand besoin en se réappropriant cette maxime laissée aux oubliettes :

*« Une sage distribution du temps
en laisse pour tout. »*

Hygiène

Si, comme nous allons le voir — avec un œil un peu ironique sur ce qu'on nous raconte et nous vante depuis quelques décennies —, il est simple d'entretenir la maison, on ne doit pas pour autant oublier les règles fondamentales d'hygiène.

Aérer les pièces

« On peut vivre trois semaines sans nourriture, trois jours sans eau, trois minutes seulement sans air. » L'air pur est l'élément le plus important de la salubrité d'une maison. Son renouvellement total et fréquent est indispensable pour la santé. « Faire entrer l'air vaut parfois mieux qu'un ménage bâclé », disait-on. D'ailleurs, l'humidité, un des facteurs d'insalubrité, est souvent liée au manque d'aération (maison inhabitée pendant longtemps ou pas suffisamment ventilée). Alors, aérez, aérez souvent et chaque jour.

Éponges

Vous devez disposer de : *alcali.*

Elles accumulent les bactéries. Des mesures d'hygiène s'imposent donc. Le plus souvent possible, faites-les tremper quelques minutes dans un bol rempli d'eau chaude à laquelle vous aurez ajouté 1 cuillerée à café d'alcali. Rincez ensuite à l'eau. Mais on va le voir, il y a mieux que les éponges synthétiques !

Chiffons

Vous devez disposer de : *savon de Marseille ou eau de Javel.*

Avant de les laver au savon de Marseille (à la machine ça va aussi !) les tremper 30 minutes dans une bassine d'eau à laquelle on a ajouté 1 cuillerée à soupe d'eau de Javel. Les taches disparaîtront et les bactéries auront été avalées par ce produit utilisé depuis le XVIIIe siècle. Il en est de même pour les serpillières.

Balais

***Vous devez disposer de** : eau de Javel.*

Leur hygiène doit être irréprochable. Il convient de les baigner régulièrement dans un bain d'eau javellisée ; laisser sécher « tête en haut ».

Précautions d'usage

On ne doit pas perdre de vue qu'un produit, même naturel, doit se manier avec quelques précautions.

• Ne jamais mélanger l'eau de Javel avec un autre produit, aussi inoffensif soit-il.

• Même naturel et fait maison, chaque produit doit être étiqueté et rangé hors de portée des enfants.

• Toujours faire un essai sur une petite surface quand vous « étrennez» un produit.

Pas de bon entretien sans bons produits

Une approche nouvelle du lavage et de l'entretien « à l'ancienne » présente un double avantage : un gain de place et un gain d'argent ! En plus, rien n'y résistera : bactéries, taches, mauvaises odeurs ou calcaire ont du souci à se faire ! Voici ce que va désormais contenir votre placard à produits ménagers. Vous pourrez trouver un certain nombre de ces produits de base en pharmacie et en drogueries, s'ils ne sont pas déjà chez vous ! Grâce à eux, vous allez pouvoir remplacer bombes, lingettes et produits devenus superflus en faisant d'énormes économies et en préservant notre planète. Ces incontournables se nomment alcali (ammoniaque), alcool à brûler, bicarbonate de sodium (aussi appelé bicarbonate ménager ou bicarbonate de soude), blanc d'Espagne, borax, chiffons de laine et de coton (vieux pulls et chaussettes en laine, tee-shirt, chemises en coton), courge éponge, eau de Javel, essence de térébenthine, nettoyant désinfectant maison, nettoyant multiusage maison, papier journal, peau de chamois, pierre d'argile maison, poudre à récurer maison, savon noir et savon de Marseille, terre à foulon (ou de Sommières), vinaigre d'alcool.

Nettoyant multiusage

Vous devez disposer de *: savon de Marseille, une râpe (à fromage).*

Dans un ouvrage de 1867, on pouvait lire : « On appelle un bain de savon une dissolution très épaisse de savon neutre de Marseille de première qualité. C'est, en un mot, une eau savonneuse concentrée dont la préparation est fort simple puisqu'elle consiste à faire dissoudre 150 g de savon de Marseille râpé dans 1 litre d'eau. Quand la dissolution est complète, on conserve ce bain pour l'utiliser quand on en a besoin. »
Autre solution : déposez 1 poignée de copeaux de Marseille ou 3 cuillerées à soupe de savon noir dans une bouteille, ajoutez trois quarts de litre d'eau et terminez avec du vinaigre d'alcool. Bouchez. Voilà un litre d'un produit particulièrement économique. Comme son nom l'indique, il est multifonction : vaisselle, carrelages, linge, robinetteries...

Joignez l'utile à l'agréable
Si vous souhaitez lui donner une odeur agréable, ajoutez une dizaine de gouttes d'huile essentielle de lavande, de thym ou de romarin (antibactériennes).

Nettoyant désinfectant

Vous devez disposer de *: borax, un vaporisateur (facultatif).*

Déposez 2 cuillerées à soupe de borax (en droguerie) dans une bouteille de 1 litre. Remplissez d'eau. Ce produit nettoie et désinfecte cuisine, salle de bains, sanitaires (conservez en bouteille ou dans un vaporisateur).

Poudre à récurer (pâte abrasive)

Vous devez disposer de *: bicarbonate de sodium, sel, une boîte en fer ou en carton.*

Déposez 1 cuillerée à soupe de bicarbonate de sodium et 1 cuillerée à soupe de sel dans une boîte. Bouchez et secouez fortement. Versez un peu de cette préparation sur l'objet à récurer et frottez avec une courge éponge. Rincez et essuyez si nécessaire.

Savon antitache

***Vous devez disposer de** : terre de Sommières, savon de Marseille, une boîte.*

La terre de Sommières s'achète (pas cher !) en drogueries ou grandes surfaces. Mélangez-en 100 g à 10 g de savon de Marseille râpé. Ajoutez juste assez d'eau pour obtenir une pâte bien épaisse mais sans grumeaux. Mettez dans une boîte en fer, comprimez bien et laissez sécher à l'air libre une dizaine de jours. Ce savon est utile dans toute la maison, et ses emplois sont multiples (mains grasses ou salies par des travaux de bricolage, taches, vitres, lavabos, etc.).

Pierre d'argile maison

***Vous devez disposer de** : savon de Marseille, argile blanche (ou verte), blanc d'Espagne, sel, bicarbonate de sodium, graisse végétale, glycérine, huiles essentielles de thym, de pin sylvestre ou de lavande.*

Pierre blanche, pierre d'argent, pierre d'argile... trois noms pour un seul et même produit aux multiples usages ! Bientôt, vous ne pourrez plus vous en passer. Il nettoie, dégraisse, décape, polit, protège et fait briller. Son action abrasive très douce permet même de nettoyer sans rayer des surfaces fragiles. Il est idéal pour nettoyer et entretenir chrome, aluminium, inox, argent, cuivre, bronze, laiton, étain, émail ou verre.

Il s'achète tout prêt, mais si vous préférez le fabriquer, en voici une formule : dans un saladier, mélangez, dans l'ordre, 60 g de savon de Marseille râpé (la râpe à fromage fonctionne très bien !), 50 g d'argile blanche (droguerie ou pharmacie) ou verte, 10 g de blanc d'Espagne, 20 g de sel de mer (fin), 30 g de bicarbonate de sodium, 10 g de graisse végétale (rayon « graisses à frire » des grandes surfaces), 5 cuillerées à soupe de glycérine (pharmacie), 20 gouttes d'huile essentielle de thym, 20 gouttes d'huile essentielle de pin sylvestre ou de lavande. Lorsque le mélange est homogène, pétrissez avec les doigts (comme pour une pâte à tarte) puis mettez-le tout dans une boîte (à couvercle) en pressant et tassant fortement pour faire sortir l'air et rendre la pâte compacte. Laissez sécher au soleil (c'est mieux) ou à température ambiante. Votre pierre d'argile sera prête lorsqu'elle sera complètement dure (dix à douze jours). Fermez la boîte et rangez-la dans le placard (il reste plein de place puisque vous n'avez plus de produits inutiles !). Humidifiez une éponge, ou, mieux, une courge éponge, imprégnez-la de produit, frottez la surface à nettoyer, rincez.

Quasi miraculeux

À elle seule, la pierre d'argile remplace un nombre impressionnant de produits ménagers. Autre bonne nouvelle, un pot dure des mois. Et, en plus, vos mains seront douces !

Courge éponge

La légende rapporte qu'un pauvre berger du nom de Luffa, ayant surpris Aphrodite au bain, fut immédiatement transformé en… courge ! Il donna son nom à l'un des plus merveilleux dons de la nature, une grande liane grimpante aux superbes fleurs jaunes, également appelée éponge végétale. Ses fruits sont comestibles. Cependant, si on les laisse sécher sur la plante, ils s'ouvrent peu à peu, pour laisser apercevoir… une éponge ! Celle-ci, une fois mouillée, gonfle beaucoup, tout en restant souple, ce qui est essentiel pour exfolier le corps et éliminer les peaux mortes (p. 100) ! Au fil des siècles, d'utilisations en observations, notre éponge végétale, non contente de rendre les meilleurs services à la peau, est devenue un incontournable accessoire de la ménagère. On s'en servait comme éponge abrasive (douce) pour laver le sol, la vaisselle, les ustensiles ou les outils. Après usage, on la lave au savon de Marseille, on la rince soigneusement et on la fait sécher.

Confidence

Préférez celles qui poussent dans les pays du bassin méditerranéen et surtout en Égypte à celles qui viennent de Chine, car elles sont moins résistantes et de moins bonne qualité pour la peau comme pour le ménage. Vous en trouverez dans tous les magasins de produits orientaux et les bonnes drogueries.

Encaustique pour le bois

***Vous devez disposer de** : cire d'abeille, essence de térébenthine, spatule en bois, un bocal.*

Pour entretenir, nourrir et faire briller comme autrefois, faites fondre au bain-marie 100 g de cire jaune (droguerie, apiculteur). Éteignez le feu et ajoutez immédiatement 200 g d'essence de térébenthine en tournant énergiquement à la spatule en bois jusqu'à refroidissement et obtention d'une pâte bien onctueuse. Transvasez le mélange dans un bocal, bouchez. Déposez une noix d'encaustique sur le bois et lustrez avec un chiffon doux. Vous obtiendrez ainsi une jolie patine (sur bois clair ou foncé, sur meuble récent ou ancien).

Dans la cuisine

Commençons, pour le plaisir, par une rapide visite de la cuisine de nos ancêtres.
Il y a plus de dix mille ans, la tribu se rassemblait déjà autour du feu qui procurait chaleur, nourriture et sécurité. Des siècles plus tard, c'est toujours autour de l'âtre, à la fois fourneau et lieu de vie, que la famille se réunissait pour les repas et les veillées. En 1735, le premier fourneau fermé fit son apparition avant que n'arrivent les fameux fourneaux en fonte émaillée. Casseroles en cuivre y côtoyaient pots en grès, armoires en chêne ou en noyer.
Pièce majeure de la maison, la cuisine évolue très vite à compter de la deuxième partie du XXe siècle.
Elle devient américaine, grande ou petite, intégrée, en bois, en aluminium ou en stratifié ; tout est fait pour l'agrémenter, en faciliter l'usage et l'intégrer à la vie familiale.
Actuellement, d'importantes recherches sont menées pour rendre notre cuisine aussi intelligente que nous ! On appelle ça la domotique. Imaginons que demain, le rôti sorte tout seul du réfrigérateur, s'assaisonne en fonction de données savamment calculées et s'installe sagement au « bûcher » pour cuire à la température désirée ! Pendant ce temps, et pendant que nous nous délassons dans un bon bain aux vertus bienfaisantes, un gentil robot nettoie, range et repasse.
Celui qui passe l'aspirateur en nos lieux et places est d'ailleurs déjà sur le marché.
Alors, pourquoi ce livre ? Eh bien parce que malgré toutes les avancées technologiques, rien ne remplacera jamais (j'espère) l'intelligence de la main de l'homme…

Évier en porcelaine

S'il est encrassé, votre nouvelle poudre à récurer maison ou la pierre d'argile suffiront à lui redonner son brillant.

Secret de ménagère

Pour qu'il retrouve tout son éclat, utilisez une fois par mois un chiffon imbibé d'essence de térébenthine. Veillez à bien aérer la pièce quand vous utilisez des produits à forte odeur.

Évier en émail

***Vous devez disposer de :** citron, vinaigre d'alcool ou Javel.*

Il est terne ? Frottez tout simplement avec un demi-citron. Il est encrassé ? Lavez-le au vinaigre d'alcool pur ou à l'eau de Javel ; laissez reposer toute la nuit, rincez à l'eau chaude et terminez avec du jus de citron.

Évier en inox

***Vous devez disposer de :** bicarbonate, vinaigre.*

On l'appelait « acier inoxydable », et il fait son apparition dans les années 1910. N'utilisez jamais de poudre abrasive au risque de le rayer ; contentez-vous de le saupoudrer de bicarbonate de sodium, puis de passer une éponge imbibée de vinaigre d'alcool ou de vin rouge.

Petit secret

Contrairement à ce que nous affirment les industriels, il est simple et économique d'ôter le calcaire : imbibez un papier absorbant ou un chiffon de vinaigre et « enveloppez » la partie à détartrer. Laissez une bonne heure, une nuit s'il faut, puis essuyez.

Robinets

***Vous devez disposer de :** alcool à brûler, un chiffon ou papier journal.*

Nettoyage facile : imbibez un chiffon (ou un papier journal) d'alcool à brûler que vous passez sur les chromes. Inutile de rincer.

Plan de travail

Il est important d'éliminer les bactéries : un petit coup d'éponge imprégné d'eau de Javel fait parfaitement l'affaire. S'il est en bois, remplacez la Javel par du vinaigre. Régulièrement, offrez-lui un bon nettoyage : déposez du sel sur la surface à nettoyer et frottez avec 1 demi-citron qui remplace l'éponge. Rincez bien.

Petit secret

Même opération pour les planches à découper.

Appareils ménagers

Désinfectés, propres et étincelants, ils le seront tous avec un produit unique : le vinaigre. Il remplace tous les produits et lingettes que vous avez dans le placard. C'est à faire regretter de les avoir achetés après avoir cédé à la publicité !

Cuisinière à gaz

***Vous devez disposer de** : vinaigre, bicarbonate.*

Arrivée dans les foyers au XIXe siècle, cette importante innovation contribue à faciliter la tâche des ménagères, et nos grands-mères ont eu largement le temps de trouver les bons moyens de la nettoyer ! Passez régulièrement une éponge imbibée de vinaigre et de bicarbonate de sodium puis rincez et essuyez. Le reste du temps, le vinaigre pur fonctionne très bien (four et plaque). Les brûleurs doivent faire l'objet de nettoyages réguliers et rigoureux car ils « graissent » très vite. La solution la plus simple consiste à les laisser tremper une heure ou deux dans du vinaigre pur et chaud. Rincez, essuyez, et c'est tout ! S'ils sont très encrassés, après le bain de vinaigre, frottez à l'aide de la pierre d'argile et de la courge éponge puis rincez. Même opération pour les boutons d'allumage.

Cuisinière électrique

***Vous devez disposer de** : gros sel, vinaigre.*

On pourrait penser que cette invention est récente. Eh bien non ! Figurez-vous que la première cuisinière électrique date de 1893... Elle sera « très tendance » dans les années 1950, supplantant pour un temps la cuisinière à gaz. Là aussi, les produits maison pour l'entretenir ont été largement testés ! D'ailleurs, c'est bien simple, elle se nettoie comme la cuisinière à gaz. Pour dégraisser les plaques (y compris celles du four) il suffit, lorsqu'elles sont encore tièdes, de frotter avec une préparation faite de gros sel et de vinaigre ; laissez reposer 15 minutes, rincez et essuyez.

Réfrigérateur

***Vous devez disposer de** : eau de Javel.*

Les premiers réfrigérateurs domestiques voient le jour en Amérique en 1913 et arrivent en France en 1915. Il est important de nettoyer votre réfrigérateur à fond très régulièrement. Après l'avoir vidé, débranché et dégivré, nettoyez-le avec une éponge imbibée de la préparation suivante : 1 cuillerée à soupe d'eau de Javel dans un demi-litre d'eau. Rincez et essuyez avec un chiffon. Aucun microbe ne résistant à l'eau de Javel, il sera à la fois propre et désinfecté.

Variante

Vous pouvez remplacer l'eau de Javel par votre nettoyant multiusage (p. 248) et rincer au vinaigre.

Lave-vaisselle

Il fait partie des inventions qui ont changé notre vie. Ce que l'on sait moins, c'est qu'il a été inventé par une femme au XIXe siècle. Cette Américaine ne supportant plus de faire la vaisselle (on peut la comprendre !), présenta son invention à la foire de Chicago. D'abord vendue aux hôtels et restaurants, cette magnifique innovation a commencé à se démocratiser seulement dans les années 1950.

Poudre de lavage maison

Vous devez disposer de *: acide citrique, borax, bicarbonate de sodium, sel fin, savon de Marseille.*

Temps de préparation : 5 minutes chrono ! Et comme cela fonctionne parfaitement, ce produit devrait bientôt être « recommandé par les plus grandes… ménagères » ! Prenez 15 gouttes d'huile essentielle de thym, de romarin ou de lavande (antibactériens). Ajoutez 120 g d'acide citrique, 100 g de borax, 50 g de bicarbonate de sodium, 30 g de sel fin, 1 cuillerée à soupe de savon de Marseille râpé. Mettez le tout dans une boîte au couvercle hermétique (pot à confiture, par exemple). Bouchez et secouez énergiquement. Versez 1 cuillerée à soupe dans le compartiment de la machine. Si l'eau est très calcaire, augmentez la quantité jusqu'à trouver la bonne concentration.

Important
Secouez le bocal avant chaque usage.

Liquide de rinçage

Vous devez disposer de *: vinaigre d'alcool.*

En dépit des conseils et recommandations inscrits sur les paquets de lessive industrielle, on peut très avantageusement le remplacer par un mélange moitié vinaigre d'alcool et moitié eau de source à conserver dans une bouteille bien bouchée.

Détartrage de cafetière

Vous devez disposer de *: vinaigre.*

Cette astuce date de l'invention de la cafetière : remplissez le réservoir à moitié de vinaigre d'alcool et d'eau aux proportions de un pour trois puis branchez-la si elle est électrique, mettez-la sur le feu si elle est italienne. Recommencez ensuite l'opération, mais seulement avec de l'eau claire et après avoir complètement rempli le réservoir d'eau. Suivant l'emploi que vous en faites et la dureté de l'eau, faites ce petit nettoyage une ou deux fois par mois. Attention : les vapeurs sont odorantes !

Petit secret

Si elle est trop entartrée ou si elle n'a pas fonctionné depuis longtemps, utilisez le vinaigre pur.

Détartrage de bouilloire

La recette est la même que pour la cafetière.

Batterie de cuisine, objets

Ne rêvons pas : même si elles le faisaient avec le sourire, les cuisinières d'hier n'aimaient pas plus que nous récurer plats et casseroles. Dès le Moyen Âge, puis au fil des siècles, aux ustensiles de bronze, de cuivre ou de fonte sont venus s'ajouter vases, plats et couverts en argent, porcelaine, étain et ivoire. Aussi, « avant de les étrenner, et pour rendre leur entretien ultérieur plus facile, il est bon d'y faire bouillir un peu d'eau mêlée de cendre ». En revanche, il est impératif de jeter une casserole émaillée dès que l'émail commence à se détacher, « sa poudre pouvant provoquer de graves désordres internes ».

Entretien quotidien

Vous devez disposer de : *nettoyant maison multiusage.*

Si vos ustensiles ou objets sont peu sales, vous les nettoierez sans difficulté avec votre nettoyant multiusage fait maison. N'oubliez pas non plus l'usage de la courge éponge et de la pierre d'argile.

Ustensiles encrassés

Vous devez disposer de : *eau de Javel, une éponge.*

Le ragoût a brûlé, vous avez donc dû faire des pâtes au dernier moment et, en plus, il faut nettoyer la marmite qui a accroché : faites-y bouillir quelques minutes un peu d'eau en ajoutant un demi-verre d'eau de Javel et laissez tiédir. Un simple coup d'éponge suffira ensuite à la rendre comme neuve.

Rumeur

Quelques feuilles d'oseille, déposées dans le fond de la casserole, que l'on fait bouillir avec un peu d'eau et qu'on laisse refroidir avant de la rincer, la nettoieront également très bien.

Ustensiles entartrés

***Vous devez disposer de** : pommes de terre.*

Cette pratique populaire est infaillible : déposez des pelures de pommes de terre dans le récipient que vous souhaitez détartrer, recouvrez d'eau, faites bouillir puis rincez. Les traces de calcaire auront disparu.

Petit secret

Si ça n'est pas le jour du plat jambon/purée/salade, remplacez les pelures par un demi-verre de vinaigre d'alcool.

Fonte

« Avant de commencer à l'employer, il faut avoir soin de la faire chauffer assez fortement et de parfaitement la graisser intérieurement à l'aide d'un morceau de lard non salé. Sans cette précaution, ces ustensiles noirciraient fort longtemps les mets qu'on y préparerait. »

Cocotte en fonte encrassée

***Vous devez disposer de** : cendre.*

Frottez l'intérieur avec un peu de cendre (de bois ou de cigarette) et procédez ensuite au lavage habituel.

Petit secret

Si vous cuisinez rarement dans votre cocotte en fonte ou que vous la rangez dans un endroit humide, essuyez-la avec un chiffon imbibé d'huile végétale après chaque utilisation.

Bois

*V**ous devez disposer de** : nettoyant maison.*

Saladier, mortier ou couverts se nettoient facilement au nettoyant multiusage (p. 248). Bien les essuyer avant de les ranger.

Petit secret

Vous éliminerez les bactéries en passant une éponge imprégnée de vinaigre.

Fer-blanc

*V**ous devez disposer de** : cendre, huile végétale, sel fin.*

« On se sert d'une pâte formée de cendre de bois et d'huile de noix avec laquelle on frotte l'objet, puis on le rince à l'eau et on le passe ensuite au blanc d'Espagne pour le rendre brillant. » Le fer-blanc se nettoie aussi avec de l'eau dans laquelle on a mis des cristaux de soude (droguerie) : 2 cuillerées à soupe pour un demi-litre d'eau. Si vous souhaitez le rendre bien brillant, frottez-le avec du sel fin, rincez bien et essuyez.

Cuivres

*V**ous devez disposer de** : citron et bicarbonate, ou savon noir.*

Est-ce parce qu'ils ne passent pas au micro-ondes ou sur les plaques à induction que leur usage est devenu plus rare ? Toujours est-il que, comme ils redeviennent lentement « tendance » (pour faire les confitures), il faut bien rappeler les bonnes manières de les traiter ! Et ça tombe bien car nos grands-mères possédaient tous les secrets pour les nettoyer, les polir, les lustrer et les faire briller !

1. Préparez une pâte avec le jus de 1 citron et 2 cuillerées à soupe de bicarbonate de sodium. Passez sur les cuivres en frottant et en étalant bien. Laissez sécher environ 10 minutes puis lavez à l'eau chaude. Rincez et séchez avec un chiffon doux.

2. Faites bouillir 3 cuillerées à soupe de savon noir dans 5 litres d'eau et plongez-y les cuivres. Éteignez le feu et quand l'eau est encore chaude, frottez-les à la brosse douce (brosse à ongles ou courge éponge). Rincez à l'eau claire en brossant de nouveau. Faites sécher à l'air puis essuyez énergiquement à la peau de chamois.

Cuivres noircis

« Pour les parties noircies par le contact du charbon ou de la flamme, nettoyer à l'aide d'un chiffon enduit de cendre de bois mouillée. La suie une fois enlevée, on les passe au tripoli (droguerie) délayé dans un peu d'eau pour former pâte, et l'on opère, en frottant, comme on le fait pour les autres objets en cuivre ayant perdu leur brillant », d'après un ouvrage de1886.

Confidence de Florentine Girard

Pour des cuivres très oxydés ou anciens, mêlez 1 poignée de sable fin à 2 verres à moutarde de farine. Mouillez avec du vinaigre d'alcool, frottez avec une brosse douce puis essuyez. Frottez ensuite, à sec, avec un peu de terre et un chiffon doux.

Cuivres dorés

***Vous devez disposer de** : vin ou alcool, son, une éponge.*

Voici les instructions de Mme Dameront (1838) : « Il faut se garder d'employer des poudres sur le cuivre doré. On lave avec une éponge ou une brosse (courge éponge, p. 250) légèrement imbibée de vin ou d'alcool étendu d'eau. On lave la dorure et on la laisse sécher en la plongeant dans du son qu'on enlève facilement avec une brosse douce quand la dorure n'est plus humide. »

Cuivres vernis

***Vous devez disposer de** : vinaigre.*

En les frottant délicatement avec de l'eau tiède légèrement vinaigrée ils retrouveront tout leur brillant.

Vieux cuivres

*Vous **devez disposer de** : alcali.*

Ils se nettoient à l'éponge et à l'alcali (1 cuillerée à soupe pour 50 cl d'eau), puis on les rince et on les essuie.

Vert-de-gris

*Vous **devez disposer de** : gros sel, vinaigre, huile végétale, une brosse, un chiffon doux.*

Pour le faire disparaître, utilisez du vinaigre et du gros sel. Si possible, faites tremper votre objet dans un bain de vinaigre bien chaud auquel vous aurez ajouté une bonne poignée de gros sel. Si l'objet est trop gros, frottez avec le mélange à l'aide d'une brosse ou d'une courge éponge. Laissez le produit environ une heure puis rincez à l'eau claire. Faites briller ensuite avec un peu d'huile végétale et un chiffon doux.

Étain

*Vous **devez disposer de** : pomme de terre, ou un chiffon de laine et pétrole.*

Autrefois dénommé « argent du pauvre », il était très en vogue tant dans les riches demeures que dans les campagnes. Il va, c'est sûr, lui aussi finir par revenir à la mode ! Il demande un minimum de soins.

1. Pour lui redonner de l'éclat, frottez-le avec une pomme de terre coupée en deux puis passez un chiffon de laine.
2. Frottez-le avec un chiffon de laine enduit d'un peu de pétrole (droguerie). Cela avait la réputation de le rendre très brillant.

Important

Si vous souhaitez servir du vin dans un carafon en étain, vérifiez qu'il soit composé de 95 % d'étain minimum. Si ce n'est pas le cas, il contient inévitablement du plomb : un joli bouquet de tulipes y sera parfait, mais il ne faut en faire aucun emploi alimentaire.

Faïence

Pour la conserver longtemps et éviter qu'elle se craquelle, l'usage voulait qu'avant toute utilisation, on la mette 24 heures dans un grand bac rempli d'eau que l'on enfournait, à feu très très doux. Dès que l'eau commençait à bouillir, on éteignait le feu et on laissait bien refroidir l'eau avant de sortir le tout du four.

Secret de céramiste

Si une assiette est fendue, frotter longuement la fente avec une gousse d'ail pelée ; elle sera parfaitement recollée.

Vaisselle

De l'homme d'avant-hier aux banquets des châteaux et demeures bourgeoises, la vaisselle aussi s'est adaptée aux modes de vie et aux époques de l'histoire – y compris aux pique-niques à l'anglaise et aux plateaux-télé.

Vaisselle ancienne

Elle est aussi splendide que fragile. Il faut impérativement la laver à la main. Si assiettes ou plats sont un peu ébréchés, déposez-les dans une bassine remplie de lait bouillant. Laissez tremper jusqu'à parfait refroidissement.

Porcelaine

***Vous devez disposer de** : citron, ou nettoyant multiusage maison, ou bicarbonate.*

Elle déteste la chaleur, et donc l'eau bouillante ! Pour la nettoyer, laissez-la tremper un moment dans une eau tiède additionnée de jus de citron. Rincez et essuyez. On peut aussi utiliser avec succès le nettoyant multiusage maison (p. 248), le savon d'argile maison ou préparer une pâte faite de bicarbonate et eau (en proportions égales). Passez le produit avec une éponge et rincez.

Porcelaine fendue

***Vous devez disposer de** : amande amère.*

« Lorsque l'on a des porcelaines fendues [...], il suffit de frotter fortement la fente avec une amande amère sèche. Ce raccommodage est parfait, et le vase ainsi réparé contiendra tous les liquides aussi bien que s'il n'était pas gercé ou fendu. »

Verre et cristal

Les historiens s'accordent à penser que sous sa forme naturelle qu'est l'obsidienne, le verre est connu depuis les débuts de l'humanité. Les hommes préhistoriques s'en servaient comme tranchants des armes et outils.

Nettoyage des bouteilles et des carafes

***Vous devez disposer de** : gros sel et vinaigre, ou pariétaire et eau.*

Versez 1 bonne poignée de gros sel dans la carafe, le bocal ou le pot en verre à nettoyer. Ajoutez un peu de vinaigre pour mouiller le gros sel (en proportion de un tiers de vinaigre pour deux tiers de gros sel) et tournez énergiquement pendant quelques minutes. Toutes les traces de vin, de calcaire ou autres saletés auront disparu. Rincez abondamment à l'eau chaude. Autre technique : la pariétaire, aussi appelée « herbe à bouteilles », servait à nettoyer, avec succès, toutes sortes de récipients en verre (décoction).

Important
Ne pas utiliser sel et vinaigre sur du cristal.

Bouteilles ou carafes ayant contenu un liquide gras

« Quand une bouteille a renfermé de l'huile, il faut la laver avec du marc de café tiède qu'on agite fortement. Rincer et recommencer si nécessaire. À la rigueur, en l'absence de marc de café, se servir de bicarbonate de soude (couramment appelé bicarbonate de sodium) avec un peu d'eau » (*La Maîtresse de maison*, 1910).

Bouteilles ou carafes en verre ternes, entartrées

Vous devez disposer de *: sel, vinaigre, citron, pommes de terre.*

Tout d'abord, déposez-les dans une bassine et laissez-les tremper deux bonnes heures dans un bain de vinaigre tiède fortement salé et dans lequel vous déposerez aussi un citron coupé en tranches. Ensuite, jetez l'eau et remplissez la bassine d'eau tiède dans laquelle vous aurez, cette fois, jeté des pelures de pommes de terre.

Plats en verre

Vous devez disposer de *: vinaigre.*

S'ils sont ternes ou attaqués par le calcaire, faites-les tremper dans un bain d'eau vinaigrée (un demi-verre pour 2 litres d'eau). Rincez, essuyez.

Rumeur du xxe siècle

Les plats en Pyrex se traitent exactement de la même manière.

Colle pour le verre

Vous devez disposer de *: amidon, craie, eau-de-vie, colle forte, térébenthine.*

« Prendre 50 g d'amidon (droguerie) et 50 g de craie pulvérisée (droguerie) ; délayer avec eau et eau-de-vie en parties égales de façon à en faire une pâte molle ; ajouter 20 g de colle forte ; mettre sur le feu et remuer, en y ajoutant extrêmement délicatement 20 g de térébenthine ; quand cette colle a pris un peu de consistance, on s'en sert à froid pour recoller le cristal. On enduit les bords des morceaux cassés, on les rapproche, et on les maintient à l'aide de petites bandelettes de toile. »

Tache de rouge à lèvres sur un verre

Vous devez disposer de : sel, une éponge.

Pour en venir à bout, déposez un peu de sel sur une éponge humide, frottez et rincez.

Décoincer des verres empilés

Vous les décoincerez facilement et sans les casser en plongeant celui du dessous dans de l'eau chaude (mais pas trop) et celui du dessus dans de l'eau froide.

Le cristal

Vous devez disposer de : coquilles d'œufs, ou pariétaire, ou bourrache, ou topinambours, ou queues d'oseille, ou pommes de terre.

Si carafons ou verres sont entartrés, employez le même procédé que pour le verre. Toutefois, on remplaçait parfois les pommes de terre par... des coquilles d'œufs. À partir de maintenant, le repas sera fonction de ce qu'on a à nettoyer ! Cette autre méthode était pour sa part des plus appréciées dans les campagnes : on versait un peu d'eau dans la carafe puis on y introduisait des fragments de pariétaire officinale (herboristerie) ou des feuilles de topinambours ou de bourrache, puis on agitait vivement. La poussière, les taches et les résidus se détachaient, et il ne restait plus qu'à bien rincer. Autre trésor du potager : « Des queues d'oseille coupées en morceaux et mises avec un peu d'eau dans une carafe ayant contenu de l'huile l'en débarrassent de toutes traces quand on a bien agité. » Si votre objet est vraiment très sale, laissez reposer la plante que vous avez choisie une semaine, sans oublier ensuite de rincer et d'essuyer au chiffon doux... Vous serez surpris du résultat. Enfin, pour conserver tout son brillant à un vase en cristal, frottez-le avec des tranches de pomme de terre crue, puis lustrez avec un linge doux.

Flacons anciens

***Vous devez disposer de** : alcool, blanc d'Espagne.*

Pour leur redonner tout leur éclat, on les frotte délicatement avec un mélange d'alcool et de blanc d'Espagne (droguerie) : 1 cuillerée à soupe pour 20 cl d'alcool à brûler.

Déboucher les flacons de cristal

Faites-les tremper dans de l'eau chaude ; le goulot se dilate, et vous pourrez retirer facilement le bouchon.

Attention !
Ce procédé peut casser le bouchon si l'eau est trop chaude.

Colle pour le cristal

Même recette que pour le verre.

Argenterie

Au XVIe siècle, le luxe est poussé si loin que Louis XII doit ordonner aux orfèvres de suspendre la fabrication de toute vaisselle en argent. Cette interdiction fut très momentanée, puisque la fabrication put reprendre de plus belle au XVIIe siècle. Et au XXIe siècle, on hésite vraiment à sortir la « ménagère du dimanche » car nous le savons tous : l'argent s'oxyde rapidement !

Certes, il noircit, mais quelques précautions aident à retarder, voire à éviter ce désagrément.

Règle n° 1 : ranger l'argenterie « dans les règles de l'art », c'est-à-dire bien envelopper objets et couverts que vous utilisez rarement dans un tissu de flanelle foncée.

On disait alors : « Il faut l'emmailloter pour qu'elle reste dans le noir. »

Règle n° 2 : déposer un morceau de camphre (en pharmacie, herboristerie, droguerie) dans le tiroir ou dans le placard.

Avec ces mesures préventives, un ou deux nettoyages annuels devraient suffire.

Nettoyage

Vous devez disposer de : *blanc d'Espagne, alun, chiffons, savon.*

Traditionnellement, lorsqu'elle n'est pas très sale, « on nettoie l'argenterie au blanc d'Espagne qu'on délaye dans un peu d'eau ; lorsque le blanc forme une espèce de bouillie claire, on y trempe un petit morceau de linge avec lequel on la frotte. On laisse sécher un peu puis on essuie avec un linge ou avec un morceau de peau douce (peau de chamois) ».

Si elle est très sale, mélangez 30 g de blanc d'Espagne à 15 g d'alun (droguerie, herboristerie), frottez avec un chiffon légèrement mouillé et enduit de cette poudre. Lavez ensuite à l'eau savonneuse avec une éponge et séchez avec un linge doux.

Taches brunes

***Vous devez disposer de** : cendres.*

Si vous avez une cheminée ou un barbecue, prélevez une bonne poignée de cendres, déposez-la dans une casserole avec les couverts à nettoyer. Couvrez d'eau et faites bouillir. Laissez refroidir dans la casserole, rincez et essuyez avec un linge doux.
Surtout, si vous mettez des couverts en argent dans le lave-vaisselle, pensez à ne jamais les mettre à côté de couverts en Inox, car cette proximité contribue à noircir l'argent.

Petit secret.
Si vous avez à nettoyer un objet très sale (un briquet par exemple), humectez un chiffon doux, trempez-le dans de la cendre de bois ou de cigarette, frottez et essuyez avec un chiffon... C'est magique !

Brillance

***Vous devez disposer de** : peau de chamois.*

Le moyen le plus facile et le plus efficace reste la fameuse peau de chamois dont l'usage est tombé dans l'oubli (au profit des lingettes !). Pourtant, elle rend tant de services qu'elle devrait faire partie intégrante des produits d'entretien.

Taches d'œuf

***Vous devez disposer de** : citron, pomme de terre.*

Ce sont les plus difficiles à nettoyer. On les fait facilement disparaître en frottant avec du jus de citron. Lustrez ensuite avec une pomme de terre crue coupée en deux et essuyez.

Nettoyer le vermeil

Vous devez disposer de *: nettoyant multiusage maison* *(p. 248).*

Il se nettoie et s'entretient seulement avec notre nettoyant multiusage. Rincez et essuyez avec une peau de chamois ou un chiffon doux.

Nettoyer l'ivoire

Vous devez disposer de *: lait ou citron et sel.*

Faites tremper votre objet en ivoire dans du lait tiède pendant quelques heures. Vous pouvez aussi le frotter doucement avec un demi-citron trempé dans du sel fin. Rincez et essuyez.

Rumeur

On disait que pour le blanchir, il fallait l'« exposer aux rosées de mai ».

Manches en corne ou en ivoire

Vous devez disposer de *: lait, ou citron et sel, ou huile d'olive.*

Vous n'osez pas utiliser le service de votre arrière-grand-mère de peur de l'abîmer ? Vos couverts resteront intacts si vous les lavez à la main et surtout si vous les frottez régulièrement avec un peu d'huile d'olive.

Meubles

« Il ne suffit pas d'orner sa maison dans un mobilier de choix. Il faut encore s'efforcer de conserver tous ses meubles dans leur fraîcheur et leur beauté première. On ne parvient à ce résultat qu'en apportant dans leur entretien certain soin particulier », *Manuel des dames*, 1833. Et souvenez-vous : les produits d'entretien se résument à quelques préparations bien dosées et à quelques ingrédients naturels et peu coûteux !

Le bois

Vous devez disposer de : *chiffons doux, chiffons de laine, encaustique maison.*

Dans son célèbre ouvrage *Comment on devient maîtresse de maison*, Mme Y. Saint-Briac est formelle : « Chaque genre de meuble possède un genre de nettoyage, mais il faut, en principe, pour l'entretien des meubles, des torchons doux et souples, des chiffons de laine, sans parler des ingrédients indispensables. Il ne faut se servir du plumeau que le moins possible, il chasse momentanément la poussière, puis elle retombe ensuite sur le meuble. »

Bois ciré

Toujours de Mme Y. Saint-Briac : « Les meubles cirés en chêne, noyer, acajou, conservent presque indéfiniment leur brillant si on a soin de les frotter chaque jour avec un morceau d'étoffe de laine grossière. De temps en temps, on les cire avec un pinceau légèrement enduit d'encaustique et le lendemain on les brosse avec une brosse ferme. »

Secret d'ébéniste

Il faut décaper de temps en temps les meubles cirés pour les dégraisser : humectez un chiffon d'essence de térébenthine (droguerie) et passez-le comme si vous vouliez enlever la poussière. Pour qu'ils brillent, imbibez légèrement un chiffon doux de vinaigre d'alcool et passez-le rapidement sur le meuble. Passez ensuite votre encaustique maison (p. 251).

Bois doré

***Vous devez disposer de** : vinaigre, éponge, un chiffon doux.*

Nettoyez délicatement avec une éponge imbibée de vinaigre, rincez à l'eau claire et essuyez avec un chiffon doux.

Bois vernis

***Vous devez disposer de** : un chiffon doux, huile de lin, eau-de-vie, un chiffon de laine.*

« Se servir journellement d'une laine ou d'un vieux torchon sec et doux. »

Pour redonner de l'éclat au meuble

« Mélanger en parties égales de l'huile de lin et de l'eau-de-vie (ou rhum blanc ou vodka), agiter et mouiller un chiffon avec ce mélange que l'on passe sur le meuble en frottant; on essuie avec un linge doux, et on donne ensuite du lustre avec un chiffon de laine. »

Éraflure

***Vous devez disposer de** : cire, pâte à bois.*

Allons bon ! Votre meuble préféré vient de subir un petit incident. Ça n'est pas très grave puisque vous allez le réparer facilement. Si l'éraflure est légère, un peu de cire colorée et le tour est joué ! Si elle est profonde, un peu de pâte à bois pour boucher et de la cire pour la couleur suffisent.

Meubles laqués clairs

*V**ous devez disposer de** : son, un chiffon de flanelle.*

Il convient de les nettoyer avec un chiffon trempé dans de l'eau de son, puis de sécher rapidement et de lustrer avec une flanelle douce ou un tissu de soie.

Meubles laqués foncés

*V**ous devez disposer de** : marc de café, un chiffon doux, un chiffon de laine.*

S'il y a des taches, nettoyez avec une éponge et de l'eau de marc de café, séchez avec un chiffon souple et frottez avec de la laine douce ou un tissu de soie.

Meuble qui gondole

Prenez un linge en laine, humectez-le légèrement et posez-le à l'endroit qui gondole. Posez dessus un livre lourd et laissez reposer toute la nuit. Le lendemain, prenez un autre linge en laine, posez-le à l'endroit blessé et passez très délicatement (en appuyant légèrement), un fer à repasser chaud. Remettez tout de suite le livre lourd et laissez encore 24 heures. Au bout de ce temps, le placage sera revenu à sa place.

Nettoyage

*V**ous devez disposer de** : huile de lin, essence de térébenthine, vinaigre, eau-de-vie, un chiffon de soie.*

« Il convient de frotter les meubles, au moyen d'un linge fin, deux à trois fois par an, avec un mélange, à parties égales, d'huile de lin, essence de térébenthine, vinaigre de vin rouge et eau-de-vie que l'on verse dans une bouteille et que l'on agite bien avant emploi. On polit ensuite à l'aide d'un tissu de soie. »

Taches

Vous devez disposer de : huile d'olive, vinaigre, un chiffon doux, ou lait et encaustique.

« S'il a des taches de vin, de sucre, de sirop, etc., on lave la partie tachée avec une éponge et de l'eau, on essuie, on laisse sécher 24 heures puis on passe à l'encaustique. »

1. Une des recettes les plus populaires consistait à enlever toute sorte de taches avec le mélange suivant bien battu : deux tiers d'huile d'olive et un tiers de vinaigre. Imbibez un chiffon doux, frottez la tache puis passez le produit sur l'ensemble du meuble, cela nourrit le bois !
2. Si votre table récupérée dans un vide-grenier reçoit une tache, « nettoyez avec un chiffon trempé dans du lait bien chaud qui enlèvera toutes les taches. Passez ensuite à l'encaustique, que vous frottez avec un morceau de laine lorsqu'elle est sèche ».

Tache d'eau

Vous devez disposer de : bouchon de liège.

Si elle est récente, elle s'enlève facilement en passant un bouchon de liège sur la tache.

Tache de graisse

Vous devez disposer de : terre de Sommières, encaustique, un chiffon doux.

Saupoudrez de terre de Sommières, laissez agir et essuyez avec un chiffon doux. Recommencez l'opération si nécessaire. Il faut ensuite passer la tache à l'encaustique.

Teindre le bois en noir

Vous devez disposer de : noix de galle, bois de campêche, sulfate de fer.

« On prépare une décoction formée de 30 g de noix de galle et 150 g de bois de campêche, 20 g de sulfate de fer (jardinerie), le tout en poudre, que l'on fait bouillir 10 minutes. »

Teindre le bois en marron

Vous devez disposer de *: noix, alun.*

« Cette teinture donne aussi au bois blanc une teinte agréable et propre que tout le monde peut appliquer. » Pour l'obtenir, « on prend les enveloppes charnues des noix lorsque celles-ci arrivent à leur maturité et s'en détachent. On les met à macérer dans une quantité suffisante d'eau pour qu'elles en soient recouvertes et on laisse macérer le tout minimum six mois selon les nuances que l'on veut obtenir. On emploie cette teinture à chaud, après y avoir fait dissoudre 10 g d'alun par litre ». C'est un peu long, mais pourquoi se priver d'une teinture si naturelle !

Vernis économique

Vous devez disposer de *: blancs d'œufs.*

« Quand les peintures à l'huile sont sèches, on prend des blancs d'œufs, on les mêle avec partie égale d'eau, et on pose sur toutes les peintures une ou deux couches de ce vernis ; il sèche promptement, est aussi brillant que durable, ne s'écaille ni ne s'enlève par le choc des corps qui le frappent. Lavez sans crainte tous les étés toutes les peintures des appartements, les taches s'en iront au lavage, et une nouvelle couche de vernis économique rendra leur éclat aux peintures. »

Parasites et vers de bois

Vous devez disposer de *: poudre de coloquinte, poudre de pyrèthre.*

C'est l'horreur, ces bêtes minuscules presque invisibles qui mangent les meubles à une vitesse foudroyante. Si vous voyez de la sciure sur le sol, l'heure est grave. Il faut traiter de toute urgence, et nos grands-mères, qui n'avaient pas encore de bombes toxiques pour éradiquer ces bêtes voraces, avaient un truc qu'elles prétendaient imparable : saupoudrez le meuble de poudre de coloquinte et de poudre de pyrèthre (herboristerie), puis frottez avec une flanelle afin d'introduire la poudre dans tous les trous et de tuer les vers.

Petit secret

Si les trous sont gros, faites fondre de la paraffine, injectez (à l'aide d'une seringue) dans les gros trous qui vont se boucher puis cirez. Une fois par mois, pensez à passer un chiffon de laine humecté de benzine pour prévenir la propagation des petites bêtes dévoreuses.

Marbre

Vous devez disposer de *: savon de Marseille, bicarbonate, encaustique, flanelle.*

Frottez de temps en temps cheminées, plaques et objets avec un savon de Marseille légèrement humidifié, puis frottez à l'éponge, rincez et essuyez. Si le marbre est encrassé, lavez-le à l'éponge avec du bicarbonate de sodium dissous dans un peu d'eau (1 cuillerée à soupe pour un bol d'eau). Rincez, séchez et passez un peu d'encaustique (p. 251) que vous étendrez avec un chiffon ; le lendemain, frottez à la flanelle.

Taches sur le marbre

Vous devez disposer de *: chaux, bicarbonate, une pierre ponce, un chiffon de laine, encaustique.*

C'est la « pâte allemande » qui était la plus recommandée. Faites fondre 1 cuillerée de chaux (droguerie, magasin de bricolage) dans un bol d'eau, puis mélangez avec 2 cuillerées de bicarbonate de sodium et 1 cuillerée de pierre ponce en poudre (droguerie). Remuez pour en faire une pâte coulante et, à l'aide d'un chiffon de laine, l'étendre en frottant. Recommencez si les taches n'ont pas disparu, puis lavez et rincez à l'eau claire. Séchez et passez à l'encaustique comme il est dit plus haut (voir p. 251).

Important

Ne jamais utiliser de produits dans lesquels il y a la moindre trace de citron ou de vinaigre.

Taches de gras, de fumée et taches anciennes

***Vous devez disposer de** : blanc d'Espagne, eau de Javel, linge doux.*

Délayez 1 cuillerée à soupe de blanc d'Espagne et 2 cuillerées à café d'eau de Javel dans un bol d'eau. Frottez le marbre, rincez et essuyez avec un linge doux.

Meubles en osier

***Vous devez disposer de** : savon de Marseille ou savon noir.*

Lorsqu'ils se salissent ou qu'ils deviennent trop secs, lavez-les à l'eau de savon avec une brosse. De cette manière, « ils feront un très long service ».

Meubles en cuir

***Vous devez disposer de** : jaune d'œuf, vinaigre.*

Votre canapé est vieux mais vous l'aimez ? Alors n'hésitez pas à employer ce remède radical ! Préparez un mélange composé d'un jaune d'œuf battu dans un verre de vinaigre ; appliquez au pinceau, laissez poser environ une demi-heure puis passez un chiffon doux.

Moisissures

***Vous devez disposer de** : essence de térébenthine.*

Les moisissures peuvent être évitées en badigeonnant la surface avec de l'essence de térébenthine.

Paillasson

« Bâtonner et secouer chaque jour, puis, une fois par semaine, le laver avec une éponge et de l'eau de sel ; ne pas craindre de les mouiller, c'est la sécheresse qui détériore les paillassons. »

Canapés, chaises et fauteuils en laine

***Vous devez disposer de** : brosse douce, éponge.*

« Il faut les battre souvent avec une petite baguette flexible ; ensuite, on brosse au moyen d'une brosse douce et, enfin, on passe une éponge à peine humide pour enlever tout vestige de poussière, en rinçant fréquemment l'éponge. »

Déplacer un meuble sans efforts

***Vous devez disposer de** : pommes de terre.*

Aucun copain sous la main ? Nos grands-mères n'avaient pas toutes des « gros bras » pour les aider ; elles avaient donc trouvé une astuce ingénieuse. Elles glissaient sous les pieds du meuble des pelures de pommes de terre et le déplaçaient alors sans peine.

Cadres et tableaux

Nettoyer un cadre doré

Vous devez disposer de : *œuf, eau de Javel.*

Cette recette de 1810 portait le nom de « Mélange des doreurs ». « Battre ensemble 2 blancs d'œufs et 1 cuillerée à soupe d'eau de Javel. Épousseter et tremper dans la liqueur qui en résulte, une brosse douce ; frotter le cadre. Donner, après l'opération, une couche de vernis qu'emploient les doreurs sur bois, et qu'on trouve chez les peintres en bâtiment. Si le cadre se salit de nouveau par la suite, on peut user une seconde fois de cette recette. »

Nettoyer un tableau ancien

Vous devez disposer de : *sucre candi, eau-de-vie, œuf, une éponge.*

« Commencez par laver le tableau avec une éponge propre imbibée d'eau fraîche puis faites fondre 3 g de sucre candi blanc dans 1 verre d'eau-de-vie ordinaire ; ajoutez 1 blanc d'œuf en remuant le mélange. Trempez l'éponge dans cette composition, pressez-la bien pour qu'elle soit juste légèrement imbibée et passez-la régulièrement, dans le même sens, sur le tableau. »

Important
À utiliser exclusivement sur des peintures à l'huile et toujours faire au préalable un essai sur un coin du tableau.

Préserver les cadres des mouches

Vous devez disposer de : *essence de térébenthine, ou poireaux.*

1. Enduire les cadres d'une très légère couche d'essence de térébenthine à l'aide d'une petite éponge.
2. Faites infuser, dans 1 litre d'eau bouillante, une botte de poireaux (que vous mangerez accompagnés d'une bonne vinaigrette). Laissez refroidir l'eau de cuisson puis passez-en une couche légère sur les dorures que vous voulez préserver. Les mouches ne s'y poseront plus.

Vitres, glaces, miroirs

Vous n'imaginez pas les services que l'alcool à brûler rend dans une maison ! On peut presque tout nettoyer en l'utilisant à bon escient. Il suffit de légèrement humidifier un chiffon, de le passer sur la surface salie ou tachée (surface plastifiée, carrelages...). Tout étincelle de propreté. Il est inutile de sécher, et en plus ça désinfecte.

Nettoyer facilement les vitres

Vous devez disposer de : *alcool à brûler, borax, ou oignon.*

Il arrive souvent, nous dit M. de Dion-Bouton, en 1910, que, « malgré des soins assidus, les vitres restent insuffisamment propres. Pour obtenir une netteté absolue, on recommande de se servir, pour le nettoyage, d'eau bien chaude (1 litre), dans laquelle on aura eu soin de faire dissoudre 1 cuillerée à soupe de borax (droguerie). Il faut avoir soin d'enlever, au préalable, la poussière en brossant les vitres à nettoyer, spécialement dans les coins. Prendre pour cela un petit bâton, à l'extrémité duquel on enroule un chiffon doux. Ne pas employer de savon ni ammoniaque ; le borax permet un nettoyage bien meilleur et beaucoup plus rapide. » Et pour nettoyer des vitres qui ont été éclaboussées ou tachées de graisse, il suffit de frotter avec une tranche d'oignon.

Vitres et miroirs sans traces

Vous devez disposer de : *alcool à brûler.*

Pour obtenir des vitres sans traces, même en plein soleil, y compris sur les verres protecteurs de tableaux et les miroirs, utilisez une feuille de papier journal que vous aurez froissée et imbibée d'alcool à brûler. Frottez en faisant des cercles.

Nettoyer et enlever la buée des lunettes

***Vous devez disposer de** : glycérine, rhum ou vodka, savon de Marseille.*

Versez une tasse à café de rhum blanc ou de vodka dans une petite bouteille. Ajoutez 5 gouttes de glycérine, remuez soigneusement puis mettez en bouteille. Utilisez chaque fois que nécessaire. N'oubliez pas de laver vos lunettes deux ou trois fois par mois avec du savon de Marseille.

Literie

Matelas et acariens

***Vous devez disposer de** : ammoniaque.*

Il est un moyen simple de lutter contre ces invisibles destructeurs qui envahissent nos chambres et nos maisons. Tout d'abord, aérez chaque jour longuement la chambre (les acariens ne supportent pas les écarts de température). Ensuite, une fois par semaine, passez un linge imbibé d'ammoniaque (alcali, en droguerie) sur le matelas, sans oublier les côtés. Laissez aérer 30 minutes et faites votre lit. Grâce à ce traitement infaillible, les acariens disparaîtront à tout jamais de votre chambre.

Pile/face

Trois à quatre fois l'an, tournez votre matelas.

Oreiller antiacarien

***Vous devez disposer de** : feuilles de hêtre.*

Aujourd'hui, point de salut sans l'achat d'un oreiller traité antiacarien, et pourtant… il est si facile de le confectionner soi-même ! À l'automne, lors d'une promenade en forêt et par temps bien sec, ramassez une bonne quantité de feuilles de hêtre. Faites-les sécher sur du papier journal et bourrez-en copieusement une housse d'oreiller. « Les feuilles de hêtre n'admettent pas la vermine et répandent une odeur hygiénique et agréable. Ces oreillers sont très élastiques et ne demandent que peu de soins. »

Petit secret

Dans les campagnes, la même méthode était utilisée pour fabriquer des matelas y compris pour les lits de bébés.

Du bon entretien des sols

L'aspirateur électrique simplifie les taches ménagères depuis 1888. Vous pouvez facilement en éliminer les bactéries en passant une éponge imbibée de vinaigre (moteur éteint) sur l'extérieur et en versant quelques gouttes d'huile essentielle d'eucalyptus à l'intérieur.

Carrelages

***Vous devez disposer de** : pommes de terre.*

Savez-vous que l'eau de cuisson des pommes de terre est une excellente lessive ? Elle vous aidera de façon radicale à décrasser les carrelages. Et s'ils sont vraiment très encrassés ou graisseux (sol ou murs), frottez avec une pomme de terre crue coupée en deux, passez une brosse dure, laissez agir une bonne heure, rincez à l'eau claire et essuyez.

Joints

***Vous devez disposer de** : vinaigre, bicarbonate de sodium.*

Pour les empêcher de noircir à cause de l'humidité et du vieillissement, agissez préventivement : vaporisez de l'eau vinaigrée le plus souvent possible. Vous pouvez aussi, de temps en temps, saupoudrer vos joints de bicarbonate de sodium.

Confidence de carreleur
Pour les lisser au moment de la pose, coupez une pomme de terre en biseau.

Tomettes

Vous devez disposer de : savon noir, huile de lin, un chiffon doux.

Elles se lavent et se décrassent au savon noir (3 cuillerées à soupe dans un seau d'eau). Une fois rincées, on les nourrit, trois à quatre fois par an, à l'huile de lin (avec un linge doux).

Tapis et moquettes

Vous devez disposer de : ammoniaque, serpillière.

Finies les bombes qui moussent et autres produits miracles qui encrassent parfois plus qu'ils ne nettoient ! Avec cette méthode aussi simple qu'économique, la propreté est assurée. Après avoir enlevé la poussière (balai-brosse ou aspirateur), passez, dans le sens des poils, une serpillière trempée dans un mélange d'eau ammoniaquée (3 cuillerées à soupe pour 2 litres d'eau) et le plus possible essorée. Vos tapis et moquettes seront parfaitement nettoyés, conserveront leurs couleurs, et bactéries et acariens auront rendu l'âme. Cette technique s'applique aussi aux tapis anciens.

Contre les acariens et les mites

Vous devez disposer de : essence de térébenthine.

Au printemps, imbibez légèrement des feuilles de papier journal (quotidien, encre noire exclusivement) d'essence de térébenthine. Posez-les au sol et votre tapis par-dessus. S'applique aussi sur les tapis anciens. Cette méthode est radicale.

Parquets

Leur entretien quotidien est très simple. L'incontournable opération balai ou aspirateur achevée, passez un chiffon de grosse laine souple afin de bien enlever la poussière, en ayant soin de secouer la laine plusieurs fois à l'extérieur.

Encaustique

Vous devez disposer de : cire d'abeille, térébenthine.

Découpez et râpez de la cire d'abeille. Laissez-la tremper 24 heures dans un pot avec de la térébenthine. Étendez cette pâte sur le plancher propre et dépoussiéré, puis le lendemain passez un coup de brosse.

Taches d'encre

Vous devez disposer de : terre de Sommières, térébenthine.

« Faites une pâte d'essence de térébenthine et de terre de Sommières que vous étendrez humide sur le parquet, puis passez dessus un fer chaud. »

Taches d'huile ou de graisse

« Frottez fortement toute la place où l'huile est tombée, avec un morceau de savon de Marseille (sec), puis prenez de la forte eau-de-vie et en lavez bien toute la tache, en frottant avec une brosse ; ensuite prenez de l'eau bouillante et en lavez de nouveau les taches en frottant encore avec la brosse et en enlevant l'eau avec une éponge ou avec du vieux linge. La recette est immanquable. »

Sanitaires, baignoire, lavabo

Votre décision est prise ? Plus jamais de lingettes ou produits aux noms enchanteurs mais destructeurs de la nature ? Rutilants de propreté et débarrassés de toutes bactéries, vos sanitaires le seront avec des produits aussi naturels qu'économiques.

Salles de bains

***Vous devez disposer de :** nettoyant maison, pierre d'argile.*

Lavabos et baignoires se nettoient avec le nettoyant désinfectant maison et, une fois par semaine, avec pierre d'argile et courge éponge.

Un miroir de salle de bains sans buée

***Vous devez disposer de :** vinaigre, alcool à brûler.*

Pour éviter la formation de buée sur le miroir de votre salle de bains, lavez-le avec un mélange d'eau chaude et de vinaigre. Essuyez soigneusement afin de ne laisser aucune trace.

Petit secret

Une fois par mois, nettoyez-le à l'alcool à brûler (ne pas rincer).

Toilettes

***Vous devez disposer de :** borax ou vinaigre.*

Saupoudrez de borax et frottez avec le balai. Résultat garanti de propreté et de désinfection. Autre solution : versez régulièrement du vinaigre d'alcool pur sur les parois (même geste qu'avec les produits industriels aux couleurs fluo et aux odeurs de synthèse) pour empêcher tout entartrage.

Déboucheur

***Vous devez disposer de** : bicarbonate de soude, gros sel, vinaigre.*

Très économique et sans risque pour canalisations et environnement, ce déboucheur naturel va vous étonner ! Déposez la valeur d'un bol de bicarbonate de sodium sur la bonde et versez immédiatement par-dessus 1 litre de vinaigre d'alcool. Laissez agir au moins 3 heures puis versez d'un coup 2 ou 3 litres d'eau bouillante. Si votre évier est encore un peu bouché, déposez 500 g de gros sel, versez à nouveau du vinaigre et faites couler de l'eau très chaude une heure après.

Important

Si vous avez récemment employé un déboucheur chimique, attendez au moins quinze jours avant de passer au déboucheur maison.

Mauvaises odeurs

***Vous devez disposer de** : marc de café.*

Si l'on en croit la rumeur populaire d'hier, on peut très facilement, et gratuitement, éviter ce désagrément. Une fois par semaine environ, après avoir pris votre café, ne jetez pas le marc ; versez-le plutôt, encore humide, dans évier ou lavabo, puis versez un bol d'eau bouillante. Essayez, et colportez la rumeur, car, pour une fois, c'est une « saine rumeur » et pour toujours une « monstrueuse économie ».

Combattre les taches

On ne sait jamais ce qui va nous arriver ! Un tuyau bouché, une tache sur un mur ou le plancher, une invasion de fourmis dans le placard de la cuisine... Heureusement, c'est aussi arrivé à nombre de nos ancêtres ! Et, là aussi, ils avaient redoublé d'ingéniosité pour trouver la solution la plus efficace et la plus économique.

Taches d'encre sur les mains

Vous devez disposer de : *tomate.*

Prenez une tomate bien mûre et écrasez-la dans vos mains en frottant comme avec un savon.

Taches de graisse sur du papier

Vous devez disposer de : *alun en poudre, fleur de soufre.*

Il faut réduire en poudre fine une quantité égale d'alun brûlé et de fleur de soufre, mouiller un peu le papier et appliquer sur la tache une petite quantité de la poudre, en frottant doucement avec le doigt. La tâche disparaîtra.

Taches de rouille

Vous devez disposer de : *sel fin, citron.*

Sur votre sol en carrelage, sur la faïence de la cuisine ou de la terrasse, il suffit de recouvrir la tâche de sel fin et de jus de citron. Laissez un moment puis rincez.

Tache sur un mur

***Vous devez disposer de** : mie de pain, ou vinaigre, ammoniaque, bicarbonate de sodium.*

Les taches de crayon s'enlèvent avec de la mie de pain utilisée comme une gomme. La même recette s'applique pour le papier peint. Pour les autres taches, employez la solution suivante : dans une bouteille, mélangez un demi-verre de vinaigre d'alcool, un verre d'ammoniaque, 3 cuillerées à soupe de bicarbonate de sodium. Terminez de remplir la bouteille avec de l'eau chaude. Nettoyez à la brosse ou à l'éponge. Pour des tâches anciennes, renouvelez l'opération si nécessaire.

Cambouis sur les mains

***Vous devez disposer de** : vaseline, savon noir.*

« En employant d'abord la vaseline pour nettoyer des mains salies par le cambouis, le résultat est merveilleux. Cette pâte pénètre dans les pores de la peau, s'incorpore avec les matières grasses qui s'y trouvent enserrées et si au bout d'un instant de frottement on fait usage de savon noir et d'eau très chaude le cambouis disparaîtra », Tissandier.

Mouches, souris et autres nuisibles

Blattes et cafards

Vous devez disposer de : *borax, sucre ou lait, bière, un torchon.*

Également appelées cafards ou cancrelats, les blattes « se montrent dans les armoires, les petits trous de murs, et on doit leur faire une chasse active en déposant chaque soir dans les endroits qu'elles fréquentent des saladiers ou des assiettes creuses dans lesquels on verse un peu de lait ou de bière, liquide qu'elles affectionnent particulièrement. On doit entourer le vase d'un torchon roulé afin que les insectes puissent arriver au bord, y descendre, mais sans pouvoir en remonter ».

Le borax est l'ennemi juré des blattes, cafards et autres insectes qui s'invitent dans nos maisons. Cette préparation est simple : mélangez, dans une assiette, 1 cuillerée à soupe de borax et 1 cuillerée à soupe de sucre en poudre. Laissez l'assiette aux endroits qu'elles affectionnent le plus.

Petit secret

Si vous remplacez le sucre par du plâtre, les rats ne résisteront pas non plus. Il suffit de rajouter une autre coupelle remplie d'eau.

Charançons

De couleur brillante, sévissant en bandes organisées, ils volent rarement mais sautent avec une extrême agilité. Leurs ravages sont considérables. « Le meilleur moyen de les détruire est d'empêcher leur reproduction en plaçant le blé dans des endroits frais et secs où la température soit au-dessous de 10 °C. Les herbes à odeur forte éloignent les charançons et les font même périr. Un procédé d'une efficacité absolue pour garantir le blé et la farine des attaques de charançons consiste à répandre quelques gouttes de liqueur d'absinthe. »

Méthode radicale

Pour éviter que les œufs cachés dans votre sachet de farine se transforment vite en dizaines de bestioles ingérables, mettez-y une ou deux feuilles de laurier-sauce.

Fourmis

***Vous devez disposer de** : vinaigre, ou sucre et essence de térébenthine, ou menthe, absinthe ou fenouil.*

1. Solution très simple pour se prémunir de ces envahisseurs : déposez un peu de vinaigre blanc sur leurs passages habituels (soubassements des portes, sol, fenêtres, murs). En général, un seul épandage suffit. Cette méthode très ancienne était jadis considérée comme radicale.
2. Déposez dans une assiette environ 50 g de sucre en poudre et 1 cuillerée à café de térébenthine. Remuez et posez à l'endroit où passent les fourmis.
3. Pour les chasser des meubles et placards, il est utile d'y déposer quelques poignées de menthe, d'absinthe ou de fenouil, broyées et déposées dans une soucoupe. L'odeur qui se dégage fait fuir ces insectes.

Limaces et escargots

***Vous devez disposer de** : son.*

« Pour s'en débarrasser, il suffit de placer de loin en loin quelques petits tas de son ; vous les trouverez le lendemain matin de bonne heure couverts de limaces qu'il vous sera facile de cueillir. »

Mites

Pensez à fabriquer des sachets de mousseline remplis d'écorces séchées de citron et d'orange auxquels vous ajouterez des clous de girofle. À suspendre dans les armoires et à déposer dans les tiroirs. Cette autre méthode, quant à elle, peut paraître étrange, et pourtant ! Posez des vieux journaux (quotidiens uniquement) dans le bas des placards ; l'odeur de l'encre (noire) les fera fuir à toute allure.

Petit secret

Le camphre est l'une des odeurs qu'elles détestent le plus ! Déposez-en soit en poudre, soit en morceaux dans tous vos placards.

Mouches

Vous devez disposer de : *orange et clous de girofle, ou huile essentielle de lavande*

1. Une orange piquée d'une vingtaine de clous de girofle éloignera tous les intrus (version très allégée de la pomme d'ambre, p. 305).
2. Imbibez une petite éponge à maquillage, ou une éponge d'écolier (aujourd'hui plus difficile à trouver puisque les ardoises ont été remplacées par des écrans tactiles) d'huile essentielle de lavande. Déposez l'éponge sur une petite soucoupe et laissez s'évaporer lentement dans la pièce.

Rumeur

On prétend qu'une branche fraîche de plant de tomates (sans les tomates, bien sûr !), déposée dans chaque pièce, chasse les mouches promptement.

Moustiques

Vous l'entendez ? C'est insupportable ! Il frôle votre oreille dans un va-et-vient incessant. Vous prenez un journal, lui courez après mais rien à faire. Il parvient à éviter le coup fatal ! Pourtant, si vous mettiez en œuvre l'un des conseils qui suivent (au choix), vous pourriez paisiblement vous endormir : déposez chaque soir, sur le rebord de votre fenêtre (jamais à l'intérieur, en raison de son odeur), une petite soucoupe remplie d'ammoniaque (alcali) ; posez sur votre table de nuit une orange ou un citron piqués d'une vingtaine de clous de girofle (comme pour les mouches) ; posez un bol de thé vert très fort sur votre table de nuit ; appliquez quelques gouttes d'huile essentielle d'eucalyptus sur les parties du corps à protéger.

Pour ceux qui ont de la place

Il était recommandé d'avoir un eucalyptus à proximité de la maison pour les faire fuir. À défaut, en été, faites-en brûler des feuilles sur un charbon à brûler. Voir aussi p. 302.

Poudre insecticide

***Vous devez disposer de** : pyrèthre en poudre.*

Il est vraiment inutile de polluer la planète quand de simples plantes agissent à merveille. Très efficace contre les punaises, puces, poux, fourmis, pucerons, du pyrèthre (herboristerie) en poudre évitera, sans aucun risque pour l'environnement, toute invasion fortuite. Il se conserve dans un bocal à l'abri de l'humidité et on saupoudre à volonté.

Puces

***Vous devez disposer de** : staphisaigre, ou huile essentielle de menthe poivrée, verveine ou citronnelle.*

Cette recette est oubliée depuis bien longtemps, pourtant, ces désagréables parasites vont être foudroyés ! Prenez 100 g de staphisaigre (petite plante également nommée plante aux poux !) en poudre. Saupoudrez-en toutes jointures des lits, les coins des matelas, les tapis, moquettes, etc. Au bout de deux ou trois nuits, les puces auront complètement disparu.

Elles détestent aussi la menthe poivrée, la verveine et la citronnelle. Alors, pour les chasser, déposez quelques gouttes d'huile essentielle au choix (mélanger les trois est possible) que vous laisserez évaporer dans chaque pièce de la maison. Vous pouvez, pendant la saison, faire un bouquet de feuilles fraîches.

Petit secret

Autrefois, on frictionnait les poils des chiens et chats avec un bouquet de fleurs de lavande et de menthe poivrée pour les prémunir d'une invasion de puces pendant l'été.

Pucerons

***Vous devez disposer de** : ortie ou savon noir.*

Faites tremper huit jours des orties dans de l'eau et pulvérisez les plantes attaquées. Vous pouvez faire de même avec 2 cuillerées à soupe de savon noir pour 1 litre d'eau. C'est radical.

Punaises

***Vous devez disposer de** : absinthe ou coloquinte.*

« Prenez de l'eau de savon, par exemple 1 litre, faites-la bouillir avec une poignée d'absinthe et quatre ou cinq grammes de coloquinte ; passez et étendez avec une brosse ou un pinceau sur les meubles ou sur les lieux envahis par ces insectes. »

Pour se préserver de leur piqûre

Une fois par an, dans le courant de l'été, on procède au lavage à fond du plancher, des bois de lit et de tous les recoins accessibles aux punaises, à l'aide d'une solution bouillante de savon noir. « La solution savonneuse échauffée est portée sur les fentes et les trous à l'aide d'une grosse éponge fixée au bout d'un bâton. »

Maintenir les insectes à distance

***Vous devez disposer de** : pyrèthre, santoline, tanaisie.*

Santoline et tanaisie sont, au même titre que le pyrèthre, deux plantes qu'il serait grand temps de redécouvrir ! Autrefois, on en plaçait des sachets dans les placards, sous les matelas, sous les tapis, dans les tiroirs. Mites, puces et autres insectes s'en éloigneront très vite.

Teigne

Vous devez disposer de : essence de térébenthine.

« Étendez une couche légère d'essence de térébenthine sur des feuilles de papier journal et posez ces feuilles, à revers, sur les meubles et hardes attaqués par les teignes ; ces insectes mourront bientôt. » On peut aussi « arroser les fourrures ou les étoffes en laine ainsi que les tiroirs et les coffres qui les renferment, avec de l'essence de térébenthine ».

Rats

Vous devez disposer de : farine, plâtre.

Ils s'habituent très vite aux produits nouveaux ! Alors, rusez en essayant cette vieille recette qui a largement fait ses preuves et qu'ils ont sûrement oubliée. « Semez, çà et là, des petits tas de farine (deux tiers) mélangés à de la chaux vive ou du plâtre en poudre (un tiers). Les animaux qui s'en repaissent sont tout d'abord dévorés d'une soif ardente, affolés, et le plus souvent se noient, à moins d'absence absolue d'eau. »

Attention
Ne pas laisser ce produit à proximité des enfants, des personnes vulnérables et des animaux domestiques.

Souris

Vous devez disposer de : huile essentielle d'eucalyptus, coton.

C'est toute une famille qui vient d'élire domicile chez vous ? Si vous voulez les chasser sans les tuer, voici la marche à suivre :

déposez quelques gouttes d'huile essentielle d'eucalyptus sur un coton et déposez-le à l'endroit où les souris viennent prendre leur repas ainsi que sur leur passage. Elles fuiront à toute allure (et en pleine forme) car elles détestent cette odeur.

Un bon assaisonnement

Les souris détestent aussi le poivre et le sucre brûlé ! Si vous optez pour le poivre, il vous suffira d'en déposer « un bon peu » dans une soucoupe que vous poserez à l'endroit où elles ont décidé de s'installer. Si vous optez pour le sucre, vous en brûlerez, à la flamme d'un briquet ou d'une allumette, le coin d'un morceau et le mettrez sur leur route.

Scorpions

***Vous devez disposer de** : noisettes.*

« Pour empêcher qu'ils n'entrent dans une maison, suspendre un sachet de noisettes en dedans la maison, au-dessus de la porte », Pline l'Ancien.

Taupes

***Vous devez disposer de** : euphorbe ou lavande.*

Pour les faire fuir sans les tuer, on plantait jadis des plants d'euphorbes. Détestant son odeur, elles préfèrent trouver refuge dans le jardin voisin. Elles n'aiment pas non plus la lavande ! Alors, à vous de choisir.

Attention

La sève de l'euphorbe peut être irritante pour la peau. Si vous souhaitez faire un bouquet de ses fleurs magnifiques, lavez-vous bien les mains après les avoir coupées.

Mauvaises odeurs et air vicié

« Odeur est le terme général ; elle est bonne ou mauvaise », Littré. Nous allons ici nous intéresser aux manières les plus efficaces et les plus naturelles de se débarrasser des odeurs « mauvaises » ainsi que de purifier l'air de la maison, sachant que la chose la plus importante à faire est d'aérer.

Odeur de tabac

Pour ne pas être incommodé par l'odeur, laissez simplement dans la pièce une éponge dans une soucoupe remplie d'eau.

Odeur de cendrier

***Vous devez disposer de** : citron, sel.*

Prenez du sel et du jus de citron, frottez avec un chiffon, rincez, et c'est tout ! Il est propre et sans odeur.

Odeur dans le réfrigérateur

***Vous devez disposer de** : citron ou charbon de bois.*

Oubliées les mauvaises odeurs (fromage, poisson, etc.)... si vous déposez dans le réfrigérateur un demi-citron sur une coupelle, pulpe vers le haut ; changez le citron dès qu'il donne les premiers signes de pourrissement. Même résultat en laissant sur l'étagère du milieu un morceau de charbon de bois. À renouveler chaque mois.

Odeurs de peinture

Vous devez disposer de : foin.

Pour chasser la mauvaise odeur d'une pièce fraîchement peinte, il suffit d'y placer, en plein milieu, un seau d'eau dans lequel on aura jeté une bonne poignée de foin.

Odeurs de renfermé

Vous devez disposer de : mie de pain, lait.

Pour les vieux meubles longtemps stockés dans des garages ou des maisons fermées qui ont une odeur de « renfermé », mettre du lait dans un bol, y plonger de la mie de pain, puis placer le bol dans ou sous les meubles.

Odeurs de poubelle

Vous devez disposer de : borax ou bicarbonate de sodium.

Inutile de préciser qu'elle doit quotidiennement être nettoyée avec le plus grand soin. Si vous déposez au fond 1 cuillerée à soupe de borax, elle n'aura plus d'odeur, et, en plus, bactéries et mouches ne tourneront plus autour… C'est radical.

Variante
Vous pouvez remplacer le borax par du bicarbonate de sodium.

Odeurs dans les toilettes

Vous devez disposer de : allumettes, ou grains de café.

1. Les mauvaises odeurs ponctuelles s'éliminent en faisant brûler une allumette dans la pièce qu'elles envahissent.
2. Les grains de café entiers torréfiés sont réputés aspirer les mauvaises odeurs. Placez-en donc une soucoupe dans les toilettes (à changer chaque mois).

Odeurs sur les mains

Vous devez disposer de : citron.

Lavez-les avec du jus de citron, tout simplement !

Odeurs persistantes des meubles

Vous devez disposer de : lait, ou poivre en grains, clous de girofle.

Ça arrive souvent dans les vieux meubles ; déposez dans un tiroir ou un placard un bol de lait très chaud. Quand le lait sera froid, l'odeur aura disparu. Et, pour vous en prémunir, laissez en permanence dans vos commodes, buffet et armoires un mélange de poivre en grains et de clous de girofle.

Odeur d'urine sur tapis et moquette

Vous devez disposer de : bicarbonate de sodium.

Après avoir absorbé le liquide malodorant avec un chiffon propre, saupoudrez de bicarbonate de sodium, puis laissez agir 20 minutes ; enfin, passez l'aspirateur.

Air vicié

Vous devez disposer de : vinaigre, craie, acide sulfurique.

« Versez du vinaigre sur de la craie en poudre, jusqu'à ce qu'il n'y ait plus aucune effervescence. Laissez déposer et décanter le liquide. Faites sécher le résidu, mettez-le dans un vase de terre ou de verre, et versez-y ensuite de l'acide sulfurique jusqu'à ce que vous voyiez s'élever une vapeur blanche. Cette vapeur, concentrée et ramenée à l'état liquide, donne le vinaigre aromatique qui se trouve dans le commerce. Elle se répand et pénètre partout en peu de temps, ce qui la rend très utile pour assainir les hôpitaux, les prisons, les vaisseaux et les maisons où l'air est vicié. La faible dépense que nécessite ce procédé et la facilité que présente son emploi doivent la faire préférer à toute autre », docteur J. Morin, 1834.

Attention, danger !
Surtout ne pas inhaler, ne pas laisser à portée des enfants ni des animaux domestiques.

Désinfecter une maison

Vous devez disposer de *: eucalyptus, ou angélique, vinaigre et charbon à brûler.*

Faites bouillir quelques feuilles d'eucalyptus dans une casserole environ 10 minutes. Ou essayez cette formule qui servait à assainir et parfumer : « Prenez une racine d'angélique, faites-la ramollir au four ; puis, l'ayant écrasée, faites-la infuser pendant quatre ou cinq jours dans du vinaigre. Quand vous voudrez vous en servir, vous ferez rougir une brique et mettrez la racine dessus ; la fumée qui en sortira fera un parfum excellent contre la corruption de l'air. Il faut réitérer plusieurs fois. » Remplacez la brique par un charbon à brûler, coupez la racine en morceaux de 5 cm environ.

Petit secret
Sous l'Égypte ancienne, on faisait brûler des graines de fenugrec pour purifier et assainir habitations et temples (sur un charbon à brûler).

Litière de chat

Vous devez disposer de *: vinaigre, sel, bicarbonate de sodium.*

Voici une recette très simple qui va vous aider à la désinfecter et à en éliminer les odeurs : une demi-tasse de vinaigre, un quart de tasse de bicarbonate de sodium et une pincée de sel.

Rafraîchir une pièce

***Vous devez disposer de** : saule, tilleul ou bouleau.*

Voici une méthode ingénieuse et hygiénique pour rafraîchir les pièces inondées de soleil. « On place au milieu de la pièce un grand vase de cristal ou de verre rempli d'eau et l'on y dresse un bouquet de menues branches, autant qu'il en peut tenir, de saule, de tilleul ou de bouleau. En peu de temps, l'atmosphère de la pièce sera très sensiblement rafraîchie, l'évaporation de l'eau produisant l'effet désirable sans le moindre inconvénient pour la santé. En outre, la verdure exhalera, sous l'influence des rayons du soleil, une quantité d'oxygène suffisante pour aider à la purification de l'air ambiant. Il faut renouveler de temps en temps cette feuillée, et surtout l'eau. Seulement, il faudra se garder de le laisser dans l'appartement après la chute du jour, ainsi que de le placer à l'ombre, surtout dans une chambre à coucher ; car si, sous l'influence de la lumière, la plante expire de l'oxygène, c'est de l'acide carbonique qu'elle rend à l'ombre ; d'où les malaises, les migraines causées par le séjour des fleurs dans une pièce fermée ou placée dans l'obscurité. »

Parfumer la maison

« La croyance que l'on purifie l'air en y répandant des parfums est générale et, en somme, fort naturelle. Leur présence n'aurait-elle pour résultat que celui de masquer l'odeur désagréable de miasmes qu'elle serait déjà des plus précieuses ; mais qui nous dit qu'elle n'exerce pas une action spéciale sur les miasmes, c'est-à-dire les gaz malsains d'odeur infecte ? Peut-être les parfums opèrent-ils une sorte de réduction sur les fluides malfaisants. Dans tous les cas, et c'est là l'essentiel, ils ne sont pas favorables au développement des microbes », disait-on au XVIIIe siècle.
Vous vous en doutez, vous pouvez, sans aucun regret, tourner le dos aux « parfums d'ambiance » industriels (hors de prix), aux fragrances 100 % chimiques (et parfois nocives) pour parfumer votre intérieur « à l'ancienne ».
Et, pour bien commencer, rappelez-vous que la meilleure et la plus saine des senteurs est l'odeur du propre...
Le propre, c'est juste une « bonne odeur » !

Odeur de propre

***Vous devez disposer de :** éponge, vinaigre.*

Déposez une éponge dans une coupelle et imbibez-la copieusement de vinaigre d'alcool. Posez votre désodorisant maison inédit sur une armoire, une table, ou tout endroit à votre convenance. La pièce n'aura plus aucune mauvaise odeur.

Personnalisation
Si vous êtes vraiment « accro » aux senteurs, ajoutez quelques gouttes d'huiles essentielles de votre choix.

Parfums d'ambiance

***Vous devez disposer de** : eau de Cologne ou huiles essentielles au choix.*

Pourquoi ne pas retrouver un geste tout simple qui consistait à passer un coton imbibé d'eau de Cologne (p. 109) sur les ampoules électriques froides. Quand vous allumerez vos lampes, une odeur agréable se dégagera dans toute la pièce. Vous pouvez remplacer l'eau de Cologne par quelques gouttes d'huile essentielle de votre choix (pensez à l'eucalyptus en hiver).
On ne le dira jamais assez : aérez chaque jour, été comme hiver et au moins une heure, chaque pièce de la maison.

La pomme d'ambre

***Vous devez disposer de** : orange (ou citron), clous de girofle, gingembre, cannelle, ambre, benjoin, poudre d'iris.*

Comme son nom ne l'indique pas, la pomme d'ambre se fabrique depuis longtemps avec… une orange ! Autrefois, cette luxueuse boule faite d'or ou d'argent et incrustée de pierres précieuses contenait un mélange subtil d'ambre, d'encens et de rose. Elle était cependant réservée aux plus fortunées qui la portaient pour lutter contre les mauvaises odeurs et se protéger de l'air putride au moment des grandes épidémies de peste. Le « peuple » se contentait d'objets et d'ingrédients plus accessibles. Ce n'est que bien plus tard que la pomme d'ambre, toujours réputée pour ses « vertus bienfaisantes », s'est simplifiée. Dès lors, métaux et diamants cédèrent la place aux agrumes qui en devinrent le support, et c'est l'orange qui est le plus communément employée.
Prenez donc 1 orange (ou 1 citron). Tracez au crayon, sans appuyer et dans le sens souhaité, 4 quartiers qui seront vos repères pour donner la forme souhaitée. Piquez les clous de girofle dans le fruit, en prenant garde de ne pas laisser d'espaces entre eux (enfi-

lez un gant si vous avez le pouce sensible). On ne doit plus voir le fruit. Déposez dans un sac (ou une boîte) 10 g de gingembre en poudre, 10 g de cannelle en poudre, 5 g d'ambre broyé, 5 g de benjoin broyé et 20 g de poudre d'iris. Plongez-y votre orange, fermez et secouez longuement pour que les poudres l'imprègnent bien. Sortez-la et faites-la sécher au moins trois semaines dans un endroit chaud et sec. Voilà ! Votre pomme d'ambre va embaumer la pièce en absorbant les mauvaises odeurs et en aseptisant l'air (mettre plusieurs pommes d'ambre dans les grandes pièces, et une en permanence dans les toilettes).

Petits secrets.

Vous pouvez l'entourer d'un ruban, ce qui vous permettra de l'accrocher. Laissez s'exprimer votre créativité : votre pomme de senteur (c'était aussi son nom) deviendra un objet d'art si vous plantez les clous de girofle en spirale, en carrés ou en rond. Vous pouvez ajouter des huiles essentielles de votre choix aux poudres, l'odeur n'en sera que plus délicieuse encore.

Les poudres d'iris ou de benjoin étaient jadis les conservateurs d'odeur les plus utilisés en parfumerie (très efficace et 100 % naturel). Gingembre et cannelle aident à la conservation de l'objet.

La pomme d'ambre chasse très efficacement mouches, mites et moustiques.

Sachets parfumés

Au XIXe siècle, ces « sachets d'odeurs » parfumaient placards et pièces de toutes les maisons. Les senteurs varient à l'infini, et c'est à vous de les définir en fonction des lieux et objets que vous souhaitez parfumer. Ils se composaient de feuilles et fleurs séchées, d'un conservateur d'odeur et d'essences, le tout joliment enfermé dans de la mousseline ou de la toile à beurre. Traditionnellement, c'est la lavande qui était à l'honneur dans les placards à linge et les résines dans les autres pièces.

Sachets parfumés à la lavande

Vous devez disposer de *: lavande, iris, benjoin, huile essentielle de lavande.*

Prenez 100 g de fleurs de lavande séchées, 20 g de racine d'iris pulvérisée, 20 g de benjoin pulvérisé, 5 g d'huile essentielle de lavande. Mélangez bien et mettez en sachets bien fermés.

Poudre pour sachets aux senteurs d'Orient

Vous devez disposer de *: bois de santal, racine d'iris, benjoin, essence de musc.*

Prenez feuilles ou fleurs séchées de votre choix, pour 100 g, bois de santal pulvérisé pour 50 g, racine d'iris en poudre pour 20 g, benjoin en poudre pour 20 g, essence de musc pour 5 gouttes.

Pour les pressés

Déposez vos préparations dans une jolie coupelle, ce qui vous évitera la phase couture du petit sac !

Bougies

Vous devez disposer de *: cire, suif, mèches.*

Aujourd'hui objet de décoration, de détente et de convivialité, la bougie a eu, pendant des siècles, une fonction exclusivement utilitaire : fournir la lumière. Il y a des millénaires, l'homme, déjà très ingénieux, avait eu l'idée de tremper un bâton puis une corde dans de la graisse pour en faire l'ancêtre de la chandelle. Mais il faudra attendre le Moyen Âge pour voir l'apparition des bougies en cire dans les églises. Si vous voulez vous y mettre, suivez la recette que voici : « Faire fondre 2 kg de cire jaune au bain-marie ; y ajouter 500 g de suif le plus pur (matière extraite de la graisse animale, nourriture des oiseaux, en droguerie) ; le tout étant bien fondu et bien mêlé, on y plongera des

mèches que l'on en retirera au bout de quelques instants ; elles se trouveront couvertes d'une couche de cire d'un demi-centimètre d'épaisseur environ. On réitérera si l'épaisseur n'est pas assez forte, et on suspendra ensuite les chandelles par les mèches, afin qu'elles sèchent. La chandelle, une fois allumée, la cire se fondant beaucoup plus lentement que le suif, formera une espèce de rebord qui le contiendra et l'empêchera de couler. La chandelle sera d'ailleurs au-dehors absolument semblable à la bougie. »
N'hésitez pas à ajouter quelques gouttes de l'huile essentielle de votre choix pour faire des bougies parfumées...

Conseils de ciergier

Vous pouvez très facilement transformer votre chandelle en bougie. Pour ce faire, prenez un réceptacle en verre épais (pour éviter qu'il se brise lorsque vous « coulerez la bougie »). Déposez votre mèche au centre du fond du pot et mettez un peu de colle, ce qui évitera qu'elle bouge quand vous y mettrez votre préparation. Tendez la mèche vers le haut et faites-la tenir bien droite et tendue à l'aide d'une épingle à linge coincée sur le bord du pot. Il vous suffira alors de verser la préparation, chaude, dans le pot. C'est fait ? Vous venez de fabriquer une bougie comme nos ancêtres ! Laissez bien reposer quelques jours avant utilisation.

Anticoulures

***Vous devez disposer de** : sel.*

Vous avez encore en stock des bougies du commerce ? Pour éviter qu'elles coulent, déposez un peu de sel fin autour de la mèche avant de les allumer.

Préserver plantes et fleurs d'intérieur

Beauté des plantes

Vous devez disposer de : *œufs, sucre.*

En hiver, lorsque vous faites cuire des œufs durs, conservez l'eau de cuisson. Lorsqu'elle sera froide, arrosez vos plantes de cette eau à laquelle vous aurez ajouté 3 ou 4 cuillerées à café de sucre en poudre. Ce mélange sera un merveilleux apport de vitamines.

Brillance des feuilles

Vous devez disposer de : *bière.*

Les feuilles des plantes d'appartement s'encrassent de poussière et deviennent vite ternes. Pour y remédier, il suffit d'imprégner un chiffon doux de bière et d'essuyer délicatement les feuilles. Elles retrouveront ainsi tout leur éclat !

Engrais

Vous devez disposer de : *marc de café ou thé, ou vin, ou pommes de terre, un aquarium.*

Voici plusieurs engrais faits maison qui vous aideront à conserver longtemps vos plantes d'intérieur.
1. Ne jetez plus marc de café ou feuilles de thé infusées : mettez-les dans la terre de vos plantes vertes.
2. S'il vous reste un peu de vin (avec dépôt), n'hésitez pas à remplir d'eau la bouteille et à en arroser vos plantes.

3. L'eau de cuisson des pommes de terre (sans sel si possible) est un très bon fortifiant pour plantes d'intérieur.
4. Si vous avez un aquarium, ne jetez pas l'eau lorsque vous le nettoyez. Arrosez plutôt vos plantes avec !

Fleurs coupées

Elles se conserveront bien si vous remplacez l'eau par du sable mouillé à déposer au fond du vase. Avant de mettre vos fleurs dans un vase, enlevez toutes les feuilles qui pourraient tremper dans l'eau et laissez fondre un cachet d'aspirine (pas effervescent).

Lutter contre l'humidité

Les moyens ménagers pour lutter contre l'humidité ne sont valables que lorsqu'il s'agit d'assécher les murs en parant à tout retour offensif éventuel.

Évaluer l'humidité d'une maison

***Vous devez disposer de** : chaux vive.*

« Mettez 500 g de chaux vive dans un vase ; placez-le dans la pièce dont vous voulez vérifier la salubrité, et laissez-le durant 24 heures. Pesez. Si vous retrouvez, en défalquant le poids du bocal vos 500 g de chaux, avec 1 g seulement d'augmentation de poids, la pièce est saine et peut être habitée ; si, au contraire, vous retrouvez votre chaux avec 5 ou 6 g, en plus, d'augmentation de poids, la pièce est malsaine et ne peut être habitée sans inconvénient. Il convient surtout de faire subir cette épreuve aux maisons nouvellement construites. Elle est très simple et néanmoins très utile, dans bien des cas, sous le rapport hygiénique. »

Maison vide

« Le moyen le plus facile d'assécher les parois consiste à chauffer la maison et à maintenir les fenêtres ouvertes pendant le temps nécessaire. »

Mur dégradé par humidité, moisissures, salpêtre

***Vous devez disposer de** : alun, gros sel.*

Il faut faire disparaître les dégâts en grattant les parties abîmées. On laisse ensuite parfaitement sécher en appliquant la solution suivante : 1 kg d'alun dissous, à chaud, dans 4 litres d'eau et 1 kg de gros sel. Recommencez ce badigeonnage plusieurs jours de suite.

Humidité d'une cave

Vous devez disposer de : chaux vive.

Déposez quelques cailloux de chaux vive dans un récipient ou une assiette, et renouvelez dès qu'elle est chargée de l'humidité ambiante (c'est bien moins cher que les produits actuels, et largement aussi efficace !).

Prévenir l'humidité

Vous devez disposer de : chaux vive.

Le meilleur moyen de prévenir de l'humidité est de remplacer peintures et crépis par une « bonne peinture » faite de chaux vive. Mettez de la chaux vive dans un tonneau de fer, couvrez d'eau froide, éloignez-vous immédiatement de quelques mètres (effluves très nocifs). Au bout de quelques minutes, le bouillonnement cesse. Remuez alors avec un bâton en bois (manche à balai par exemple) jusqu'à obtention d'une pâte onctueuse. Ajoutez un peu d'eau si nécessaire. Ainsi préparée, elle devient de la « chaux éteinte ». Elle ne présente plus aucun risque et peut se conserver plusieurs semaines avant d'être utilisée si le tonneau est bien bouché. Il suffit d'ajouter de l'eau si elle est un peu trop épaisse. Passez sur le mur à l'aide d'un pinceau large ou d'un rouleau. Vous pouvez y adjoindre quelques pigments naturels pour obtenir la couleur souhaitée.

Secret de peintre

Ce produit était autrefois utilisé pour peindre les murs intérieurs de toutes les maisons du bassin méditerranéen. Il a la réputation d'être antimoustique, antibactérien, antihumidité... À vous de voir !

Métaux

Sceller le fer

Vous devez disposer de : *soufre, sable, cendre.*

Il est une manière économique de sceller le fer dans la pierre. Elle consiste à « faire un trou dans une grosse pierre, à y poser la barre, à y couler du soufre fondu dans une cuiller, et lorsque le trou est plein, à y jeter une poignée de sable ou de cendres pour l'éteindre. Deux ou trois minutes après, la barre est prise de façon qu'il faudrait casser la pierre pour en retirer le fer ».

Réparer les fentes des poêles, cheminées ou fourneaux en fer

Vous devez disposer de : *cendre, sel.*

Lorsque le feu ou la fumée sortent d'une fente du poêle, on peut y remédier tout de suite en bouchant avec « une pâte de portions égales de cendres et de sel commun, mouillés d'une quantité d'eau suffisante. Il est indifférent que le poêle soit chaud ou froid ».

Antirouille pour les outils

Vous devez disposer de : *camphre.*

Placez un peu de camphre dans votre caisse à outils ou dans votre établi, ainsi, ils ne rouilleront pas.

Préserver les métaux de la rouille

Vous devez disposer de : *cire, ou chaux vive ou eau de chaux.*

« Après avoir chauffé l'objet de fer ou d'acier au point de ne pouvoir le toucher sans se brûler, frottez-le de cire blanche neuve, et remettez-le ensuite au feu pour qu'il absorbe la cire ; essuyez-le avec un morceau de serge, et il ne se rouillera jamais. »
Les fabricants anglais, pour préserver de la rouille les instruments de fer et d'acier qu'ils expédiaient au loin, les saupoudraient de chaux vive ou les trempaient dans l'eau de chaux. « Les instruments de fer-blanc, traités de la même manière se conservent brillants et intacts. Tous les objets trempés ou lavés à l'eau de chaux se conservent indéfiniment. »

Dérouiller le fer et l'acier

***Vous devez disposer de** : huile d'olive, chaux vive.*

Pour dérouiller un meuble, couvrez-le d'huile d'olive, frottez-le fortement sans l'essuyer, et laissez deux jours ainsi ; alors prenez de la chaux vive réduite en poudre fine, frottez-en le meuble jusqu'à ce que la rouille disparaisse.

Affûter des ciseaux

***Vous devez disposer de** : papier de verre.*

Rien de plus simple : découpez plusieurs fois du papier de verre au grain moyen ; vos ciseaux seront parfaitement affûtés.

Petit secret

Une autre méthode consiste à « couper » pendant 1 ou 2 minutes le goulot d'une bouteille en verre, comme si on voulait la couper réellement.

Colles

Petit retour en arrière : les archéologues ont retrouvé des traces de ce produit chez les Sumériens qui, semble-il, ont été les premiers à en fabriquer, vraisemblablement à base de peaux de bêtes. Animale, puis végétale, et maintenant de synthèse, la colle rend des services indéniables. Autrefois, on la fabriquait dans sa cuisine et sa composition variait en fonction des utilisations.

Colle ordinaire

***Vous devez disposer de** : farine, vinaigre.*

C'est la plus simple mais pas la moins efficace : délayez, au fouet, 25 g de farine de blé dans 25 cl d'eau et faites cuire à feu très doux et sans cesser de remuer, jusqu'à ébullition. Enlevez du feu et ajoutez 1 cuillerée à soupe de vinaigre toujours en remuant. C'est une formidable colle à tapisser et colle à papier.

Confidence
Elle tend à se détériorer rapidement. Cependant, on peut la conserver assez longtemps en y mélangeant 1/10e de son poids en poudre d'alun ou un peu d'essence de térébenthine.

Coller des étiquettes sur du verre

***Vous devez disposer de** : œuf ou lait.*

Vous venez de préparer les confitures pour l'hiver ? Pour coller une jolie étiquette sur les pots, passez du blanc d'œuf au pinceau sur votre étiquette et collez immédiatement sur le verre. Ou faites tremper quelques instants vos étiquettes dans du lait puis posez-les délicatement sur la surface en verre en vous aidant d'une éponge. Laissez sécher.

Coller des étiquettes sur du métal

Vous devez disposer de : oignon.

Frottez le métal avec un demi-oignon et appliquez tout de suite l'étiquette.

Colle de riz

Vous devez disposer de : farine de riz.

Délayez à l'eau froide de la farine de riz et faites-la cuire à feu doux jusqu'à ce qu'elle soit prise. Vous obtiendrez une colle d'un beau blanc qui devient presque transparente en séchant. « Sa force est telle que les papiers collés avec elle se déchirent plutôt que de se détacher. Aussi l'emploie-t-on de préférence pour les articles de cartonnage qui exigent de la propreté en même temps que de la solidité. [...] elle convient particulièrement pour les ouvrages de reliure, pour attacher les copies de manuscrits, gravures », nous indique M. Herçay dans son traité sur les colles et les peintures.

Colle de gomme arabique

Vous devez disposer de : gomme arabique, sucre, eau-de-vie.

Faites dissoudre de la gomme arabique (en droguerie ou en pharmacie) dans un peu d'eau-de-vie ou de rhum blanc avec un peu de sucre fondu. Conservez-la dans des flacons bien bouchés pour vous en servir au besoin.

Colle pour la porcelaine

Vous devez disposer de : chaux, œuf.

Elle s'obtient en pétrissant de la chaux vive en poudre avec du blanc d'œuf. On étend alors en couche mince ce mélange sur la tranche des fragments à réunir et on maintient ces derniers en place pendant quelques minutes. Cette préparation ne se conserve pas longtemps.

Mastic pour la porcelaine

Vous devez disposer de *: ail, lait cru.*

M. Chevalier, pharmacien chimiste indique cette recette : « Prenez une tête d'ail bien pelée et écrasez-la bien soigneusement pour en faire une espèce de gomme ; frottez-en les morceaux cassés, et réunissez-les en les serrant fortement ; liez-les avec du fer si nécessaire en fonction de la force de la pièce à réparer. Déposez l'objet dans une quantité suffisante de lait cru et faites "cuire" à feu doux 30 minutes à partir du début d'ébullition. Après cette opération, la porcelaine sera parfaitement recollée, et sans que l'ail qui a servi communique son odeur à ce que l'on peut mettre dedans. »

Mastic pour le bois

Vous devez disposer de *: blanc d'Espagne, huile de lin.*

Prenez du blanc d'Espagne, ajoutez-y en très petite quantité de l'huile de lin et malaxez le tout ensemble dans un vase creux ou sur une table de marbre ou de bois soit avec une spatule soit avec un pilon. Lorsque le mélange est parfait, vous l'appliquerez au moyen d'un couteau. On doit mettre le moins de mastic possible sur les vitres. Il peut être employé à boucher les fentes du bois comme les volets, les meubles, les portes et les vieux planchers. Ce mastic durcit beaucoup à l'air en séchant.

Pour le plaisir, et dans le désordre

Manière de faire ressortir les écritures usées par le temps

***Vous devez disposer de** : noix de galle, vin blanc.*

Il arrive quelquefois que des manuscrits ou des actes nécessaires aux intérêts des familles aient été rendus illisibles par l'usure des temps ou la décomposition des substances qui composent l'encre. Voici « un procédé simple et d'un emploi certain et facile pour faire revivre l'écriture. On applique légèrement, avec un pinceau ou du coton, sur les caractères ou écritures, une décoction ou infusion de noix de galle, dans laquelle on a mis une petite quantité de vinaigre ». Autre méthode : « Prendre 5 ou 6 noix de galle, les broyer, les faire infuser au soleil pendant deux jours dans un demi-litre de vin blanc. On applique avec un pinceau, et l'écriture reparaît à l'instant. Si la teinture est trop faible ou trop forte, on y remédie aisément. »

Copier une estampe ou un portrait

***Vous devez disposer de** : alun et savon.*

Prenez de l'eau d'alun et de savon, mouillez-en une toile ou un papier, et appliquez-le sur l'estampe ou le portrait. Mettez sous presse, et vous en aurez une belle copie.

Lampe à huile

Vous devez disposer de *: sel.*

« Moyen pour faire durer l'huile dans les lampes et pour lui ôter cette fumée épaisse nuisible à la vue, à la poitrine et à la propreté des appartements. Tout le secret consiste à faire fondre dans un verre d'eau autant de sel qu'il peut en contenir et à y tremper les mèches que l'on fait sécher pour s'en servir. On verse de cette eau salée et de l'huile, parties égales, dans une bouteille qu'on agite bien pour les mêler ensemble et on en garnit les lampes avec les mèches préparées. C'est des huiles de lin, de navette ou de colza qu'il s'agit ici principalement ; mais on peut éprouver la recette avec d'autres huiles. »

Pinceau de soie

Avant de l'utiliser pour la première fois, laissez-le tremper quelques heures dans de l'huile de lin.

Ouvrir un tiroir coincé

Vous devez disposer de *: savon de Marseille ou une bougie.*

Le bois de la vieille commode gonfle, coince, se déforme. Bref, impossible de l'ouvrir ! Le problème sera résolu grâce à cette vieille astuce : un savon de Marseille bien sec que vous frotterez sur les côtés coulissants du tiroir. Vous pouvez remplacer le savon par une bougie blanche.

Rafraîchir de l'eau

Vous devez disposer de *: une bouteille, un torchon.*

C'est dans les années 1820 que la vogue des bains de mer nous arriva d'Angleterre… mais sans la glacière, qui ne fit son apparition que dans l'après-guerre. Comment faire pour déguster une boisson bien fraîche au sortir de la mer ? Qu'à cela ne tienne :

remplissez une bouteille avec de l'eau froide. Lorsqu'elle se sera trop réchauffée au contact de l'air, entourez-la d'un torchon bien mouillé et essoré. Exposez le tout, bien emmailloté, à l'action directe des rayons du soleil. L'évaporation de l'eau dont le torchon est mouillé entraînera un abaissement important de la température de l'eau de la bouteille, qui deviendra fraîche en quelques minutes.

Veilleuse économique

***Vous devez disposer de** : marrons.*

« On peut se procurer une lampe de nuit très peu coûteuse en pelant des marrons, les faisant sécher, les perçant de part en part avec une moyenne vrille. Lorsqu'on en veut faire usage, on les fait tremper au moins pendant 24 heures dans de l'huile à brûler ; on en prend un, et, par le trou qu'on y a fait, on passe une mèche longue comme le petit doigt, puis on le met dans un petit vase de terre rempli d'eau, on allume la mèche et on est sûr d'avoir de la lumière jusqu'au jour. »

Faire briller les bijoux

On trouve la trace de leur apparition à l'époque où l'art est encore à l'état rudimentaire, c'est-à-dire aux temps préhistoriques. D'or, de platine ou d'argent, simples joncs ou parures ornées de pierres précieuses, les nettoyer régulièrement reste nécessaire.

Or

Vous devez disposer de : *savon, bicarbonate, alcool à brûler.*

Le faire tremper une heure dans un mélange de savon blanc (25 g), bicarbonate de sodium (1 cuillerée à soupe) et eau savonneuse (20 cl). Frottez ensuite délicatement avec une petite brosse (ou une brosse à dents). Rincez à l'eau froide (sans faire tomber la bague dans le conduit du lavabo !) puis brossez délicatement avec un peu d'alcool à brûler. Essuyez et séchez.

Argent

Vous devez disposer de : *citron, un chiffon doux.*

Frottez-le régulièrement avec du jus de citron, rincez et lustrez avec un chiffon doux. S'il est noirci, frottez-le avec une brosse à dents et du savon de Marseille. Rincez et faites briller avec un linge de laine ou une peau de chamois.

Petit secret

Si vous déposez un peu de camphre dans votre boîte à bijoux, ceux-ci se terniront beaucoup moins vite (bijoux en argent seulement).

Diamants et pierres précieuses

Donnez-leur régulièrement des bains d'eau savonneuse (tiède) ; brossez-les avec une brosse à dents pour enlever les impuretés, rincez et lustrez avec un linge très doux.

Ambre

Il est un moyen très simple de savoir si le collier ou la bague que vous envisagez de vous offrir est en ambre véritable : frottez-les sur la paume de la main. Si rien ne se passe, il est de synthèse ! Si votre main fleure une légère et douce fragrance « ambrée », vous pouvez investir, c'est tout bon !

Secret de tsarine
Autrefois, on faisait porter un morceau d'ambre aux bébés pour « faciliter la sortie des dents ».

Démêler une chaîne en or

Vous devez disposer de : huile végétale.

C'est exaspérant je vous l'accorde, mais vous ne vous énerverez plus si vous procédez comme suit : déposez quelques gouttes d'huile végétale dans vos mains et frottez votre chaîne... C'est infaillible.

Agrandir une alliance en or

Vous devez disposer de : huile végétale.

Placez l'alliance, à l'aide d'une pince, 1 minute maximum (respecter ce temps) dans de l'huile végétale bouillante. Le métal devient très dilatable et vous pourrez, dès qu'il aura tiédi, enfiler l'anneau aisément à votre doigt. Ne convient pas à une bague ornée de pierres.

Linge et habillement

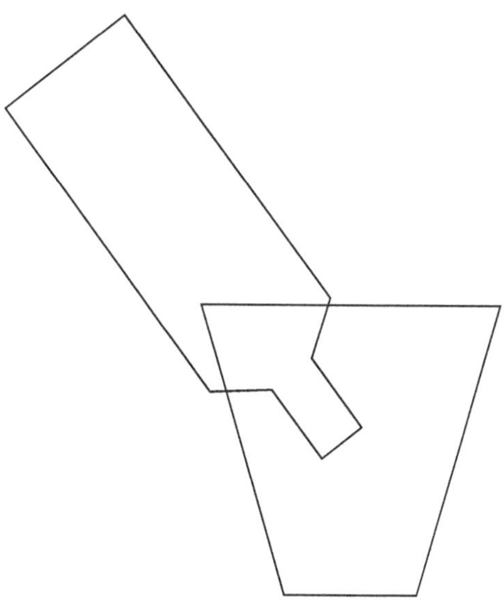

L'homme a d'abord ressenti le besoin de s'habiller pour se protéger des agressions climatiques. Au fil du temps, les vêtements se sont améliorés (cousus, teints, ornementés), et l'histoire de l'humanité ne peut se concevoir sans leur évolution et celle des codes vestimentaires, qui révèlent l'appartenance ou la place des femmes et des hommes dans la société.

Dans l'Antiquité, le vêtement de base était la toge, et c'est surtout à partir du Moyen Âge que les femmes de la noblesse ont commencé à porter des robes faites de velours. Au XVe siècle, des méthodes nouvelles de tissage se sont développées et de nouveaux tissus ont été créés. Corsets à baleines et chemises ont donné le ton de la Renaissance, puis, peu à peu, les vêtements ont suivi les humeurs des rois : François Ier les aimait colorés, Henri II les exigeait sobres et austères, Charles IX et Henri III outrageusement extravagants. Le XVIIIe siècle vit la création du manteau. La Révolution française contribua ensuite à deux changements radicaux : pour les hommes, retour du pantalon, et pour les femmes, finis les corsets et cerceaux trop serrés. À la fin du XIXe siècle, la « confection » vit ses premières heures. On assiste aux premiers défilés de mode et à la naissance des premières maisons de haute couture. Il faudra attendre les années 1960 pour que la mode du bikini et du jean s'installe durablement. Quels qu'ils soient, tous ces vêtements, eh bien, il faut les entretenir !

Le Lavage

Ou comment garder des vêtements propres et qui sentent bon avec des recettes à faire dans sa cuisine ?
Le XIXe siècle voit deux vraies révolutions dans la vie quotidienne : la « lessiveuse de ménage » puis, dans les années 1830, la machine à laver mécanique, réservée à un petit nombre de citadins privilégiés. Le lavoir n'en perd pas pour autant son activité. Souvenez-vous de l'emblématique mère Denis (qui s'y connaissait en lessivage puisqu'elle était vraiment lavandière), de son sourire, de son accent qui, dès 1972, vantait une célèbre marque de machines à laver… devant un lavoir !
Discussions, échanges et transmission des savoirs, des connaissances, des rumeurs, le lavoir était ce lieu où les femmes pouvaient être libres de penser et de parler à l'abri des oreilles masculines.
Le travail des lavandières était très dur. Elles lavaient le linge avec du savon de Marseille dans une eau souvent glacée, le rinçaient, le savonnaient une nouvelle fois. Elles le mettaient alors dans une grande cuve en bois recouverte d'un torchon sur lequel étaient placées une couche de cendres et quelques feuilles de laurier, avant de verser de l'eau bouillante.
Aujourd'hui, une machine à laver peut tout faire, même laver sans lessive et sans eau. Pourtant, certaines idées, piquées à nos grands-mères, peuvent se révéler bien utiles en cas de panne intempestive, de vacances à la Robinson ou tout simplement pour faire différent, comme avant.

La lessive maison

Vous devez disposer de *: savon de Marseille, eau de Javel.*

« Le savon de Marseille, bien sec, suffit à un blanchissage éclatant » confiaient les lavandières aux ménagères qui souhaitaient faire leur lessive à domicile. Leur méthode était la suivante : décrasser le linge à l'eau chaude en frottant avec le savon, le jeter ensuite dans de l'eau froide dans laquelle était ajouté un verre d'eau de Javel par seau d'eau ; le laisser tremper un quart d'heure, en remuant deux ou trois fois avec un bâton ; le retirer, tordre pour bien essorer, le plonger à nouveau dans l'eau froide avant de le mettre dans une dernière « eau de bleu indigo ». Fin de l'opération, fastidieuse certes, mais le linge était plus blanc que blanc.

Grande économie !
Cette méthode, bien ancienne, très pénible, mais qui a fait ses preuves, peut, sans inconvénient, se pratiquer avec nos machines à laver : râpez du savon de Marseille (50 g) et diluez dans 1 litre d'eau. Ajoutez 3 cuillerées à soupe de bicarbonate de sodium. À utiliser comme une lessive, à la dose de 1 tasse pour une machine. Pour le linge blanc, on ajoute le « bleu » en dernier rinçage.

Liquide de lavage maison

Vous devez disposer de *: saponaire.*

Dans l'Antiquité, la lessive était faite d'un mélange de cendres et d'eau, suivant un mélange transmis par voie orale. Puis la rumeur se répandit qu'une plante permettait de laver : la saponaire. Aussi nommée plante à savon (en herboristerie), elle a été remise à l'honneur par la société Solitaire dans les années 1930. Elle remporte alors un succès tel que tout est bon pour être support à publicité : buvards, journaux, protège-cahiers, boîte d'allumettes… C'était LA lessive au slogan simple : « La sapopo, la sapopo, la saponite, la bonne lessive » !

Ses racines contiennent la plus grande part de ses principes actifs. Elle nettoie, dégraisse et assainit sans boucher les canalisations. Elle permet de laver les tissus délicats, la laine et la soie. Le linge ressort doux et les couleurs sont préservées. Voir aussi p. 49 et 94.
Depuis quelques mois, on nous vante les noix de lavage venues des Indes. Il s'agirait d'un produit miracle... Inutile d'aller chercher si loin ce que la nature nous a mis à portée de main. Préparez plutôt une forte décoction en faisant bouillir 5 minutes 100 g de saponaire dans 2 litres d'eau. Laissez macérer 24 heures, filtrez et conservez en bouteille. S'emploie à la dose d'une tasse par lavage. À vous de créer le « buzz » après l'avoir essayée !

Pratique de lavandières

Elles battaient le linge pour le nettoyer en profondeur... Voici encore une astuce oubliée qui pourtant fait le même effet, sans fatigue : mettez toujours deux balles de tennis (blanches) dans votre machine avant de la faire tourner. Elles vont « battre le linge » comme autrefois ! Il faut vraiment essayer car vous serez surpris du résultat.

Assouplissant

***Vous devez disposer de** : bicarbonate de sodium, vinaigre.*

Qu'un assouplissant rende le linge doux, c'est normal, il est fait pour ça. En revanche, ce qui l'est moins, c'est que bon nombre de produits industriels polluent et donnent parfois des allergies. Il est pourtant un moyen très simple et naturel de rendre son linge d'une grande douceur : versez 5 cuillerées à soupe de bicarbonate de sodium et 5 cuillerées à soupe de vinaigre d'alcool dans une bouteille. Remplissez d'eau de source, bouchez, mélangez. Conservez bien bouché. S'utilise de la même manière que les produits industriels.
En rupture de stock ? Ajoutez seulement du vinaigre, à la dose d'un demi-verre, dans le compartiment adoucissant de votre machine. Il ravivera les couleurs, éliminera les bactéries et assouplira le linge, y compris le plus fragile. Et, souvenons-nous, il est

également anticalcaire (tuyauteries)… Alors, si vous décidez de changer d'assouplissants et d'oublier le matraquage des publicités, ne soyez pas inquiets… Votre lave-linge durera aussi longtemps qu'avec leur produit vedette utilisé « à chaque lavage » !

Petit conseil
Si vous êtes vraiment « accro » aux parfums, ajoutez une trentaine de gouttes d'une huile essentielle de votre choix à votre bouteille d'assouplissant !

Vêtements en coton

***Vous devez disposer de** : eau de Javel.*

Pour leur redonner toute leur blancheur, l'eau de Javel (sans trop en abuser) fait des merveilles et pour qu'ils conservent leur souplesse, prenez l'assouplissant maison.

Vêtements en soie

***Vous devez disposer de** : savon noir, miel.*

La soie naturelle est très délicate. Pour lui assurer une longue conservation, on doit la laver à la main. Préparez une solution composée de 1 litre d'eau, 100 g de savon noir, 150 g de miel, le tout mis à fondre à feu doux dans une casserole. Une fois l'ensemble mélangé et refroidi, trempez-y une brosse douce. Attention, cette opération doit se faire à plat. Ensuite, passez ce liquide sur la soie. Rincez à l'eau claire que vous renouvellerez à chaque instant jusqu'à ce qu'elle ne se colore plus. Faites sécher sans tordre l'étoffe en la laissant simplement s'égoutter puis lorsqu'elle est encore humide, repassez à l'envers, avec un fer un peu chaud. Elle reprend alors l'aspect du neuf, tout en conservant sa souplesse.

Cravates et rubans de soie

***Vous devez disposer de** : pommes de terre.*

On se sert de l'eau de pommes de terre crues râpées puis pressées. Les tissus de soie, lavés à cette eau, se nettoient très bien, ne perdent en rien leurs couleurs et acquièrent un brillant particulier. Le savon devient ici inutile.

Soieries noires

Vous devez disposer de : *alcool, miel, savon noir.*

Il faut faire fondre, au bain-marie et à feu doux, 25 g d'alcool à 45 % vol., 15 g de miel et 10 g de savon noir. On étend l'étoffe sur une planche à repasser, puis on frotte doucement avec une éponge (naturelle), et quand les taches sont enlevées, on rince à l'eau claire et on laisse égoutter.

Rumeur de lavandière

Faire bouillir une poignée de feuilles de figuier dans 2 litres d'eau jusqu'à réduction du liquide à un demi-litre. Pressez bien les feuilles et mettez le liquide exprimé en bouteille pour en faire usage pendant l'hiver. Il suffit d'éponger la soie avec cette préparation.

Velours

Pour rendre sa fraîcheur au velours chiffonné ou miroité, il suffit de le passer au-dessus d'un vase rempli d'eau chaude, l'envers près de l'eau. Le duvet ne tardera pas à se relever et à reprendre sa beauté.

Flanelle

Vous devez disposer de : *farine ou pomme de terre.*

Le moyen le plus économique est l'emploi de la farine ou de la pomme de terre cuite. Délayez 2 cuillerées de farine dans 2 litres d'eau savonneuse. Mettez la casserole sur le feu en remuant afin que la farine ne fasse pas de grumeaux. Versez la moitié de cette colle claire et bouillante sur votre flanelle, imbibez-en bien l'étoffe et frottez comme si vous employiez du savon. Ensuite, faites dégorger la flanelle dans de l'eau claire, puis versez dessus l'autre moitié de colle encore chaude. Frottez de nouveau, lavez à l'eau claire plusieurs fois, la flanelle se trouvera parfaitement nettoyée. Attention : si l'on emploie des pommes de terre, il faut qu'elles soient bien cuites, épluchées, écrasées et mélangées également avec une eau savonneuse très légère, de manière à en faire une pâte épaisse. Faites tremper la flanelle dans de l'eau tiède, puis frottez-la avec la pâte de pomme de terre ; lorsque toute la crasse a disparu, rincez le tout à l'eau bouillante et laissez sécher.

Petit secret

Méthode radicale pour ôter l'odeur des régurgitations des nourrissons.

Laine

Vous devez disposer de : *vinaigre.*

Des précautions minimales s'imposent pour que votre « chandail » (traduisez tricot ou pull-over !) reste douillet. La laine se lave toujours à l'eau froide. On l'assouplit en mettant un bon verre de vinaigre dans le dernier rinçage. Elle doit être essorée dans une serviette de bain et sécher à plat (au fond de la baignoire, par exemple).

Nettoyage à sec d'un lainage blanc

Vous devez disposer de : *farine, un sac en plastique.*

S'il n'a pas de tache, vous pouvez avantageusement remplacer le teinturier en suivant cette méthode : déposez 3 bols de farine blanche dans un sac en plastique. Placez-y votre lainage. Fermez soigneusement le sac, remuez-le fortement dans tous les sens (même geste que pour secouer la salade). Sortez votre lainage du sac et secouez-le énergiquement pour en extirper toute la farine. Il sera propre et frais.

Raviver les couleurs de vêtements foncés

Vous devez disposer de : *lierre grimpant, café.*

Laissez macérer 24 heures une grosse poignée de feuilles de lierre grimpant dans 5 litres d'eau. Jetez les feuilles puis laissez tremper votre vêtement un bon moment dans ce « raviveur maison ». Rincez abondamment, sans oublier le vinaigre en dernière eau de rinçage.

Secret de Magali-Rose Comtat

Si votre pantalon ou votre jupe noirs ont besoin d'un nettoyage léger, trempez une brosse à habits dans un petit reste de café, secouez pour enlever les gouttes et brossez votre vêtement. C'est d'une réelle efficacité.

Entretien de la fourrure

Vous devez disposer de : *essence de térébenthine, talc, acide borique.*

Si elle est « triste », étendez-la à plat sur une table et, toujours dans le sens du poil, passez un tissu de coton blanc imbibé d'essence de térébenthine puis talquez. Enfin, battez et secouez énergiquement. Pour raviver une fourrure mouillée, secouez-la, sans frotter, pour faire tomber les gouttes de pluie. Posez-la ensuite bien à plat sur une table, saupoudrez-la d'acide borique en paillettes avec lequel vous la frotterez très délicatement. Laissez-la reposer une heure puis brossez-la, secouez-la, elle sera comme neuve !

Taches

Le plus important est d'enlever les taches avant de laver, car si on fait l'inverse, « elles seront fixées ».

« Multidétachant »

Vous devez disposer de : *œuf.*

C'est dans *Recueils de secrets sûrs et expérimentés* que l'on peut trouver des recettes parfois insolites, mais reprises par de nombreux auteurs... C'est dire combien elles étaient appréciées ! Exemple : pour enlever toutes sortes de taches grasses sans altérer la couleur, Buchoz recommande l'« emploi du seul jaune d'œuf. On l'étend sur la partie tachée ; on applique ensuite par-dessus une serviette ou un autre linge blanc ; on imbibe finalement le tout d'eau aussi chaude que possible. On frotte un instant et à deux ou trois reprises, en mettant à nouveau chaque fois un peu d'eau chaude ; après quoi on ôte le linge et on rince ».

Détachant à sec

Vous devez disposer de : *terre de Sommières.*

La terre de Sommières est excellente. Saupoudrez-en vos cols de manteau ou de chemise, brossez avec une brosse douce. Pour ôter rapidement une tache sur un vêtement, même opération mais laissez poser la terre une bonne quinzaine de minutes.

Variante
Si vous n'avez plus de terre de Sommières, prenez de l'argile.

Tache de cire

Vous devez disposer de : *buvard ou eau-de-vie.*

Posez une feuille de papier buvard (ou essuie-tout) sur la tache. Faites chauffer votre fer à repasser et appliquez-le sur le papier. La chaleur fera fondre la cire et vous permettra ensuite de la décoller facilement. Vous pouvez aussi humecter un chiffon d'eau-de-vie et frottez délicatement la tache. Rincez ensuite à l'eau claire.

Petit secret
L'eau-de-vie donne aussi d'excellents résultats pour enlever de la cire sur tapis ou moquette.

Tache de café

Vous devez disposer de : *borax, ou glycérine et œuf.*

Les taches de café sont souvent difficiles à faire disparaître. Si vous mélangez un peu de borax à de l'eau (1 cuillerée à soupe pour un bol) et que vous frottez délicatement avant le lavage, la tâche aura complètement disparu. Autre méthode, préparez le mélange suivant : 1 œuf battu avec 3 cuillerées à soupe de glycérine. Appliquez ce mélange sur la tache, frottez et lavez immédiatement à l'eau tiède. Si le linge est blanc, faites un premier lavage à l'eau pure puis un second à l'eau de savon.

Tache de café sur du textile en coton blanc

Vous devez disposer de : *eau oxygénée ou eau de Javel.*

Imbibez un chiffon d'eau oxygénée ou d'eau de Javel. Tapotez délicatement sur la partie tachée. Rincez et effectuez un lavage en machine ou à la main.

Tache de café sur du textile en coton coloré

Vous devez disposer de : *vinaigre.*

Préparez un mélange de vinaigre blanc et d'eau (4 cuillerées à soupe de vinaigre blanc dans un demi-litre d'eau). Versez un peu de ce mélange sur la partie tachée. Laissez agir 10 minutes environ. Rincez et effectuez un lavage en machine ou à la main.

Tache de café sur un textile délicat (laine ou soie)

Vous devez disposer de : *vinaigre.*

Faites un essai préalable sur une partie non visible du textile. Préparez un mélange de vinaigre blanc et d'eau (4 cuillerées à soupe de vinaigre pour 4 cuillerées à soupe d'eau). Versez sur la partie tachée. Laissez agir 10 minutes. Rincez et effectuez un lavage en machine (programme spécial textile délicat) ou à la main.

Tache de graisse

Vous devez disposer de : *savon de Marseille.*

« Si la tache vient d'être faite : passez simplement le vêtement sous l'eau froide (attention pas d'eau chaude qui cuirait et fixerait la tache), puis savonnez la partie tachée à l'aide d'un savon de Marseille sec. Frottez énergiquement (selon la nature du textile ; pour les tissus délicats, frottez plus modérément). »

Tache de beurre

Vous devez disposer de : *terre de Sommières.*

Quel que soit le tissu, saupoudrez immédiatement de la terre de Sommières sur la tache. Laissez sécher puis éliminez la terre avec un chiffon propre. Lavez comme à l'habitude.

Tache de graisse sur tissus délicats

Vous devez disposer de : *argile verte.*

La recette est invariable ! Prenez 1 cuillerée à soupe d'argile verte que vous délayez dans de l'eau pour en faire une pâte pas trop épaisse (consistance d'une pâte à crêpes). Frottez délicatement la tache avec cette pâte, laissez reposer 20 minutes, rincez à grande eau.

Tache de graisse sur de la soie

***Vous devez disposer de** : eau-de-vie.*

« Imbibez d'eau-de-vie l'étoffe tachée, après l'avoir étendue sur une planche à repassage, et recouvrez-la avec un linge propre et fin. Repassez ensuite et vous verrez le linge se charger d'une partie de la graisse. Recommencez en avançant chaque fois sur la tache un nouveau morceau de linge, et chaque fois ce linge présentera une nuance graisseuse. Si la tache est légère, cette opération peut, à la rigueur, suffire pour la faire entièrement disparaître. »

Tache de graisse sur du velours

***Vous devez disposer de** : pain.*

Les taches de graisse sur du velours s'enlèvent en posant dessus une tranche très chaude de pain grillé. Il faut éviter de frotter. Le velours se bat plutôt qu'il ne se brosse. On doit laisser sécher naturellement le velours mouillé sans l'essuyer ni le brosser, le poil se relève de lui-même.

Tache d'encre

***Vous devez disposer de** : vinaigre, ou sel, ou sel d'oseille, ou alcali.*

1. Si elle est récente et que l'encre n'a pas encore eu le temps de sécher, il suffit de laver la partie endommagée soit avec du vinaigre, soit avec de l'eau salée. Ce lavage « n'altère en rien les couleurs, même les plus délicates ».
2. Quand la tache a vieilli sur l'étoffe, mouillez l'endroit avec un peu d'eau, frottez avec du sel d'oseille ou acide oxalique pulvérisé

(en pharmacie ou droguerie) et la tache ne tardera pas à disparaître. Lavez ensuite l'étoffe dans de l'eau claire et faites sécher.
3. Quand la couleur est altérée, il est presque toujours possible de la rétablir en versant sur l'endroit atteint deux ou trois gouttes d'alcali.

Conseil précieux
« Les taches de rouille s'enlèvent de la même manière que les taches d'encre. »

Tache sur de la laine

***Vous devez disposer de** : œuf, acide sulfurique.*

Frottez avec un blanc d'œuf mélangé à 1 cuillerée à café d'acide sulfurique (en droguerie), puis lavez à l'eau fraîche.

Tache de feutre et stylo à bille

***Vous devez disposer de** : lait ou alcool.*

Tige de bambou, plume d'oie, le propos n'est pas de retracer l'origine de l'écriture (d'autant qu'elle fait toujours l'objet de controverses) mais de revenir juste quelques instants sur le fameux stylo à bille qui voit le jour dans les années 1950, grâce au génie du baron Bich qui rachète un brevet et lance sa fameuse « pointe à bille bic ». Le stylo à bille initia un véritable bouleversement dans les habitudes, donnant naissance à la notion, inconnue jusqu'alors, du « jetable » et instituant sans doute les prémices de notre économie moderne. Il fallait bien trouver une nouvelle astuce pour ôter les taches que les enfants ne manquaient pas de faire sur leurs vêtements. Les mères de famille l'inventèrent très vite. Versez du lait sur la tache, laissez tremper puis lavez en machine. La tache part « toute seule » ! Ou le plus rapidement possible, absorbez l'encre en tamponnant la partie tachée à l'aide d'un chiffon ou, mieux, d'un buvard. Tamponnez ensuite la tache à l'aide d'un chiffon imbibé de vinaigre blanc ou d'alcool à 90 % vol.

Tache de fruits

***Vous devez disposer de** : savon de Marseille, ou vinaigre.*

Passez le textile sous l'eau froide. Savonnez à l'aide d'un savon de Marseille sec. Frottez puis rincez. Si la tache persiste, imbibez la partie tachée d'un mélange de vinaigre blanc et d'eau (1 volume de vinaigre pour 1 volume d'eau). Laissez agir quelques instants, rincez et lavez à la main ou en machine.

Tache d'herbe

***Vous devez disposer de** : vinaigre, ou alcool à brûler, ou alcool neutre.*

Tamponnez la partie tachée à l'aide d'un chiffon imbibé de vinaigre blanc, d'alcool à brûler ou d'alcool à 90 % vol. (Un essai préalable sur une partie non visible est conseillé pour les textiles délicats.) Lavez ensuite en machine ou à la main.

Secret de teinturier

Saviez-vous que le vinaigre blanc fixe les couleurs ? Donc, il ne décolore pas !

Tache de Javel

***Vous devez disposer de** : eau oxygénée.*

Vous étrennez un pantalon, mais voilà qu'alors que vous donniez un « dernier coup d'éponge » au plan de travail, catastrophe ! Une éclaboussure de Javel vient de faire une horrible tache dessus. Pas de panique ! Déposez tout de suite (passé 5 minutes, c'est foutu !) quelques gouttes d'eau oxygénée avec un papier absorbant. Essuyez en pressant bien et rincez tout de suite à l'eau fraîche.

Tache de moisi et d'humidité

***Vous devez disposer de** : ammoniaque (alcali) et savon de Marseille, ou lait et savon de Marseille.*

Frottez avec de l'ammoniaque diluée dans de l'eau, puis lavez au savon de Marseille. « Les rideaux, dentelles et autres étoffes semblables seront immergés dans du lait (entier) froid, puis après assez long contact (quelques heures au moins) lavés au savon de Marseille. Recommencez autant de fois que nécessaire car ces taches sont très tenaces. »

Rumeur
On disait qu'il fallait déposer dans les armoires et les placards de la poudre de moutarde (en herboristerie) pour empêcher que le linge moisisse.

Tache d'œuf

Vous devez disposer de *: savon de Marseille, ou eau oxygénée.*

Si la tache vient d'être faite, passez simplement le vêtement sous l'eau froide (attention, pas d'eau chaude qui cuirait et fixerait la tache). Savonnez ensuite la partie tachée au savon de Marseille. Frottez énergiquement (selon la nature du tissu, pour les textiles délicats, frottez plus modérément). Rincez et effectuez un lavage en machine ou à la main.
Si la tache est plus ancienne, savonnez au savon de Marseille, lavez puis imbibez d'eau oxygénée. Laissez agir 2 minutes et rincez abondamment.

Tache de peinture

Vous devez disposer de *: savon de Marseille.*

Pour les peintures à l'eau, la préférée des enfants, ou la gouache, passez le linge sous l'eau froide. Frottez en ajoutant un peu de savon de Marseille. Un simple lavage en machine devrait ensuite suffire à enlever toute trace de peinture.

Tache de rouille

Vous devez disposer de *: citron.*

Imbibez la partie concernée de jus de citron. Laissez reposer quelques heures puis rincez.

Rouille sur de la toile ou de la mousseline

***Vous devez disposer de** : sel d'oseille.*

Plongez la partie tachée dans 1 cuillerée d'eau de sel d'oseille bien bouillante ; frottez légèrement avec le doigt et rincez ensuite le tissu avec de l'eau ordinaire.

Tache de rouge à lèvres

***Vous devez disposer de** : alcool.*

Imbibez l'envers du tissu taché d'alcool à 90 % vol. ; laissez agir quelques instants et rincez.

Tache de sucre

***Vous devez disposer de** : savon de Marseille.*

La procédure est la même que pour la tache d'œuf et de sang, l'essentiel étant d'agir immédiatement afin que le sucre ne sèche pas. Passez le textile sous l'eau froide (là encore, pas d'eau chaude qui cuirait et fixerait la tache). Savonnez au savon de Marseille. Frottez, rincez.

Tache d'urine

***Vous devez disposer de** : ammoniaque.*

Fréquente sur les vêtements des jeunes enfants (les linges de corps notamment), elles peuvent être difficiles à éliminer d'un simple lavage. Pour en venir à bout, utilisez un mélange d'eau et d'ammoniaque (quelques gouttes d'ammoniaque dans un peu d'eau suffiront). Un essai préalable sur une partie non visible est conseillé pour les textiles délicats.

Tache de vin sur un textile coloré

Vous devez disposer de : vin blanc.

Versez immédiatement… du vin blanc. La tache disparaît peu à peu, mais il faut parfois attendre le lendemain, le remède étant d'autant plus rapide que la tache est fraîche. Lavez ensuite normalement.

Tache de vin sur un textile blanc en coton

Vous devez disposer de : lait.

Plongez la partie tachée dans du lait bouillant. Une fois la tache disparue, lavez et rincez normalement. Efficacité prouvée par les anciens…

Taches rebelles

Vous devez disposer de : savon de Marseille.

Avec un savon de Marseille juste humecté, bien frotter la tâche et l'exposer au soleil. En séchant, le tissu va devenir raide comme du carton. Mouiller, frotter et rincer. Ce traitement vient à bout de toutes les tâches : fruits, sang, vin et autres.

Tache de sang

Vous devez disposer de : savon de Marseille.

Un seul impératif : ne jamais tenter de l'enlever à l'eau chaude. Contentez-vous de la nettoyer à l'eau froide et au savon de Marseille, ça marche très bien !

Teintures

Campêche, garance, noyer, oignon, pigments,
la couleur existe depuis que le monde est monde,
et c'est une fois encore dans la nature que l'homme
a trouvé les moyens de teindre les étoffes
les plus rares ou coton d'Égypte.

Teinture économique de la laine et de la toile en jaune

***Vous devez disposer de** : pommes de terre.*

« Coupez des feuilles et des tiges de pommes de terre, quand les plantes sont en fleur ; écrasez-les et exprimez-en le suc. Un morceau de laine trempé dans ce suc pendant 48 heures prend une couleur jaune très solide. Si l'on plonge ensuite cette étoffe dans une teinture bleue, elle acquiert une belle couleur verte. »

Teindre des étoffes de soie ou de coton en jaune

***Vous devez disposer de** : oignon.*

« La pelure légère qui enveloppe l'oignon est employée à teindre les étoffes de soie, de coton. Laissez macérer 48 heures la pelure d'un ou deux oignons (en fonction de la couleur souhaitée) dans une solution faite d'eau à laquelle vous aurez ajouté 1 cuillerée à soupe d'alun. Faites ensuite bouillir le tout et laissez refroidir. Mettez alors à tremper ce que vous souhaitez teindre dans cette décoction (plus ou moins longtemps, suivant que vous vouliez un jaune paille ou un jaune plus soutenu). » Laissez sécher, c'est fait !

Teindre la soie en violet

Vous devez disposer de : *bois d'Inde, bois de Brésil, alun.*

Prenez 20 g de bois d'Inde et autant de bois de Brésil, 3 pincées d'alun ; mettez ces ingrédients à bouillir dans une bassine d'eau, pendant une demi-heure et passez dans un linge ; puis, faites bouillir dans cette teinture votre soie pendant une demi-heure en la retournant et en la frottant, ensuite lavez-la à l'eau fraîche.

Teindre une étoffe en noir

Vous devez disposer de : *brou de noix, alun.*

Même recette que la précédente en remplaçant bois d'Inde et de Brésil par 50 g de brou de noix.

Teindre une étoffe en rouge

Vous devez disposer de : *garance.*

La garance fait partie intégrante de l'histoire des teintures. Cultivée en Inde il y a plus de trois mille ans, elle fut largement utilisée par les Grecs et les Romains et, bien plus tard, par l'armée française. Ses racines et ses tiges donnent aux tissus une jolie couleur rouge. Même recette que la précédente en remplaçant le brou de noix par 50 g de racine de garance séchée.

Secret bien gardé

Appelé aussi « thé rouge », l'origan rend de nombreux services pour la santé mais pas seulement. Dans les régions du Nord, on utilisait ses sommités fleuries pour teindre les lainages en « rouge-brun ». Même recette que la précédente, en remplaçant la garance par l'origan.

Du bon entretien du linge

Le linge, c'est comme la maison : il faut l'aérer. Le soir, ne rangez pas les vêtements que vous avez portés toute une journée. Laissez-les respirer toute la nuit après les avoir brossés. Régulièrement, brossez manteaux et vestes. Ainsi, poussière et mauvaises odeurs auront disparu. S'ils sont froissés, mettez-les sur un cintre et si possible à l'extérieur pour la nuit. Le lendemain matin, ils seront tout à fait mettables ! N'oubliez pas de laisser tremper un moment, dans l'eau froide, vos vêtements neufs avant de les laver et de remplacer l'adoucissant de votre machine par du vinaigre. Le calcaire n'attaquera plus ni votre linge ni votre tuyauterie.

Séchage rapide de vêtements en laine

Vous devez disposer de : *serviettes-éponges.*

Vous venez de laver votre pull préféré et souhaitez le mettre demain ? Après l'avoir délicatement pressé entre vos doigts pour enlever le trop-plein d'eau (ne surtout pas le tordre), placez-le à plat entre deux serviettes-éponges et pressez pour enlever encore de l'eau. Retirez les serviettes et posez-le à plat pour qu'il finisse de sécher.

Raviver les couleurs

Vous devez disposer de : *alcali.*

On peut le faire (et réussir !) « en trempant un chiffon humide dans un peu d'alcali et en frottant légèrement la partie décolorée. Il faut avoir soin de ne frotter que deux ou trois fois avec le même bout du chiffon ; après avoir opéré de la sorte, les couleurs paraîtront aussi vives qu'auparavant ».

Secret de teinturier
Mettez un demi-verre d'alcali dans une bassine d'eau. En dernière eau de rinçage d'un pull de couleur. Vous pouvez remplacer l'ammoniaque par un demi-verre de vinaigre d'alcool.

Cols de vestes et manteaux

***Vous devez disposer de** : vinaigre.*

Il est nécessaire de les frotter régulièrement avec un linge doux imbibé de vinaigre d'alcool.

Jupes ou pantalons froissés

Vous êtes en voyage et n'avez pas de fer à repasser sous la main ? Placez votre vêtement, après avoir « bien fait le pli », sous le matelas. Le lendemain, vous aurez la surprise de retrouver un vêtement défroissé et tout à fait mettable.

Imperméabilisation

***Vous devez disposer de** : alun.*

« Tremper manteaux, tricots et autres vêtements à plusieurs reprises et alternativement dans une eau de savon très concentré et dans une solution d'alun à 20 g par litre d'eau. »

Oreillers en plume

***Vous devez disposer de** : savon de Marseille.*

Ils sont des plus agréables, mais souvent les plumes passent au travers de la housse. Pensez au savon de Marseille bien sec : frottez-en la housse, à l'envers. Remettez-la à l'endroit, enfilez votre oreiller ; les plumes ne sortiront plus.

Préserver fourrures et laine

« Prenez : clous de girofle, graines de carvi, muscade, cannelle et fleurs de lavande, de chaque, parties égales ; ajoutez autant d'iris de Florence qu'il y a d'autres ingrédients. Faites une poudre fine et placez des petits sacs parmi vos vêtements et fourrures. Vous les retrouverez intacts au bout de dix ans. »

Pulls qui peluchent

***Vous devez disposer de :** chardons.*

On avait autrefois l'habitude de les enlever à l'aide d'une lame de rasoir. Mais une méthode encore plus ancienne consistait à les enlever à l'aide d'un chardon. Toutes les peluches restent accrochées à la fleur !

Récupérer un pull lavé à trop haute température

***Vous devez disposer de :** bicarbonate de sodium.*

Pourquoi ne pas essayer ce vieux truc de grand-mère : faites-le tremper 1 heure dans une petite bassine d'eau froide à laquelle vous aurez ajouté 500 g de bicarbonate de sodium. Rincez et laissez sécher à plat.

Vêtements lustrés

***Vous devez disposer de :** vinaigre.*

Si votre pantalon ou votre jupe commencent à s'user et deviennent brillants, ne les jetez pas ! En passant un linge fin ou une éponge imbibés de vinaigre d'alcool, ils retrouveront une deuxième jeunesse.

Le « sent bon » des placards

Vous devez disposer de : lavande.

« La lavande, cueillie en pleine floraison et mise en paquets, répand dans les armoires une odeur agréable et saine. On peut y mêler les feuilles de diverses plantes aromatiques, la citronnelle, la menthe, le basilic, le romarin, après les avoir fait sécher sur des papiers. »

Chaussures et bottes

Comme les vêtements, les premières chaussures étaient en peau de bête. Plus tard, des sandales tressées en fibres végétales virent le jour, les bottes et les bottines apparaissant bien plus tard. Cet indispensable accessoire s'est toujours adapté aux modes de vie, aux climats et au rôle protecteur qu'il devait jouer dans la vie de tous les jours.

Bottes en caoutchouc

***Vous devez disposer de :** talc, huile de tournesol.*

De nouveau très « tendance » ! Un petit entretien régulier s'impose pour les conserver comme neuves. Avant de les porter pour la première fois, et ensuite régulièrement, saupoudrez l'intérieur, y compris la semelle, de talc. Si elles sont sales, lavez-les à l'eau avec un chiffon. Enfin, si vous ne les portez pas pendant un moment, frottez-les avec un chiffon doux et de l'huile de tournesol : elles garderont leur souplesse. Rangez-les debout et à l'envers.

Chaussures trop étroites

***Vous devez disposer de :** papier journal.*

Bourrez-les avec des boules de papier journal mouillé et essoré que vous laissez environ 24 heures.

Chaussures trop petites

***Vous devez disposer de :** papier journal, un linge.*

Après les avoir bourrées de journal (voir ci-dessus), recouvrez-les d'un linge humide très chaud et laissez 24 heures.

Secret de cordonnier
Vous pouvez aussi mouiller, à l'intérieur, les endroits qui vous font souffrir, avec de l'alcool à 90 % vol. Enfilez-les tout de suite et marchez au moins 5 minutes.

Chaussures mouillées

Vous devez disposer de : papier journal.

Pour les faire sécher sans qu'elles se déforment, bourrez-les de papier journal froissé. Changez-le dès qu'il est mouillé et renouvelez l'opération jusqu'à séchage complet. Ne laissez pas vos chaussures en cuir sécher près d'une source de chaleur ; le cuir durcirait et risquerait de se craqueler. Préférez un séchage en douceur.

Chaussures en daim

Vous devez disposer de : ammoniaque, ou pain rassis.

Investir dans une brosse en caoutchouc est indispensable pour leur assurer un entretien quotidien et une longue vie. Si elles sont tachées, frottez-les très délicatement avec un chiffon blanc légèrement imbibé de la solution suivante : 20 cl d'eau de source et 1 cuillerée à café d'ammoniaque. Laissez bien sécher loin d'une source de chaleur ; brossez délicatement. Si la tache est légère, frottez-la délicatement avec du pain rassis.

Chaussures en toile

Vous devez disposer de : alcool.

Si elles sont tachées, frottez avec une brosse à ongle imbibée d'un peu d'alcool à 90 % vol. ou d'eau-de-vie, puis rincez.

Cuir verni

S'il fait froid, il risque de se fendiller. Pour le préserver, « le présenter à un feu doux afin d'échauffer le vernis qui se dilate et reprend sa souplesse ».

Cirage maison

Vous devez disposer de : *beurre.*

Vous avez remarqué ? C'est toujours quand on a besoin de cirage (ou autre...) qu'on se rend compte que la boîte est vide ! Ça n'est pas grave puisque cette recette va le remplacer avantageusement : appliquez un peu de beurre, frottez, laissez sécher puis lustrez comme avec un cirage classique. Vos chaussures retrouveront leur éclat à peu de frais !

Plus sophistiqué

« Mettez 1 cuillerée de miel dans une tasse ordinaire de lait bouilli. Ajoutez-y 1 cuillerée de noir d'ivoire; mêlez bien le tout. »

Cirage liquide

Vous devez disposer de : *noir d'ivoire, mélasse, huile végétale, acide sulfurique.*

« Prenez : noir d'ivoire, broyé aussi fin que possible, et mélasse, de chaque 12 g ; huile végétale ou huile de lin, 3 g. Faites un mélange parfait et ajoutez, en remuant bien, 3 g d'acide sulfurique étendu de trois fois son volume d'eau. Laissez reposer 3 heures. Ajoutez, toujours en remuant, 25 cl de bière. »

Qu'est-ce que c'est ?

Le noir d'ivoire est un pigment; vous le trouverez en magasins de fournitures de beaux-arts ou magasins bio.

Cirage anglais

Vous devez disposer de : *mélasse, noir d'ivoire, huile d'olive, acide sulfurique.*

Prenez 20 cl d'eau bouillie et refroidie et 20 g de noir d'ivoire, 20 g de mélasse, 1 cuillerée à café d'huile d'olive et 15 g d'acide sulfurique. Mettez dans l'eau les substances dans l'ordre indiqué ci-dessus, en ayant soin d'agiter longtemps avec une spatule.

Laissez reposer 2 heures. Renouvelez l'opération en mélangeant l'ensemble dans une casserole, à feu doux, jusqu'à obtention d'une pâte.

Semelles glissantes

Frottez-les énergiquement avec de la pulpe de pomme de terre.

Astuces des grands-mères de demain

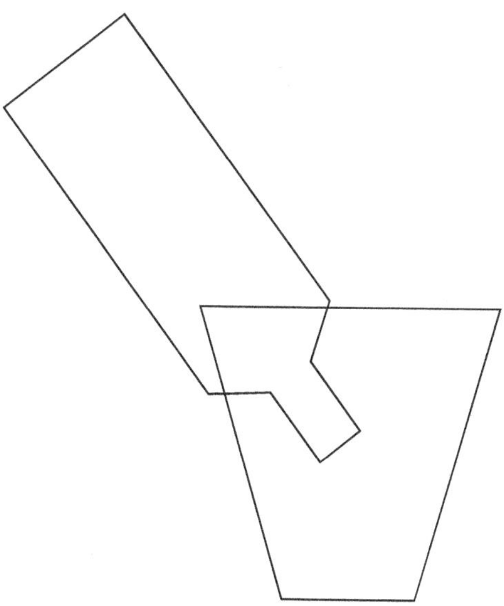

Technologie de plus en plus sophistiquée, innovations, inventions, aujourd'hui, de nombreuses choses qui n'existaient pas hier ont vu le jour. Il fallait donc inventer rapidement de nouvelles techniques de lavage et d'entretien. Cependant, chose curieuse, les « recettes maison » utilisent presque toujours les mêmes ingrédients que nos grands-mères et arrière-grands-mères… C'est plutôt rassurant pour l'efficacité de notre nouvelle droguerie maison ! Et ce qui est sympathique, c'est que certains produits plus récents (dentifrice par exemple) ont très vite trouvé une fonction autre que leur destination première. En voici quelques exemples.

Idées d'aujourd'hui

Appareils ménagers (nettoyage, entretien)

Vous devez disposer de : *bicarbonate de sodium.*

Comme autrefois, un peu de bicarbonate sur une éponge humide ou du vinaigre d'alcool feront l'affaire ! Les bombes aérosols seraient-elles nées juste pour « empoisonner » notre planète ?

Petit électroménager

Vous devez disposer de : *vinaigre.*

À nettoyer tout simplement avec du vinaigre blanc.

Aluminium

Vous devez disposer de : *huile végétale, alcool, ou eau de source, borax, alcali (éventuellement).*

Pour qu'il brille, nettoyez-le au moyen d'huile végétale et d'alcool à 90 % vol. en quantités égales. Agitez la bouteille de préparation, imbibez un linge, frottez, essuyez.
Si vos plats ou couverts sont oxydés, préparez le produit suivant : dans une bassine, versez, 30 cl d'eau de source et 1 cuillerée à soupe de borax en poudre. Trempez une demi-heure l'objet dans ce bain réparateur, frottez ensuite avec une éponge, rincez, essuyez. Si l'oxydation est importante, ajoutez 1 cuillerée à café d'ammoniaque (alcali) au bain.

Mieux vaut prévenir…
Faites bouillir un peu de lait dans votre casserole neuve, elle n'accrochera pas et son entretien sera bien plus aisé.

Argenterie

Vous devez disposer de : papier d'aluminium, gros sel, un chiffon doux.

Pour redonner du brillant sans fatigue à vos couverts ou à vos petits objets en argent, déposez-les dans une bassine en verre ou en plastique (jamais de métal), ajoutez 1 bonne poignée de gros sel et quelques morceaux de papier d'aluminium froissés en boule ; couvrez d'eau bouillante puis laissez refroidir. Il vous suffira alors de les essuyer avec un linge doux puis de les ranger bien à l'abri de la lumière, enveloppés dans de la feutrine, ce qui leur gardera leur brillant. En fait, c'est la même recette qu'avant, sauf que le papier d'aluminium évite d'avoir à frotter !

Secret de jeune grand-mère

Si c'est un objet plus gros que vous souhaitez nettoyer sans effort, tapissez la bassine de papier d'aluminium au lieu d'en faire des boules.

Antirouille

Vous devez disposer de : boisson au cola.

Oubliez les produits dispendieux et utilisez la célèbre boisson au cola : versez-en sur la rouille, laissez quelques minutes, frottez avec votre courge éponge. Ce traitement rapide et facile suffit à en faire disparaître toute trace.

Secret qui a traversé l'Atlantique

La même boisson enlève les taches de peinture fraîche. On dit même qu'à dose homéopathique, elle peut aider à une indisposition digestive passagère.

Brosse à habit économique

Vous devez disposer de : ruban adhésif.

Facile ! Les brosses collantes sont onéreuses et finalement pas plus efficaces qu'une brosse que vous pouvez confectionner : prenez simplement un rouleau de ruban adhésif d'emballage, coupez les bandes nécessaires à enlever poils et poussière de vos vêtements et meubles. C'est redoutablement efficace, et indispensable si vous avez un animal à poil !

Augmenter la chaleur d'une pièce

Vous devez disposer de : *papier d'aluminium.*

Il serait dommage, compte tenu des tarifs en constante augmentation, de se priver de cette judicieuse astuce née en même temps que le papier d'aluminium ménager : glissez-en des feuilles derrière vos radiateurs. Ils irradieront la chaleur et vous gagnerez, sans frais, quelques degrés.

Four à micro-ondes

Vous devez disposer de : *vinaigre.*

Il se nettoie très facilement en y déposant un bol rempli pour moitié d'eau et pour moitié de vinaigre d'alcool. Activez 5 minutes, sortez le bol et un simple coup d'éponge suffira à le rendre comme neuf et sans aucune odeur.

Nettoyage des bijoux en argent

Vous devez disposer de : *dentifrice.*

Frottez-les avec du dentifrice. Convient à tous les objets en argent.

Important

Bien évidemment, il ne s'agit pas d'employer notre nouveau dentifrice maison mais bien des dentifrices « nés des dernières recherches »... et vendus en grandes surfaces.

Poubelle en plastique

Vous devez disposer de : *alcool à brûler, borax ou bicarbonate de soude.*

Elle sera parfaitement nettoyée et désodorisée si vous utilisez une éponge imbibée d'alcool à brûler. Pour éviter les odeurs, 1 cuillerée à soupe de borax ou de bicarbonate de sodium au fond, à renouveler une fois par semaine.

Plaque de cuisson en vitrocéramique

Vous devez disposer de : *vinaigre.*

Son entretien est des plus aisés si on utilise les bonnes vieilles méthodes de nos grands-mères (quoiqu'en disent les vendeurs de produits créés en même temps que la plaque !). Une éponge ou un linge doux humide et imbibé de vinaigre d'alcool, et c'est tout !

Meubles en plastique

Vous devez disposer de : *œuf.*

Dès leur apparition, nos grands-mères ont cherché un truc facile pour les protéger et les faire briller. Bien sûr, elles ont trouvé : après les avoir lavés avec un de vos nouveaux produits maison, battez un blanc d'œuf et appliquez-le au pinceau ou avec un chiffon doux. Vos meubles brilleront comme au premier jour.

Tache de vin rouge sur tapis ou moquette

Vous devez disposer de : *eau de Perrier.*

L'eau de Perrier, certes très agréable à boire, remplit aussi de multiples fonctions dans la maison, découvertes au fil du temps.

Vous venez de faire tomber votre verre de vin rouge sur la moquette ou le tapis ? « Noyez sans modération la tache au Perrier » ; elle aura vite disparu et il ne vous restera plus qu'à sécher avec un chiffon.

Tache d'urine de chien ou chat

Vous devez disposer de : eau de Perrier.

Le Perrier sert aussi à enlever ces tâches, à condition de le faire tout de suite et de bien absorber ensuite.

Tache de chewing-gum

Vous devez disposer de : glaçon, couteau, savon de Marseille.

Une seule solution, inventée après de longs tâtonnements par les consommateurs de l'après-guerre : le glaçon. Si vous le passez sur le chewing-gum, il va durcir, vous pourrez alors soit le gratter à l'aide d'une lame de couteau, soit le décoller à la main. Retirez ensuite les traces au savon de Marseille.

Tache de boissons gazeuses

Vous devez disposer de : savon de Marseille, eau de Perrier.

Il faut agir très vite. Sur tapis ou moquette : le Perrier (toujours lui !). Sur un tissu, seulement frotter avec un savon de Marseille sec et bien rincer.

Toile cirée

Vous devez disposer de : essence de térébenthine.

Un peu d'essence de térébenthine sur une éponge humide, on frotte et on rince.

L'art de la « récup' »

Nos grands-mères ne disaient-elles pas :
« Les petites économies font les grandes fortunes » ?
Alors, on ne jette plus...

Bouchons de liège

Ils vous seront fort utiles pour lutter contre les crampes ou enlever certaines taches. Si vous avez une cheminée, voici une astuce efficace et très utile à l'allumage du feu : laissez tremper des bouchons de liège dans de l'alcool à brûler, égouttez puis utilisez comme des allume-feu (vendus très chers dans le commerce).

Bougies

Les restes vous seront précieux pour fabriquer votre encaustique maison (seulement si elles sont en cire naturelle). Voilà encore une grande source d'économies.

Brosses à dents, brosses à ongles

Pour nettoyer des objets.

Bouteilles en plastique

On les découpe aux deux tiers, et voilà le goulot transformé en entonnoir que l'on peut se permettre de jeter après y avoir transvasé des liquides gras !

« Bouts de ficelle »

Pour fermer les sacs de plantes à macérer, ce qui évite la filtration.

Chaussettes

Elles deviennent des « chiffons magiques » pour lustrer. En plus, on peut les enfiler comme des gants, ce qui facilite la tâche.

Journaux (quotidiens)

On ne conserve que les pages en noir et blanc pour laver les vitres, éviter les mites, agrandir les chaussures…

Pulls en laine

Comme pour les chaussettes.

Restes de vin

On en fait du vinaigre, bien sûr !

Et surtout

C'est à nous, au quotidien, d'inventer de nouvelles astuces, de détourner les objets ou produits nouveaux, de trouver le « truc » qui va nous simplifier la tâche…

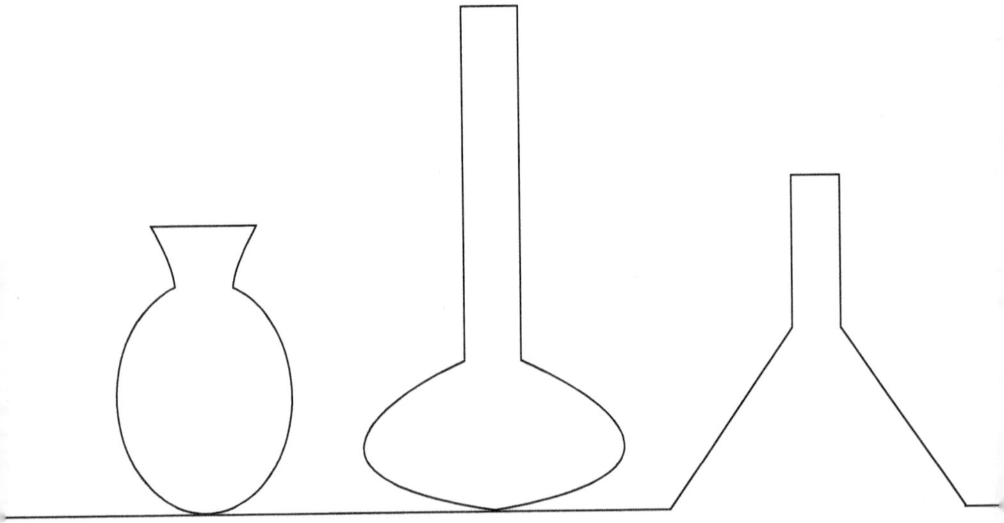

Annexes

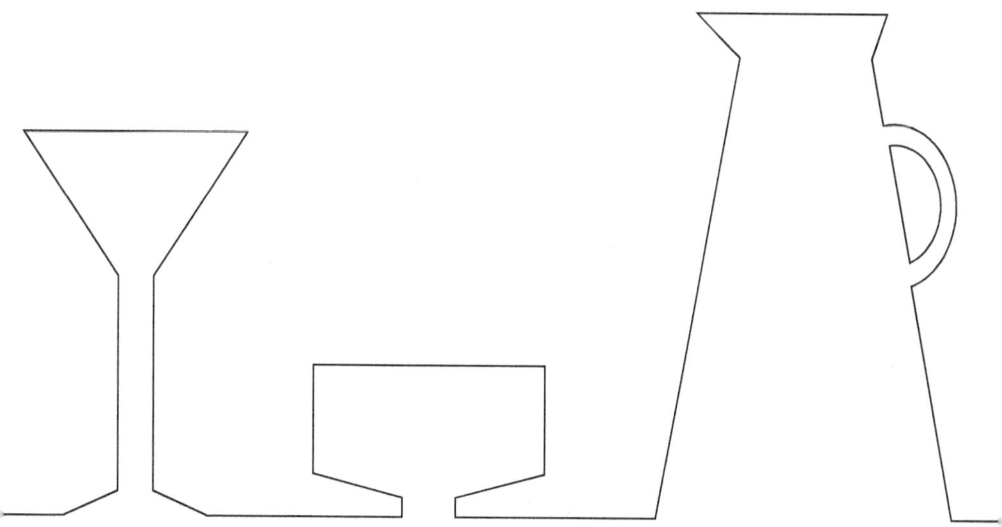

En guise de conclusion, mes confidences à moi

En écrivant ce livre, j'ai pris deux paris. Le premier : qu'on en use et qu'on en abuse, « sans aucune modération ». Je l'aurai gagné si, à force d'usages, ses pages s'usent, leurs coins se racornissent et qu'elles s'enrichissent de vos annotations. Le second : qu'on s'amuse en le parcourant. Il sera gagné si anecdotes et petites histoires dont il est « saupoudré » vous le rendent ludique en plus d'être bien utile. Peut-être alors retrouverez-vous, à votre tour, du plaisir à transmettre ce patrimoine intemporel aussi riche qu'économique.

Par ailleurs, que les recettes que j'ai volontairement laissées à la porte me pardonnent. Certaines se sont exclues d'elles-mêmes parce que leurs composants sont aujourd'hui introuvables ou à juste titre interdits. D'autres ont été écartées au profit de consœurs plus simples, plus efficaces, plus plébiscitées. Quant aux auteurs, histoires et anecdotes, je suis navrée d'en avoir laissé autant au bord de la route… Toutefois, le propos n'était pas d'écrire une encyclopédie, mais bien un manuel pratique.

Vingt fois entre vos mains consultez cet ouvrage,
Utilisez-le sans cesse et le réutilisez,
Ajoutez-y quelques mots, et toujours le transmettez.

Que Boileau me pardonne !

Ce livre ne m'appartient plus… Il appartient désormais à mes deux enfants, à mes petits-enfants, et à toutes celles et ceux qui se sentent un devoir de transmettre à leur tour cette inestimable et si nécessaire mémoire culturelle hors du temps du bien vivre et du vivre bien au quotidien.

Vos recettes, trucs et astuces

La mémoire ne s'invente pas, elle se crée sans cesse. Or il n'y a sans doute pas de meilleur endroit pour apprendre les secrets de la vie pratique que la maison, puisqu'ils ne peuvent mieux être retenus que par l'observation, les exemples et les conseils réitérés des parents aux enfants. Alors, c'est à vous maintenant d'enrichir la mémoire des siècles passés en consignant ce qui deviendra la mémoire de demain.

Glossaire

Amidon (fécule) Substance se trouvant à l'état naturel dans les racines et rhizomes de certaines plantes (oseille, rhubarbe, betterave...). Quand elle est extraite des graines de blé, maïs, avoine ou riz, elle porte le nom d'amidon. Si elle est extraite de tubercules, racines, tiges de pommes de terre ou de tapioca, par exemple, elle porte le nom de fécule.

Benjoin Résines de plantes. S'utilise aussi en parfum à brûler sur un charbon.

Borax Sel alcalin qui se forme dans le fond de certains lacs asséchés. Inodore et de couleur blanche, il se présente sous forme de paillettes ou de poudre (à forte dose, il peut être irritant). Il est désinfectant, prévient les moisissures, absorbe les odeurs, blanchit les vêtements, enlève certaines taches, adoucit l'eau.

Brou de noix S'obtient à partir de la partie charnue entourant la coquille. S'utilise comme teinture.

Crème de tartre Sous-produit de la fabrication du vin, utilisé en pâtisserie comme agent levant (aujourd'hui souvent remplacée par la levure chimique).

Fleur de soufre (ou soufre sublime) Le soufre est extrait de gisements. Après quelques traitements, il devient soufre brut. Lorsqu'il est complètement purifié, il prend une superbe couleur jaune citron et se nomme fleur de soufre. Ne pas confondre la fleur de soufre et le soufre normal.

Lanoline Pâte de couleur jaune obtenue par purification du suint de la laine de mouton. C'est l'un des rares produits d'origine animale autorisé dans les produits cosmétiques biologiques.

Noix de galle Les galles les plus connues sont celles du chêne (aussi nommées « galle du Levant »). Ce sont des parasites qui produisent des excroissances sur l'arbre et donnent naissance à des « noix ». Très riches en tanin, les noix de galle servaient comme colorants.

Blanc d'Espagne (blanc de Meudon, blanc de Troyes) Poudre blanche très fine connue depuis la nuit des temps (calcaire nettoyé de ses impuretés). Faiblement alcaline, légèrement abrasive, non toxique et sans danger pour l'environnement.

Storax Résine d'arbre (son odeur est très agréable : sur un charbon, comme un encens).

Terre à foulon Sorte d'argile.

Terre de Sommières Sorte d'argile.

Tripoli Argile très fine. Le tripoli de Venise était considéré comme le meilleur.

Où trouver les ingrédients, et à quel prix ?

***H** = Herboristerie ; **P** = Pharmacie ; **D** = Droguerie ; **MB** = Magasin de bricolage ; **ES** = Épicerie, supermarché ; **MPN** = Magasin de produits naturels*

Nom	H	P	D	MB	ES	MPN	moins de 1 euro	moins de 3 euros
Acide acétique (1)			•	•				•
Acide borique (poudre)		•	•	•				•
Acide citrique (poudre) (2)		•	•	•				•
Acide sulfurique			•	•				•
Alcool camphré		•				•		•
Acide oxalique (sel d'oseille)			•	•				•
Alcool neutre		•						•
Alun	•	•	•			•		•
Amidon		•	•		•	•		•
Argile	•	•	•	•	•	•		•
Axonge (saindoux)					•	•	•	
Balles de blé (3)						•	•	
Bâton de guimauve	•	•				•	•	
Benjoin	•	•						•
Benzine			•	•				•
Bicarbonate de sodium		•	•	•	•	•		•
Bois de campêche								•
Bois de Panama	•	•	•					•

Nom	H	P	D	MB	ES	MPN	moins de 1 euro	moins de 3 euros
Borax		●	●	●				●
Brou de noix	●		●	●	●			●
Camphre	●	●	●					●
Cire blanche		●	●					●
Cire jaune	●	●	●					●
Crème de tartre		●				●		●
Eau boriquée		●						●
Essence de térébenthine			●	●	●			●
Farine d'avoine					●	●		●
Farine de lin		●				●		●
Farine de moutarde		●				●		●
Fleur de soufre		●	●					●
Gélatine		●			●	●	●	
Glycérine		●						●
Gomme arabique		●	●			●		●
Graines de lin	●	●				●		●
Graines de persil	●	●			●	●		●
Huile de foie de morue		●				●		
Huile de ricin	●	●				●		
Iris de florence (poudre)	●	●						●
Lanoline		●						●
Moelle de bœuf (4)					●		●	
Noix de galle	●		●					●
Paraffine			●		●			●
Pierre ponce		●	●		●	●		●
Pyrèthre	●							●
Quinquina	●	●						●
Racines de bardane	●	●					●	

Nom	H	P	D	MB	ES	MPN	moins de 1 euro	moins de 3 euros
Rhubarbe en poudre	•	•					•	
Rhubarbe fraîche								•
Saponaire	•						•	
Son de blé					•	•		•
Storax	•	•				•		•
Teinture d'iode		•						•
Teinture de benjoin		•						•
Terre de Sommières			•	•	•			•
Tripoli								

(1) Le vinaigre contient de l'acide acétique. Bien lire les précautions d'emploi mentionnées sur l'emballage.
(2) Naturellement présent dans le citron.
(3) Écorce extérieure du grain de blé
(4) = boucherie

Remarques

Acides : lire les précautions d'usage sur les emballages.
Plantes : toutes les plantes citées dans les recettes s'achètent facilement en pharmacie ou en herboristerie.
Petit rappel : certaines plantes peuvent être cueillies dans la nature, d'autres achetées fraîches et en saison sur les marchés.
Dosage : les proportions des plantes fraîches (en saison) doivent être doublées par rapport aux proportions des plantes séchées.
Prix : les prix indiqués sont des prix moyens constatés dans différents lieux de vente. Ces prix au litre, par paquet ou pour 50 g permettent donc de procéder à plusieurs fabrications.

Bibliographie

Abrégé de l'histoire des plantes usuelles, Chomel, 1738.
Abrégé des plantes médicinales, Marie-Rose Poitout, 1864.
Almanach de France, 1833, 1836, 1839.
Almanach de la bonne maîtresse de maison, 1860.
Ancien Formulaire de Dujardin-Beaumetz, 1886.
Bibliothèque universelle des dames, 1795.
Bibliothèque des dames, François Michel Janiçon, 1719.
Codex, 1840, 1868.
Codex medicamentarius, 1866, 1868.
Comment on devient maîtresse de maison, Y. Saint Briac (non daté).
Contes populaires, préjugés, Frédéric Pluquet, 1834.
Connaissances utiles, L. Guillemain (non daté).
Cours d'économie domestique, 1838.
Cours élémentaire d'hygiène, Léon Rostan, 1822.
Dictionnaire d'hygiène publique et de salubrité, A. Tardieu, 1854.
Dictionnaire de cuisine et d'économie ménagère, Burnet, 1836, 1838.
Dictionnaire de la fable, François Noel, 1810.
Dictionnaire des connaissances utiles, A. Dubourg, 1839
Dictionnaire des ménages, 1822.
Dictionnaire des sciences médicales, M.-J. Alard, 1819.
Dictionnaire domestique portatif, Vincent Imprimeur, 1765.
Dictionnaire universel des drogues simples, Nicolas Lemery, 1760.
Dictionnaire des familles, Dorvault, 1866.
Du génie d'Hippocrate et de son influence sur l'art de guérir, Charles Henry Des Alleurs, 1824.
Économie rurale, L. Ligier, J.-F Bastien, 1798.
Encyclopédie Roret. Manuel complet de la maîtresse de maison, 1852.
Formulaire médical des familles, C. de Bruc, 1872.
Formulaire magistral, 1814.
Formules bien utiles, 1921.
Guide de la ménagère, Demarson, 1838.
Hygiène et médecine journalières, docteur E. Monin, 1893.
Hygiène de la femme, Docteur E. Monin (non daté).
Hygiène de la beauté, docteur E. Monin, 1895.
Hippocrate, Dr Ch.V. Daremberg, 1844.

Histoire de la médecine, Kurt Polycarp Sprengel, 1832.
Histoire des plantes de l'Europe, et des plus usitées qui viennent d'Asie, N.F. Deville, C. Bauhin, 1753.
Histoire des parfums et hygiène de la toilette, S. Piesse, 1905.
Histoire générale des drogues simples, Gaston Guibourt, 1820.
Immense Trésor des sciences et des arts, M. Chevalier, 1867.
Journal de la mode et du goût, 1790.
Journal des scavans, Institut de France, 1763.
La Pharmacie à travers les siècles, E. Gilbert, 1886.
L'Albert moderne, Pons Augustin Alletz, 1773.
L'Ami des femmes, P.-J. Marie de Saint-Ursin, 1805.
L'Art de conserver sa santé, Antoine Augustin Bruzen de La Martinière, 1759.
L'Art de vivre. Traité complet d'hygiène et de médecine, docteur Boens, 1893.
La Femme, médecin du foyer, Anna Fischer, (non daté).
La Jeune ménagère, Julie Sevrette (non daté).
La Maîtresse de maison, S.-U. Trémadure, 1859.
La Médecine sans le médecin ou manuel de santé, J.-M. Audin-Rouvière, 1854.
La Nouvelle Maison rustique, Louis Ligier, 1798.
La Pharmacopée, André Caille, 1579.
La Pharmacopée des dogmatiques, 1629.
Le Bon Médecin, docteur Herbet, 1927.
Le Bon Médecin de famille, Réaux, 1910.
L'Encyclie des secrets de l'éternité, G. Le Févre de la Borderie (non daté).
Le Cabinet de toilette par la Baronne Staffe, 1891.
Le Cannaméliste français, sieur Gilliers, 1768.
Le Livre de la femme d'intérieur, Ris-Paquot (non daté).
Le Médecin des campagnes, A. Gautier, 1832.
Le Médecin des pauvres, professeur Peyronnet, 1901.
Le Vieux Neuf, E. Fournier, 1859.
Les Connaissances utiles popularisées, L. Guillemain, 1893.
Les plantes qui guérissent et les plantes qui tuent, Jouvet, 1888.
Les Plantes source de vie, C. Touchais, 1937.
Maison rustique des dames, Mme Millet Robinet,1893.
Manuel complet de la maîtresse de maison, M. A. Gacon-Dufour, 1826.
Manuel complet de la parfaite maîtresse de maison, E.-F. Bayle-Moillard, 1834.
Manuel de l'amidonnier et du vermicillier, J. Worin, 1830.

Manuel de médecine pratique, P.-J. Buc'hoz, 1771.
Manuel des dames, (non daté).
Manuel des dames, Élisabeth Celnart, 1833.
Manuel du docteur Dehaut, 1925.
Manuel du pharmacien, A. Chevalier, 1825.
Manuel d'hydrosudothérapie suivant la méthode de V. Priessnitz, docteur Bigel, 1841.
Manuel théorique et pratique des gardes-malades, J. Morin, 1824.
Médecine domestique, G. Buchan, 1793.
Mémoire d'agriculture, d'économie rurale et domestique, Académie d'agriculture de France, 1838.
Nettoyage, détachage, dégraissage, blanchissage, Herçay, 1924.
Nouvelles Recettes utiles, G. Tissandier, 1890.
Nouveau Dictionnaire des drogues simples, N. Lemery, 1807.
Nouveau Manuel du teinturier, Baillot, Lenormand, 1818.
Pharmacopée, B. Bauderon, 1670.
Pharmacopée royale galénique, Moyse Charas, 1753.
Pharmacopée universelle, d'Emery, 1696.
Peintures, F. Margival, 1928.
Plantes, remèdes et maladies, docteur P.-J. Lehamau.
Précis de phytothérapie, H. Leclerc, 1935.
Précis d'hygiène pratique, docteur E. Monin, 1892.
Remèdes de mères de familles, 1936.
Remèdes des Templiers, 1899.
Révolutions de l'hygiène, docteur Eusebe de Salles, 1825.
Secreti della signora Isabella Cortese, 1603.
Secrets du vieux druide, Jean de Milan, 1844.
Simples remèdes, 1937.
Toilette de Flore, P.-J. Buc'hoz, 1771.
Traité complet de la peinture, de Montabert, 1829.
Traité méthodique de la fabrication des encres, des cirages, A.-F. Gouillon, 1906.
Traité d'hygiène, J.-L. Moreau, 1803.
Traité d'hygiène, Étienne Tourtelle, 1838.
Trésor des secrets inestimables pour la conservation de la santé, seigneur Rondin, 1603.
Voyages et observations, sieur de la Boullaye Le Gouz, 1653.

Et les anonymes, qu'il est impossible de tous citer…

Index des recettes

C

D

M

N

O

P

R

S

T

U

V

Y

Ouvrage proposé par Jeanne Siaud-Facchin

Cet ouvrage a été imprimé
en mai 2010 par

FIRMIN-DIDOT

27650 Mesnil-sur-l'Estrée

Conception graphique et mise en pages : Claire Rouyer

N° d'impression : 100047
N° d'édition : 7381-2454-X
Dépôt légal : mai 2010

Imprimé en France